NZZ **Libro**

Hans Peter Treichler

Amiel oder Das gespiegelte Leben

Das Journal intime, die Frauen, die Stadt

Verlag Neue Zürcher Zeitung

Verlag und Autor danken für die Unterstützung durch:

Schweizer Kulturstiftung

Kanton Zürich
Fondation Oertli Stiftung
Migros-Kulturprozent

Bibliografische Information der Deutschen Bibliothek

Die Deutsche Bibliothek verzeichnet diese Publikation in der Deutschen Nationalbibliografie; detaillierte bibliografische Daten sind im Internet über http://dnb.ddb.de abrufbar.

© 2006 Verlag Neue Zürcher Zeitung, Zürich

Dieses Werk ist urheberrechtlich geschützt. Die dadurch begründeten Rechte, insbesondere die der Übersetzung, des Nachdrucks, des Vortrags, der Entnahme von Abbildungen und Tabellen, der Funksendung, der Mikroverfilmung oder der Vervielfältigung auf anderen Wegen und der Speicherung in Datenverarbeitungsanlagen, bleiben, auch bei nur auszugsweiser Verwertung, vorbehalten. Eine Vervielfältigung dieses Werkes oder von Teilen dieses Werkes ist auch im Einzelfall nur in den Grenzen der gesetzlichen Bestimmungen des Urheberrechtsgesetzes in der jeweils geltenden Fassung zulässig. Sie ist grundsätzlich vergütungspflichtig. Zuwiderhandlungen unterliegen den Strafbestimmungen des Urheberrechts.

ISBN 10: 3-03823-224-6
ISBN 13: 978-3-03823-224-7
www.nzz-libro.ch
NZZ Libro ist ein Imprint der Neuen Zürcher Zeitung

Inhalt

PROLOG | **Cour de Saint-Pierre** 9

Der Platz, die Mansarde
Ein Überblick
Tout en moi est virtuel

JANUAR | **Die Einsamkeit spazieren führen** 17

Festliche Tage
Der Steckbrief
Louise Wyder, alte Bekannte
Das zerstörte Ich: Besuch im Irrenhaus
Ordnung schaffen
Partnersuche, systematisch
Der Fall des Hauses Amiel

FEBRUAR | **Winter des Missvergnügens** 43

Das zweite Gesicht
Roulez, tambours!
Sonntagsbesuche bei Louise
Veränderungen in Raum und Zeit
Stereoskopie
Onanie
Die Gründung der Gegenwart
Eitelkeit

MÄRZ | **Ausnahmezustand** 63

    Leichtigkeit
    Introducing Marie Favre
    Budgets planen
    Die Richtige finden
    Die Savoyer Frage

APRIL | **Wurmloch durch die Zeit** 79
    Beziehungsarbeit mit Louise
    Ein Neun-Jahre-Fazit
    Weinkeller und Abort: Wohnalltag
    Wiederaufbauen mit Marie Favre
    Wie andere das Leben meistern
    Gehrock und Zylinder: Herrenmode
    Krankengeschichten
    Abkürzungen

MAI | **Taubenküsse** 107

    Verästelungen der Liebe
    Mionette und Dom Mariano
    Das Tagebuch
    Zeit vergeuden, Zeit verplempern
    Der frakturierte Mann

JUNI | **Im Zeichen der Venus** 123

    Füsschenspielen in der Kutsche
    Das Kleid der glücklichen Tage
    Die Krinoline: Damenmode
    Gedankenreihen
    Ablösung
    Versöhnliches zum Semesterende

JULI | Elektrisches Knistern   141

   Der Kuss
   Gespiegeltes Tagebuch
   Zwischenbilanz
   Träume festhalten
   Der Rat von Tante Fanchette
   Praktisches Leben: schade um die Zeit
   Die Sommerfrische und
   ein Treffen in Rolle
   Unabhängige Frauen

AUGUST | Ausweichen auf die Seite   169

   Der grosse patriotische Ball
   Die schwarzen Falter der Schwermut
   Schattenseiten des Lebens
   Ein unerwartetes Talent
   Das Leben anderer zerstören
   Nachbarnation Frankreich

SEPTEMBER | Aufs Ganze gehen   189

   Sonderlinge
   Gerüchte
   Brautschau
   Kurzsichtig
   Fabriklerschicksal
   Die Frau als Spinne
   Fiasko in der Prairie

OKTOBER | Erfahrungen sammeln   209

   Das Ultimatum
   Einweihung
   Merksprüche

«Kalte Zeilen» an Louise
Geliebtes und gehasstes Genf

NOVEMBER | **Sich freischwimmen** 237

Standortbestimmung
Der ultimative Brief
Ein Liebesgeständnis
Der Zusammenbruch
Frauenporträts
Abschiede

DEZEMBER | **Die Fäden verknüpfen** 259

Finanzangelegenheiten
Die Hochzeit Monnier
Intérieur de Genève
Anklagen
Weihnachtstage

EPILOG | **Promenade des Bastions** 281

Versagen
Der Zirkel

Zeittafel 286
Bibliografie, Nachweise 290
Bildnachweis 292

PROLOG

Cour de Saint-Pierre

Ich trete durchs Portal nach draussen, und ein trüber und nasskalter Morgen empfängt mich, als habe er auf mich gewartet. Dies ist mein erster Rundgang im Quartier Saint-Pierre, und das neue Jahr zählt erst ein paar Tage. Alle waren sie trüb, kalt und nass, ein verpfuschter Anfang. Würde man hier abbrechen und gleich mit dem nächsten Jahr beginnen, so liesse sich der Schaden in Grenzen halten; Amiel hat sich dergleichen oft gewünscht.

Man hat die Kathedrale und die Cour de Saint-Pierre schon das Epizentrum des Protestantismus genannt. Jean Calvin hat hier gepredigt, über zwanzig Jahre lang. Die einzige ebene Fläche, auf der sich die Gläubigen versammeln konnten, waren Schiff und Chor der Kathedrale. Davor liegt ein unregelmässiger, vielwinkliger, durch Treppen und Mauern unterteilter Kirchplatz, abfallend nach Norden und Westen. Kein Petersplatz wie in Rom, kein Platz für hunderttausende von Gläubigen. Protestantische Einkehr findet ihren wahren Ort in der stillen Kammer. Keine Massen, keine Prozessionen, nichts Demonstratives.

So auch heute; man scheint in dieser Stadt die Cour de Saint-Pierre geradewegs zu meiden. Die wenigen Passanten, die ich vom Portal aus sehe, lassen sie so schnell wie möglich hinter sich. Sie tauchen aus unerwarteten Richtungen auf und verschwinden um die Ecke in Gassen und Gässchen, so als folgten sie einem sorgfältig eingeübten Fluchtplan.

Im Epizentrum ist so bald kein weiteres Beben fällig. Amiel zog im Frühsommer 1859 an die Cour de Saint-Pierre, in eine mehrstöckige Wohnung. Die Gassen, die von allen Seiten der Altstadt zur Kathedrale hochsteigen, bilden da und dort steinerne Taschen, so wie vor der einstigen Nummer 99. Im fünften Stockwerk bezog Amiel zwei Mansardenzimmer. Die Familie seiner Schwester bewohnte die Räume unter ihm, zwei *bonnes* besetzten weitere Dachzimmer.

Natürlich suche ich nach einer Hausinschrift, einer Plakette. Viele Gebäude rund um den Petershof tragen Gedenktafeln an frühere Bewohner – ein steinerner Trauerflor, der bis weit in die Nebengassen und entlang der Grand-Rue führt. Genf zählt ebenso viele grosse Namen wie alte Häuser. An manchen Orten reichen die Häuser nicht aus, müssen sich zwei oder drei Berühmtheiten in eine Fassade teilen. Amiel ist nirgends an der ehemaligen Nummer 99 verewigt. Vielleicht wechselte er zu oft die Adresse; tatsächlich verteilen sich die 17 000 Tagebuchseiten, die ihn weltberühmt machten, auf ein Dutzend Wohnstätten.

Bei jedem Umzug musste die Bibliothek mitgeführt werden. 2500 Bände und unzählige handschriftliche Dossiers waren es im mittleren Lebensalter, von dem wir hier sprechen – Zusatzgepäck, das Amiel jedesmal zu vergessen schien. Hatte er endlich alle Umzugstermine für die Fuhrleute und die Träger geregelt, staunte er selbst über die eigene Umtriebigkeit: «Am Nachmittag tauche ich ins praktische Leben ein und treffe eine Menge vorbereitender Massnahmen für meinen bevorstehenden Umzug. Ich habe mein Programm mehr als nur erfüllt und war fleissig in der ganzen Stadt unterwegs. Ich glaube, dass alle Termine jetzt zusammenpassen. Es ist nicht schwieriger als irgendeine andere Sache, und wenn ich meine Widerstände einmal überwunden habe, ziehe ich mich fast so gut aus der Affäre wie der Erstbeste.»

Je m'en tire à peu près comme le premier venu ... Sollte all dies klingen wie das Plädoyer für eine Gedenktafel im Nebenhof? Bin ich der Einzige, der über die kleine selbstironische Note schmunzelt, über die nur allzu vertraute Genugtuung des Weltfremden, der ein Stück praktisches Leben meistert? Wie ich vom kleinen Innenhof zurückkehre auf den Kirchplatz, bin ich tatsächlich der Einzige; die Cour Saint-Pierre ist menschenleer.

Amiel lebte während rund zwanzig Jahren im Haushalt seiner Schwester Fanny und ihres Ehemanns Franki Guillermet. Dreimal zog man gemeinsam um. Die Guillermets (zwei Söhne: Henri und Jules) schafften das *déménagement* jeweils auf einen Schlag; Amiel hinkte jedes Mal hinterher. Im Sommer 1859 tat er sich noch schwerer als gewöhnlich mit dem Verlegen der Bücher und Schriften. Er kehrte wochenlang zum Arbeiten von der Cour de Saint-Pierre an die Rue des Chanoines zurück, dann wieder zum Essen und Schlafen an die Nummer 99: ein Leben zwischen zwei Stühlen.

Umso spürbarer die Erleichterung, als endlich alles untergebracht war. Das Tagebuch gibt Einblick in diese Welt über den Dächern, das kleine Mansardenleben: «Der gräuliche Nebelschleier breitet sich wieder über die Stadt, es ist düster und trist. Die Glocken läuten für irgendein Fest. Sonst alles Ruhe und Stille ausser dem Knistern meines Feuers, kein Geräusch stört meine Einsamkeit, die Zuflucht meiner Träumereien und meiner Arbeit. Über mein altes schwarzes Pult gebeugt, zwischen meinem hohen Fenster und dem kleinen Kamin, eine Wollschärpe um meine Nieren geschlungen wie ein ruhender Araber, in meinen warmen braunen Gehrock gehüllt, die Füsse in ein Fuchsfell gesteckt, kritzle ich diese Zeilen. Über meinem Kopf neigt sich die blaue Wand meiner Mansarde. Einige Nachschlagewerke und andere Bücher in Reichweite auf zwei Falttischchen, neben einem bäuerlichen Tisch und einer ältlichen Anrichte. Sie sind nebst ein paar nicht assortierten Stühlen das einzige Mobiliar dieses bescheidenen Dachzimmers, wo der reife Mann ohne viel Schwung seinen Studien folgt und der sesshafte Professor seinen Reisegewohnheiten. Was macht den Zauber dieser Existenz aus, die auf den ersten Blick so karg und leer wirkt? Die Freiheit. Unter diesem Dach finde ich Licht, Ruhe, Obhut.»

Amiel lebte fünf Jahre unter dem Dach der Nummer 99. Es lohnt sich, genauer hinzuschauen. Licht, Ruhe, Schutz werden genannt – wo bleibt die Wärme? Vom Knistern des Feuers ist die Rede, aber dieser offene Kamin diente als einzige Wärmequelle für beide Räume, war nach damaligem Gebrauch wohl mit einer eisernen Rückwand versehen, einem Taken, der die anstossende Schlafkammer mitheizte. Amiel klagte wiederholt über die Kälte im Zimmer – *froid de loup* –, über das gefrorene Wasser im Waschkrug. «Ich konnte kaum einen Brief schreiben, so klamm war meine Hand nach diesem eisigen Bad. Selbst nahe beim Feuer sehe ich meinen Atem.» Einmal ist selbst die Pisse im Nachttopf gefroren; er könnte sie *en bloc* aus dem Fenster schmeissen.

Die Mansarde bot keinerlei nennenswerte Aussicht – Dächer und Fenster der Nachbarhäuser, der Genfer Himmel. Amiel konnte die Pendüle auf dem Kaminsims nach dem Zeitpunkt richten, an dem die Sonnenstrahlen das Fenster erreichten; vielleicht fühlte er sich dem Wetter ein Stück näher als andere. Über ein nächtliches Wetterleuchten und den anschliessenden erlösenden Regen heisst es: «Dieser Regen ist sanft und traurig. Sein kleines Geräusch auf dem Zinkblech meiner Mansarde gleicht dem verhaltenen Schmerz einer Frau, die im Dunkel weint.» Und dann wieder dies, über die betäubende Ruhe eines Sonntagmorgens hoch oben unter dem Dach: «Grosse Stille rund um mich, das Haus und die Strasse leer, die Glocken schweigen, jedermann ist in der Kirche, durch das offene Fenster nur bisweilen die Stimmen einiger Buchfinken. Ein schöner blauer Himmel legt einen Vorhang hinter die hässlichen Mauern und die hässlichen Dächer, die von meinem armen Kämmerchen aus den Horizont bilden. Auf meinem Kaminsims eine Pendüle, die seit sechs Monaten stillsteht; kein Vorhang verbirgt das schwarze Loch, das bis im November nutzlos bleibt (…); ein wüster Bücherhaufen erinnert mich an meine Unwissenheit und die zu erteilende Vorlesung. All dies ruft mir immer wieder zu: Unordnung, Aufschub, Trägheit, Willensmangel, Nachlässigkeit, Vergesslichkeit!»

Eine Frau, die im Dunkel weint – *aus verhaltenem Schmerz* weint –, ein träger und willensschwacher Gelehrter, der in einer Mansarde mit blauen Tapeten in sein Tagebuch schreibt. So viele verlockende Möglichkeiten, sich in ein Bild, eine Szene aus eben diesen Seiten zu verkriechen, so wie man sich zurückzieht an einen Ort, wo das Kaminfeuer knistert und der Regen sanft auf den Beschlag aus Zinkblech klopft.

Henri-Frédéric Amiel war Genfer, wurde 1821 geboren, im gleichen Jahr wie Dostojewski, Charles Baudelaire oder Gustave

Flaubert. Er fühlte sich zum Dichter berufen, veröffentlichte aber zu Lebzeiten bloss vier dünne Bände mit mittelmässigen Gedichten und dazwischengestreuten Aphorismen. Im Alter von 26 Jahren begann er mit den regelmässigen Einträgen in sein Tagebuch. Als er mit 60 starb, wies es 170 dicke Hefte mit zusammen 16 900 Seiten auf. Wenige Monate später erschien in Paris eine winzige Auswahl unter dem Titel *Fragments d'un journal intime*. Schon die nächste Saison brachte eine erweiterte, zweibändige Ausgabe; sie wurde bis zum Ersten Weltkrieg 13-mal aufgelegt. Es folgten Übersetzungen ins Englische, Deutsche, Schwedische oder Spanische. Leo Tolstoi war vom Journal so begeistert, dass er angeblich in seinen letzten Lebensjahren kein anderes Buch mehr las und eine Übersetzung ins Russische veranlasste. Seine Tochter Marie Lvovna übertrug das Original mitsamt den zahlreichen Änderungen, die ihr Vater nach Belieben vornahm (über die Liebe, die ihren Gegenstand blindwütig verstümmelt, weiss Amiel einiges zu sagen). In den 1970er bis 1990er Jahren erschien im Lausanner Verlag *L'Age d'Homme* der vollständige und sorgfältig kommentierte Text des *Journal intime*: zwölf Dünndruckbände, rund 18 000 Seiten.

Aber die grösste Verbreitung fand Amiels Name auf der Rückseite von Kalenderblättern und anderen Medien, die für jedes Datum einen Sinnspruch bereithalten: Agenden, Erinnerungsalben. Viele dieser Einsichten und Merksprüche haben heute die Haftung mit dem Autor verloren und redensartliche oder sprichwörtliche Züge angenommen. «Man ist so alt, wie man sich fühlt», stammt aus dem *Journal intime*, ebenso das gerne von Managern zitierte *Nothing succeeds like success (Rien ne réussit comme le succès)*. Amiel führte nicht nur jeden Abend Buch über den vergangenen Tag und notierte noch am nächsten Morgen diesen und jenen Nachtrag – er nummerierte und datierte die vollgeschriebenen Hefte, verbrachte lange Nachmittage mit Wiederlesen, kopierte einzelne Kernsätze heraus und fügte Randvermerke ein, die auf vorhergehende oder nachfolgende Passagen mit verwandtem Inhalt verwiesen.

Das Tagebuch als Ersatz fürs Leben? Natürlich kam dieser Verdacht auch ihm selbst. Die entsprechenden Stellen strotzen vor abgründigem Misstrauen gegen den Zwang der täglichen Schreiberei: Das Journal beanspruchte Platz und Zeit, die ernsthaften Werken gebührt hätten (Psychologie, Geschichte, warum nicht ein Roman?), es diente als schäbiger Vorwand fürs Nichtstun, es gaukelte eine tägliche moralische Autopsie vor, die niemandem nützte, am wenigsten dem Sezierenden selbst. Es breitete sich aus als Schattenleben auf Kosten des spontanen Alltags, der Liebe, der Karriere.

Nichts ist dagegen zu sagen, wenn sich jemand an einem trüben, nassen und kalten Morgen in einem gemütlichen Lokal die Hände wärmt, beispielsweise im Café Saint-Pierre, wo ich diese Zeilen schreibe. Wenn ich dazu eine *chope* bestelle, zu ungewohnter Tageszeit, so wie die anderen Kunden auch, gibt es auch hier nichts anzumerken ... oder doch?

Amiel war ein unerbittlicher Beobachter, unerbittlich vor allem gegenüber sich selbst. Ein Beispiel der unscheinbaren Art: Einmal schrieb er einen aufmunternden Brief an einen alten Bekannten, der nach einem Schlaganfall halbseitig gelähmt war. Noch während des Schreibens ertappte er sich dabei, wie er sich über die eine und andere gut gelungene Phrase freute. Er stellte sich den Invaliden vor, wie dieser die wohlgedrechselten Sätze bewunderte, und spekulierte weiter darüber, ob wohl noch andere Bekannte so viel Zartgefühl und Aufmerksamkeit aufgewendet hätten, um den Alten zu ermuntern. «Die Eitelkeit fand eine Möglichkeit, sich zwischen meine Gedanken und meine Feder zu drängeln. (...) Noch im Unglück unserer besten Freunde findet sich etwas, das uns nicht ganz und vollständig schmerzt.»

Der weltfremde Gelehrte, der sich wegen seiner unerwarteten Umtriebigkeit beim Umzug auf die eigene Schulter klopft, der Stilverliebte, der sich noch bei einem Beileidsbrief zur wohlgelungenen Formel beglückwünscht – dergleichen kritische Beobachtungen setzen einigen Scharfblick voraus. Praktisch gesehen war Amiel kurzsichtig, in hohem Grad, hielt immer wieder alarmiert fest, wie sich die Normdistanz zwischen ihm und den Mitmenschen verkleinerte; «ich kann die Gesichtszüge über die Breite eines Zimmers hinweg schon nicht mehr unterscheiden, und auf die Länge eines Sofas sehe ich sie nur verschwommen». Die trüben Augen, der ungebündelte Blick machten ihn, so glaubte er, zum Aussenseiter: «Schwächung der Aufmerksamkeit, der Präzision, der Kühnheit als Folge der verminderten Sehkraft. Die Wirklichkeit wird vernebelt, der Geist wendet sich allgemeinen Betrachtungen zu, man wird zum Träumer, fremd in seiner Umgebung.» Verwendete er ein Lorgnon oder eine Brille, bekam er nach einer halben Stunde Kopfschmerzen. In Gesellschaft junger Frauen war er aufs Ohr angewiesen, machte sich aufgrund einer angenehmen Stimme ein Idealbild von der betreffenden Frau. Bis er sie aus der Nähe zu sehen bekam, «hat sich die Phantasie so sehr verselbstständigt, dass die Wirklichkeit dagegen machtlos ist». Einziger Ausweg an einem geselligen Abend blieb der Tanz: «Ein einziger Walzer würde mich von dieser Ungewissheit erlösen. Gegenwärtig ist die Hand für mich ein besseres Mittel als das Auge, um zu erkennen. Oder anders ausgedrückt – erst wenn ich auf Tuchfühlung bin, täuscht mich mein schlechtes Sehvermögen nicht mehr.»

Auf Tuchfühlung, *à proximité de main*, blieb Amiel vor allem mit sich selbst: ein Kurzsichtiger, der sich beim Schreiben wie beim Leben über die Schulter schaute und dieses Über-die-Schulter-Schauen seinerseits kommentierte. Wo hört der Beobachtende auf, wo beginnt der Beobachtete? *«Tout en moi est virtuel»*, notierte Amiel am 16. Februar 1855.

Es ist ein Satz, der den Jägern des Cyberspace nicht entging. Das weltweite Netz, die virtuelle Bibliothek wurden zu Beginn der 1990er Jahre Wirklichkeit – zur gleichen Zeit, als die letzten Bände des *Journal intime* im Druck erschienen. «Amiel hat sich einen virtuellen Doppelgänger auf Papier geschaffen», gibt einer seiner Anhänger im Netz zu bedenken, «so wie das Internet eine Gegenwelt zur Wirklichkeit entwirft. Das könnte ihn zum Neil Armstrong des Cyberspace machen.»

Wollen wir so weit gehen? Kurzsichtiger Psychonaut voller Scharfblick für die eigenen Schwächen, Bewohner eines doppelten Universums, Junggeselle und Stadtneurotiker – wir lassen all dies vorerst so stehen. Aber erwähnte ich schon, dass der Block, zu dem die einstige Nummer 99 gehörte, ein Mädchenheim beherbergt, ein *hôme*? Das Schild, eine schmucke Tafel in der Grafik der 1890er Jahre und dem Deutschschweizer Namen «Petershöfli», vorsichtshalber in Anführungszeichen gesetzt, hängt eine Tür weiter vom Aufgang, den Amiel einst benutzte.

JANUAR

Die Einsamkeit spazieren führen

*B*esser konnte ein Jahr nicht beginnen. Die Festtage brachten aufgeräumte und gesellige Abende, eine kleine Tanzerei, eine einsame Wanderung, viel Kinderjubel, sodass der Übergang vom Dezember 1859 zum Januar 1860 beinahe unbemerkt blieb. All dies spielte sich ab unter einem seidenhellen Himmel – «sanft, blau, frühlingshaft», notierte Amiel –, auf dem nachts ein klarer Mond segelte. Am zweiten Weihnachtstag versammelte sich die gesamte Familie an der Cour Saint-Pierre, 17 Personen in allem: ein «lebhafter und herzlicher Abend, nur dass die Trinksprüche etwas untergingen». Zwei Tage später dann Gala, grosser Weihnachtsbaum bei Musikdirektor Girard; die Horde von Kindern und Jugendlichen bestimmte Amiel zu ihrem Zeremonienmeister und Anführer. Den Weihnachtsbaum kannte man in der grossbürgerlichen Genfer Gesellschaft erst seit kurzer Zeit. Noch wurde er am gleichen Abend geschmückt und wieder abgeräumt, auch hier wieder unter kräftiger Mithilfe des jugendlichen Herrn Professors und Zeremonienmeisters.

Dann die beiden letzten Tage des Jahres: Einwickeln von insgesamt 52 Geschenkpaketen in weisses Papier und Schmücken mit rosa Bändeln. Bei der Silvesterbescherung im Familienkreis erhält Amiel seinerseits ein Buch über das Leben Luthers und einen flauschigen Bettvorleger geschenkt. Und weiter am Neujahrstag: Kirchgang am Morgen, Diner bei Tante Alix, und dies bei geöffnetem Fenster, durch das die Sonne scheint, Souper bei Tante Fanchette, und dazwischen Besuche hier und dort bei Freunden und Verwandten. Als informelle Besuchszeit galt die Spanne zwischen fünf und sieben Uhr abends; vom Gast wurde stillschweigend erwartet, dass er sich vor der Essenszeit verabschiedete, jedenfalls noch bevor sich die Gäste zum Souper einstellten. Wer nach dem Souper eintraf, kam zur *veillée*, zum Abend mit Gespräch oder Kartenspiel.

Der zweite Neujahrstag: ein weiterer goldblauer Tag, den Amiel zu einer Wanderung nach Salève nutzte. In Mornex Besuch bei einem eigenbrötlerischen, allein hausenden Dichterfreund mit Namen Petit-Senn, der ihm aus Victor Hugo vorlas und zwei Gläschen Madeira ausschenkte. Dann nächtliche Rückkehr nach Genf, «in den Bergen laut gesungen, zurück im Mondlicht, ich war fröhlich und glücklich». Erst am Mittwoch, an der Soirée vor der Wiederaufnahme der Vorlesungen an der Akademie, verflüchtigte sich das allgemeine Hochgefühl. Zwar waren auch hier die Gastgeberinnen alte Vertraute. Mesdames Maunoir, Leiterinnen eines Mädchenpensionats, liessen ihre Zöglinge seit Jahren von Amiel in französischer Literatur unterrichten. Zwar trug eine Mademoiselle Poyet Lieder am Klavier vor, und Amiel selbst deklamierte einige Gedichte. Aber die Anwesenheit so vieler junger Damen entmutigte ihn eher, als dass sie ihn beflügelt hätte. Einmal mehr beklagte er seine Kurzsichtigkeit: keine Möglichkeit, die Gesichter in Ruhe zu mustern. Es blieb beim höflichen Geplauder, *rien que des paroles des lèvres*. Amiel kehrte entmutigt an den Petershof zurück, fand keinen Schlaf, notierte noch einen seiner Merksprüche: «Um seine Einsamkeit ganz zu spüren, muss man sie in die Gesellschaft tragen.»
Pour bien sentir sa solitude il faut la promener dans le monde.

Bei der Familienweihnacht, beim Aufzählen der Anwesenden, war Amiel mit all den Tanten, Onkeln, Schwägerinnen, Schwagern und Cousinen auf 17 Familienmitglieder gekommen. Aber: «Nur fünf tragen den Namen Amiel, davon zwei Witwen und ein junges Mädchen. Mein Vetter wird das Geschlecht nicht weitertragen. Ich bleibe also der einzige Verantwortliche für den Namen, den ich erhalten habe.» Und weiter: «Dieser Gedanke ist mir immer eine stille Warnung, in die sich Vorwürfe mischen.»

Bei allem Wohlwollen, das der freundliche Onkel genoss, wenn er mit seiner Jungschar den Baum schmückte oder vor den

Töchtern des Instituts Maunoir eigene Gedichte vortrug – Amiels Mansardenleben im Haus von Schwester und Schwager erfüllte ihn selbst und seine Umgebung mit einem gewissen Unbehagen. Amiel war im vergangenen September 38-jährig geworden, er hatte eine gefestigte Stellung als Dozent und verfügte über eigenes Vermögen. «Heiraten Sie!», hatte John Petit-Senn, der einsame Dichterfreund, noch vor ein paar Tagen geraten. *Mariez-vous!*, die einfachste Sache der Welt ...

Was sprach dagegen? Weshalb begnügte sich ein angesehener Dozent mit einer Umgebung, die ihn erröten lassen musste, wenn sich Besuch ansagte? «Heute früh überbringt mir ein junger Graf Seckendorff aus Berlin Grüsse und eine Empfehlungskarte von Professor Trendelenburg. Er will hier einige Vorlesungen besuchen und bereitet sich auf die diplomatische Karriere vor. Mein Zimmer war ein einziges Chaos. Ich musste ihn im Salon empfangen, wo kein Feuer brannte. Wenn ich Besuch bekomme, weiss ich nicht was mit ihm anfangen. Ich kann über nichts verfügen, und mein Leben ist nur auf ewiges Inkognito und Schweigen hin angelegt.»

War es das Äussere? Amiel war ein einnehmender Mann, auch fürs Auge. Frauen, vor allem die nachdenklichen unter ihnen, fühlten sich angezogen vom schüchtern abgetönten Lächeln, der sanften Stimme, vom Blick der tiefliegenden Augen. Bei vielen Kurzsichtigen, die ihre Brille abnehmen, erinnert der Blick an ein Stück feuchten Wiesenbodens, von dem eben jemand einen Stein weggerollt hat; bei Amiel wurde er durch die Kurzsichtigkeit bloss noch tiefer, unergründlicher. Kinder entdeckten auf Anhieb einen Hang zum Spielerischen, ja zur Albernheit; «mit den Kindern *loustik*», hält das Tagebuch mehr als einmal fest. Marie Favre, die Vertraute, von der noch ausführlich die Rede sein wird, bestand auf einer frappanten Ähnlichkeit mit Garibaldi. Sie hatte für ihr neu bezogenes Appartement ein Porträt des Heerführers und Volkshelden Italiens angeschafft und in ihr Schlafzimmer gehängt, neben Amiels Fotografie.

Das karge Mansardenleben bedeutete auch keineswegs, dass sich Amiel äusserlich gehen liess. Er legte viel Wert auf modische

Kleidung, stutzte den Bart und kämmte mit Pomade das Haar über sich lichtende Stellen, er tadelte sich selbst verschiedentlich für seine Eitelkeit, in direkter Anrede, von ich zu du: «Du hast zu viel davon, sieh dich vor. Ein gut geschnittener Anzug, die zierliche Hand oder der zierliche Fuss, kurz: das Äussere wirkt sich zu stark auf dein inneres Gefühl aus. (...) Pflege das Äussere, aus Achtung vor dem Inneren und der guten Sitte, aber hüte dich davor, diesen oberflächlichen Kleinlichkeiten einen Zeitaufwand und eine Bedeutung zuzubilligen, die weit über ihrem Wert liegen.»

Habe ich die warm klingende Stimme erwähnt? Noch einmal: angenehmes Äusseres und einnehmende Stimme, sichere Stellung und gutes Einkommen, wirkt attraktiv auf (manche) Frauen – weshalb hat dieser Mann noch keine Familie gegründet?

Weiter im noch jungen Jahr; es könnte die Antwort geben. Am 5. Januar, einem Donnerstag, Wiederaufnahme der Kurse an der Akademie. Drei wöchentliche Vorlesungen, von Anfang November bis Ende März und Mitte April bis Ende Juni, bei einem Jahresgehalt von 2000 Francs. Amiel las über «Form und Entwicklung der menschlichen Persönlichkeit», aber weder das Thema noch der Begriff Vorlesung sollten allzu grossartige Vorstellungen wecken. Die Akademie war untergebracht im ehemaligen Stadtsitz des französischen Gesandten, und sie führte ihre Studenten lediglich zum *bachot*, dem heutigen Bachelor-Grad. Amiel hatte vorwiegend mit 20- oder 21-jährigen Burschen zu tun, Genfer Patrizierssöhnen, darunter naturgemäss immer einige Lümmel. Im Journal klagt er gelegentlich über Kichern und Schubsen im Saal. Beispielsweise färbte er einmal übers Wochenende eine graue Stelle am Bart ein: «Sie war mir verdriesslich, also glich ich sie aus.» Leider lässt die kosmetische Retusche ein paar Stellen unberücksichtigt; der Herr Professor wird mit Gelächter und Zwischenrufen empfangen. Immerhin weiss Amiel dem Zwischenfall eine Lehre abzugewinnen: entweder sich mit der ärgerlichen Stelle abfinden oder mehr Sorgfalt auf die Korrektur verwenden. «Da ich weder das Eine noch das Andere tat, treffen jetzt die Unannehmlichkeiten beider Lösungen zusammen.»

Aber diese erste Vorlesung im neuen Jahr kommt gut an – Amiel doziert «mit Freude und Schwung». Am Nachmittag Treffen mit Joseph Hornung, gleichsam das Gegenstück zum Umgang mit unreifen Bürschchen. Hornung ist der Sohn eines Malers, doziert so wie Amiel an der Akademie und ist ein nachdenklicher, verlässlicher Freund vieler Jahre. Man unterhält sich bis in den Abend hinein, «eine Stunde bei ihm, zwei bei mir»; in diesem Fall spielt die karge Dachkammer keine Rolle. Es geht vor allem um eine ernsthafte Liebesbeziehung Hornungs, die in eben diesen Tagen gescheitert ist. Man hat sich gegenseitig die Briefe zurückgegeben. «Das schmerzhafte Loslassen nach drei Jahren fruchtloser Selbsttäuschung und Verstrickung», notiert Amiel; vielleicht findet er auch in diesem Unglück des besten Freundes etwas, das ihn nicht ganz und vollständig schmerzt. Am Abend jedenfalls Schach mit Musikdirektor Girard, am Samstag grosser Ball der deutschen Kolonie in Genf, mit Tanz und Tombola.

Illusion et attachement stériles – war sich Amiel bewusst, dass er hier für den Freund Hornung ein Stück eigene Geschichte definierte? Er selbst hatte im Vorjahr die Beziehung zu Louise Wyder abgebrochen, einer zwei Jahre jüngeren Hauslehrerin. Eines der 52 Pakete mit weissem Papier und rosa Schleife war für sie bestimmt gewesen. Es war ein Abschiedsgruss, denn man hatte verabredet, auch den Briefwechsel auf Ende Jahr einzustellen. Am Freitag trifft nun aber ein gefühlvoller Brief von Louise ein. Amiel ist bestürzt und gerührt zugleich: Bedeutet das Schreiben, dass Louise eine neue Basis für ihre Beziehung akzeptiert, ohne Verpflichtungen, ohne Langzeithorizont? Jedenfalls verbringt man den folgenden Sonntagnachmittag – wir schreiben den 8. Januar – gemeinsam am Boulevard des Tranches, in ihrer fröhlichen Wohnung mit den weissen Tapeten, «ganz von Sonne durchflutet»; Amiel bleibt über drei Stunden.

Ziehen wir hier keine vorschnellen Schlüsse. Dass der Nachmittag in der sonnenhellen Wohnung in Louises Bett endet, ist ganz und gar undenkbar – für Amiel, für Louise, für die angesehene Genfer Gesellschaft des Jahres 1860. Auch am heiterhellen

Tag verlangte der Besuch eines Junggesellen mittleren Alters bei einer unverheirateten Frau nach einer Anstandsperson. Louise Wyder teilte die Wohnung mit ihrer Mutter; Madame Wyder blieb an diesem Sonntagnachmittag zwar unsichtbar, aber präsent. Und diese Präsenz vermittelte sie in irgendeiner Form auch den Nachbarn; die Epoche war erfinderisch im Aussenden diskreter Signale, die jede Art von Gerüchten unterbanden.

Louise schenkte Jasmintee aus, der Raum war erfüllt vom Duft von Orangenblüten. Amiel erhielt, als Gegengeschenk zum Päckchen mit der rosa Schleife, ein Buchzeichen, eigenhändig bestickt. Lässt sich ein harmloseres, ein unverfänglicheres Geschenk denken? Aber Buchzeichen heisst auf Französisch *signet*, gleichlautend mit *signé*: unterzeichnet. Damit war klargestellt, dass der Pakt vom vergangenen Jahr galt. Louise würde verzichten, abstehen von allen Ansprüchen, sich selbst verleugnen und nichts erhoffen; *signé, votre Louise.*

«Erstes Wiedersehen mit Lsw seit dem vergangenen Juli. Sie hat alles für dieses Treffen vorbereitet. Herrliches Wetter (wie immer) begünstigte es, und die helle, ganz von Sonne durchflutete Wohnung war ebenso heiter, wie die kleine Fee fröhlich war. Arme Kleine, ich sah sie von Stunde zu Stunde aufleben und ihre Wangen sich röten. Ich bin, so wie immer, sprachlos und erschrocken über den ungeheuren Einfluss, den ich auf sie ausübe. Mein Atem, mein Blick, meine Hand richten sie auf; meine Abwesenheit lässt sie welken, als wäre sie eine Blume und ich die Sonne. Ich habe Angst vor diesen Wundern der Liebe, vor dieser uneingeschränkten Abhängigkeit, für die ich die Verantwortung nicht übernehmen kann. Aber ich bin aufgewühlt, bewegt, gerührt, erfüllt von dieser vollständigen Hingabe, von diesem restlosen Vertrauen; auch ich empfinde Vertrauen, grösseres noch als gegenüber einer Schwester. (...) Sie ist eine Wohltat für mich, denn wer so rein und ausschliesslich geliebt wird, auch wenn er sich wehrt, ist von einer heilsamen und belebenden Atmosphäre umgeben.»

Amiel unterstrich die Worte *petite fée*, so als handle es sich um einen irgendeinmal festgelegten Begriff. Feen sind unfassbar, flüchtig und durchscheinend. Louise war klein, mager und unscheinbar, aber in Schmerz oder Trauer nahm ihr Gesicht die Hoheit eines Madonnenporträts an; in solchen Augenblicken erschien sie Amiel als *mater dolorosa*.

Aber irgendwann muss sie ein junges Mädchen gewesen sein.

1848 Die beiden begegnen sich im Mai bei einem Tanzanlass in der Berliner Pension Lambrecht. Louise ist mit 25 Hauslehrerin bei einer Kaufmannsfamilie, der zwei Jahre ältere Amiel hat soeben sein Philosophiestudium beendet. Man plaudert und tanzt; beim anschliessenden Pfänderspiel weigert sich Louise, bei Amiel ein verlorenes Pfand mit einem Kuss auszulösen. Es bleibt bei der einzigen Begegnung, da sich Amiel im Sommer um eine Dozentur an der Genfer Akademie bewirbt (er erhält die Ernennung kurze Zeit später).

1852 Wyder ist Hauslehrerin in England, Amiel verbringt den Sommer mit intensiver Lektüre von Dickens' *David Copperfield*. Er modelliert seine erträumte Lebensgefährtin nach Agnes, der weiblichen Heldin, diese scheint ihm «Muse und Stütze, zugleich Jüngerin und Führerin». Das Porträt trifft bis in die äusserlichen Einzelheiten auf Louise zu: klein, zierlich, lebhaft, regelmässige und blasse Gesichtszüge.

1853 Im Januar erster Brief Amiels an Louise, er erinnert an die Szene mit dem verweigerten Kuss und unterzeichnet (ungenau) als «Ihr Freund seit sechs Jahren». Beginn eines intensiven Briefwechsels. Louises Briefe sind mit blauem Lack gesiegelt; er nennt sie *ma rose bleue*.

1854 Am 17. Januar nimmt Amiel die seit Monaten unterbrochene Korrespondenz wieder auf. Im Tagebuch ausführlicher Eintrag über seine eigene Sexualität: Weshalb hat er mit 33 noch keine Frau «erkannt»? Das Fazit: «Mancherlei Gründe haben mich zurückgehalten, beschützt, gelähmt und gerettet (Scham, Schüchternheit, Gewissen, meine Rolle als Vorbild, Abscheu vor Heuchelei, Angst vor Krankheiten). In der Wollust bin ich nie zur Leichtigkeit, zum Natürlichen gelangt, und das puritanische Gewissen, das Gefühl von Schande und Sünde, die mönchischen Gewissensbisse – als würde ich einen heiligen Schwur brechen, ein Verbrechen oder eine Gotteslästerung begehen – haben immer zwischen mir und der Frau das Schwert des Erzengels gezückt. (...) Ich habe mich nie der Leidenschaft überlassen, denn ich konnte mich nie so weit gehen lassen, dass ich jemand anderen zur Sünde verführe; diese Gewissensbisse wären mir unerträglich. Die Tränen eines Opfers hätten mich wie schweflige Säure zerfressen.»

– *Sommer:* Bis zu Louises Rückkehr nach Genf zärtlicher und intensiver Briefwechsel. Bei der Ankunft Mitte Juni Ernüchterung auf Seiten Amiels: Louise ist hager und zerbrechlich; «einige Jahre englischer Sonne haben die Blüte geknickt». Er stimmt vereinzelten Treffen zu, aber nur in grösserer Gesellschaft. Trotzdem erhält er Ende Juli einen Brief, in dem ihm Louise ihre Liebe gesteht. Er schlägt ihr in einem diplomatisch formulierten Absagebrief eine rein freundschaftliche Beziehung vor. Wyder akzeptiert, bezichtigt ihn aber indirekt der Irreführung: «Könnte ich Ihnen einen Rat erteilen, so geben Sie nicht so viel von sich her, verwirren Sie nicht durch Ihre Zuneigung, durch ein Zuviel an Zärtlichkeit, Aufmerksamkeit und Einfühlung, die auszuteilen so süss sind.»

– *Herbst:* Gemeinsam in Glion bei Montreux verbrachte Ferien. Man wohnt in verschiedenen Pensionen, trifft sich aber täglich zu Wanderungen, Picknicks und gemeinsamer Lektüre: «in blauem Licht und reiner Luft gebadet, voller keuscher Zuneigung». Sie nennt ihn *mon bon Fritz*; die gemeinsame Anredeform bleibt aber das formelle *vous*. Amiel schliesst allein eine Reise in die Ostschweiz an. Beim Abschied steht für ihn fest, dass es keine Möglichkeit einer gemeinsamen Zukunft gibt. Das Ferienidyll erscheint ihm als Abschluss, nicht als Auftakt: «Wie immer ist mein Gefühl ein rückwirkendes.» Und weiter: «Die Liebe braucht Bewunderung und Stolz, Beschwingtheit und Rausch, und ich empfinde nichts davon ganz.»

November/Dezember: Nach der Rückkehr schiebt Amiel ein Wiedersehen mehrere Male hinaus. Louise fleht brieflich: «Fritz, was haben wir getan? Wo stehen wir? Sagen Sie mir, ob ich den Irrtum dieser wenigen Tage mit meiner Herzensruhe, wenn nicht mit noch Schlimmerem bezahlen muss. Alles ist besser als die Ungewissheit. (…) Oder entsagen Sie dieser Liebe, deren süsse Wirkung Sie doch spüren? Das fällt mir schwer zu glauben, und noch schwieriger wird mir zu glauben, dass Sie mich nicht lieben.»

1855 Einige wenige Treffen zu Jahresbeginn; Amiel schafft es nicht, eine klare Absage zu formulieren: «Das Leben eines anderen Menschen hängt von mir ab. Mit einem Wort zerstöre ich sie oder rette ich sie.» Ein vermeintliches Abschiedstreffen vom 25. Februar endet «beinahe tödlich». Angesichts eines drohenden Selbstmords Louises entschliesst sich Amiel, aus «Mitleid, Dankbarkeit und Sympathie» eine Ehe einzugehen. Erst ein klärendes Gespräch mit dem langjährigen Freund Charles Heim führt zur eindeutigen (brieflichen) Absage: «Seien Sie meine geliebte Schwester, aber nicht: Seien Sie die Meine!» – Louise reist im Juli zu ihrer Schwester Caroline nach England. Diese versucht, angesichts der schweren Depression Louises, Amiel in einem achtseitigen Brief umzustimmen. Die Gründe gegen eine Verbindung werden darin in systematischer Weise entkräftet: *1) einseitig verteilte Liebe, aber:* Der Partner, der weniger involviert ist, hat eine zusätzliche Garantie fürs Glück; *2) Louises Gesundheit ist angeschlagen, aber:* Dies gilt nur für den Fall der Trennung; die Ehe mit Amiel würde sie sofort zur gesunden Frau machen; *3) Louise verfügt über keine Mitgift, aber:* Sie ist haushälterisch. «Sie wissen nicht, wie eine sparsame, fleissige und gewitzte Frau auch mit der Hälfte, ja mit einem Drittel dessen, was die verschwenderische Frau braucht, ein luxuriöses Leben zu führen weiss.» – Amiel spielt in einem zehnseitigen Tagebucheintrag das Dilemma nochmals durch. Das Ergebnis: Sollte er in den folgenden Monaten den Verlust zu stark spüren, so «schreibe ich in Gottes Namen an Lsw., dass ihr Glaube gesiegt hat und ich mein Schicksal annehme. Sollte es dann zu spät sein – ebenfalls in Gottes Namen, denn meine gequälte Seele hat nicht schneller zu einer Lösung gefunden.»

1856 Wyder nimmt eine Gouvernantenstelle an; im Herbst Reise Amiels nach Turin. Hier trifft er sich mit der mütterlichen Freundin Camilla Charbonnier, die er sehr bewundert: «eine Frau, von so vielen Gewittern heimgesucht, und die doch obenauf schwimmt, mutig und kühn. Ihr Ebenbild ist es, das ich suche.» – Er erkundigt sich allen Ernstes bei Camilla, «ob Sie noch andere Frauen Ihres Schlages kennen, denn so ziemlich genau wie Sie möchte ich die Frau, vielleicht etwas weniger empfindsam, damit sie mit mir Wankelmütigem weniger unglücklich wird, dabei religiös, ohne Sturheit, mit guten Manieren, intelligent, scharfsinnig, gebildet, aber ohne Dünkel, eine Künstlerin, aber ohne Flausen, ein liebendes und treues Herz, wo nötig entschieden im Charakter.»

1857 Louise Wyder in Schottland, wo sie – als Hauslehrerin – auf der Stufe eines Dienstboten behandelt wird. Unter dem Eindruck der «Neuenburger Krise» (drohende militärische Auseinandersetzung der Schweiz mit Preussen) schreibt und komponiert Amiel ein Vaterlandslied; es wird unter dem Titel *Roulez, tambours!* auf einen Schlag populär.

1858 Wyder verlässt Schottland aus gesundheitlichen Gründen und verbringt Sommer und Herbst bei ihrer Schwester in London. Im Dezember Rückkehr nach Genf. Bei Amiel: Depressionen und Phasen völliger Untätigkeit.

1859 Louise zieht zusammen mit ihrer Mutter in eine Wohnung im Genfer Quartier Plainpalais; nur ungenügende Einkünfte durch Privatstunden und Emailmalerei. Im Juli auf Initiative Amiels erste Begegnung seit vier Jahren; bei einem zweiten Treffen Anfang August wartet Louise während dreier Stunden im Bahnhof von Lausanne, Picknickkorb in der Hand. Bei beiden Begegnungen beschwört sie ihn, ohne Rücksicht auf ihre eigenen Gefühle zu heiraten und einen Hausstand zu gründen. – Umzug Amiels in die Wohnung an der Cour de Saint-Pierre (Sommer). Er erklärt sich die Faszination des Umgangs mit Louise durch die Ungeborgenheit seiner eigenen Jugend. Die Mutter früh verstorben, der Vater zwei Jahre danach durch Selbstmord aus dem Leben geschieden, die Schwestern während Jahren in anderen Familien aufgewachsen: «Vaterliebe, Mutterliebe, Geschwisterliebe – von all diesen natürlichen Gefühlen habe ich nur einen kleinen Teil leben können, mein Leben besteht aus angehäuften Rückständen.» Trotzdem keine weiteren Treffen mit Louise.

Wer sich vor dem Schmerz des anderen hilflos fühlt, setzt ihm am besten sein eigenes Leiden entgegen. Louises letzte Briefe hatten ihre Gefühle beklagt, die ihr Ziel nicht fanden: «Ich habe Gold gegen Falschgeld eingetauscht.» Im Gegenzug hatte Amiel das Verfehlte seiner eigenen melancholischen Existenz betont, so als könnte der Verzicht auf Tatkraft oder Wohlbefinden die Klagen des Gegenübers zum Schweigen bringen. Das Jahr 1860 setzt ein, als sei dieser Pakt stillschweigend umformuliert und eine neue Ebene für die Beziehung gefunden worden. Auf den Sonntagnachmittag in der sonnigen Stube folgen vier weitere Treffen allein noch in diesem Januar. Im Stadthaus finden regelmässig öffentliche Vorlesungen statt; schon am Montag begleitet Fritz Louise von einem historischen Vortrag an den Boulevard des Tranches zurück. Sie ist in strahlender Laune, «die Absätze ihrer Stiefelchen klapperten fröhlich auf dem hartgefrorenen Boden».

Die Illusion, es habe eine neue Phase der Beziehung begonnen, hält sich nicht lange. Schon nach zwei Wochen trifft ein verstörtes Briefchen ein. «Ihr Herz lässt sich nicht vom Verstand unterdrücken»; ein Verhältnis auf Armlänge setzt Louise stärker zu als gar keines. Ein Erste-Hilfe-Besuch zeigt Amiel eine völlig niedergeschlagene und resignierte Freundin. Bereits befürchtet er wieder das Schlimmste, irgendeine Art von Kurzschlusshandlung, aber tags darauf kommt ein unterwürfiges, gleichsam unter Tränen lächelndes, tapfer-zärtliches Billet an. Es folgt ein weiterer gemeinsamer Heimweg von einem weiteren Vortrag; der Pakt scheint wieder in Kraft getreten, die Stiefelchen klappern fröhlich.

Allzu fröhlich? «Weshalb rühren mich ihre Briefe stärker an als ihre Gegenwart? (...) Weil ich zu viel Einbildungskraft habe. Das Wirkliche beruhigt, währenddem mich die Vorstellung der Dinge aufwühlt und beeindruckt. Im Wirklichen finden sich bei ihr immer wieder kleine Beigaben, die stören oder ablenken, kleine Ausschwenker, die den Eindruck abschwächen und Mängel, die abkühlen. – Ach! Das ist auch der Grund, weshalb die Ehe im Allgemeinen die Liebe tötet; die Liebe braucht Verehrung, Illusion, Wertschätzung. Die Wertschätzung verlangt den Standpunkt, die Distanz, den Halbschatten, den Raum, in dem die Einbildungskraft nach Herzenslust arbeiten, verschönern, ergänzen, säubern und idealisieren kann. Die Begegnung mit den erträumten Dingen wirkt immer abkühlend, die Nähe nimmt ihnen Schritt für Schritt den Heiligenschein, den poetischen Schleier.»

Es gibt Übereinstimmungen, Zusammentreffen von einer Schlüssigkeit, für die sich keine Erklärung findet. Amiel bereitete – so wie immer unter Druck, so wie immer im letzten Augenblick – seine drei wöchentlichen Lektionen vor: «Form und Entwicklung der menschlichen Persönlichkeit», wie gesehen. Zu präparieren war der Teil über das Ich, *le moi*, die innerste Instanz des Menschen.

Natürlich gab es im Jahr 1860 keine Tiefenpsychologie. Freuds *Traumdeutung* erschien, eine Generation später, um die Jahrhundertwende, Jungs *Wandlungen und Symbole der Libido* nochmals ein Dutzend Jahre danach. Wer über das Ich schrieb, war seinen eigenen Bildern ausgeliefert. Was Amiel sah, war eine Art Katakombe: «ein riesiger, dunkler Tempel wie die Krypten von Elephanta, wo das Auge aber, nachdem es sich an das Dunkel gewöhnt hat, Nischen und Kapellen und gewaltige gekreuzte Gewölbebogen wahrnimmt, eine ganze rätselhafte Architektur, die sich in einem durchscheinenden, unbestimmten Dämmerlicht in alle Richtungen erstreckt, erfüllt vom stummen Seufzen heiliger Schrecken wie vom Atmen eines Gottes: verborgene Welt, unbekannter Rückzugsort, geheimes Heiligtum des Lebens, Zuflucht der Seele, die sich auf sich selbst besinnt.»

Wie kommt es, dass Amiel am 10. Januar, mitten in der Arbeit über das *moi*, einem Doktor Olivet begegnet, und dieser Marc-André Olivet fasst ihn unter den Arm, führt ihn über die Arvebrücke und zur kantonalen Irrenanstalt? Im *Etablissement des Vernets* wird ein längerer Rundgang absolviert, Amiel ist erschüttert. Wie reagiert der menschliche Verstand auf den Anblick seiner eigenen Zerstörung, wie erträgt das geordnete, das «gesunde» Ich den Blick eines Menschen, dessen geheimnisvoller Tempel verschüttet ist?

Les Vernets ist offensichtlich eine gut geführte Anstalt, mit Küche, Büro, Schlafsälen, Einzelzellen und -zimmern. Jede der vier Abteilungen, ausser jener für die ganz schweren Fälle, verfügt über Aussenraum, eine Wiese oder einen Garten für den Aufenthalt im Freien. Die weiblichen Insassen stellen die Mehrheit; den stärksten Eindruck auf Amiel macht denn auch eine bedrohliche ältere Frau: «fürchterlicher Anblick, duldet keine Annäherung, gurgelt und krächzt Unverständliches von früh bis spät mit rauer Stimme, abstossender als die hässlichste Kröte, befindet sich seit sieben Jahren in diesem Zustand, hat nichts Menschliches an sich, steht schon fast unter dem Tierischen.» Olivet weist darauf hin, dass sich die meisten Irren gegenseitig verabscheuen und kaum miteinander verkehren. Nur dem Doktor und seinem Besucher gegenüber werden sie gesprächig, «denn der Verrückte wähnt sich als Einziger klar bei Verstande».

Was gibt es, um diesen verstossenen und verfemten Wesen beizustehen? Nichts ausser Güte und Mitleid, meint Doktor Olivet; Besserung lässt sich bei keinem seiner über hundert Kranken erhoffen. Was ihnen fehlt: Ordnung der inneren Kräfte, eine steuernde und regulierende Instanz, Olivet kann es nicht anders ausdrücken. Jede einzelne der geistigen Fähigkeiten hat sich selbstständig gemacht: Erinnerung und Tatkraft, Vergleichen und

Abwägen, Wahrnehmen und Einordnen. Amiel möge darauf achten, wie sich jeweils zwei oder drei der Betreuten zueinander setzten, ohne doch miteinander zu sprechen; keiner kann dem anderen in seinem einsamen Monolog folgen. «Jeder für sich», notiert der Gast, «Ausschweifung, Chaos, Aufstand, Unordnung und Ungehorsam aller untergeordneten Kräfte; Umsturz im Gefüge der Macht, ewige Revolution.» Wie lange der Rundgang im *Etablissement des Vernets* dauert, wird nirgends klar. Auch von Doktor Olivet findet sich auf den bisherigen 3500 Seiten des Journals keine Spur: ein Mann aus dem Nichts.

«Bedrückender, aber lehrreicher Besuch», schreibt Amiel beim Nachhausekommen auf. Er liest vor dem Einschlafen Shakespeares *The Tempest*; hier findet der dumpfe und rebellische Caliban, von Ausschweifung und Chaos heimgesucht, zu den ordnenden Kräften der Gesellschaft zurück.

Der Besuch in Les Vernets hatte ein Nachspiel, einen sechsseitigen Eintrag von 12 000 Zeichen, darin eine ganz zentrale Passage über die Ordnung. Wenn die Unglücklichen von Les Vernets am Fehlen einer inneren Ordnung litten, am Ungehorsam ihrer Geisteskräfte, die sich weigerten, gemeinsam unter dem ordnenden Prinzip der Vernunft anzutreten – wie stand es dann um seine, Amiels, innere und äussere Zucht? Wie kam es, dass er aus lauter Laschheit und Nachlässigkeit («ein Leiden, das der Unsauberkeit gleicht») dauernd Schriften und Dinge verlegte, ganze Stunden mit der Suche nach ihnen vergeudete und aus lauter Verdruss über die verschleuderte Zeit das zusätzlichen Aufwand erfordernde Wiedereinräumen aufschob, sodass eine nächste Suche nach der nächsten verlegten Rechnung wiederum im Chaos begann?

Das Tagebuch listet besonders verdriessliche Beispiele auf: «So habe ich erst heute ein Gedicht von Petit-Senn wieder gefunden, das ich verlegt hatte (was mir kürzlich einige Ungelegenheiten brachte), und ein Heft mit psychologischen Notizen (über meine Neffen), das ich benötige oder zumindest gut brauchen könnte, finde ich überhaupt nicht mehr. Oh, die Ordnung! Ordnung der Dinge, Ordnung der Gedanken, moralische Ordnung! Welche

Erleichterung und welche Kraft, welche Ersparnis! Wissen, wohin man geht und was man will: Das ist Ordnung! Sein Wort halten, am richtigen Ort zur richtigen Zeit erscheinen: wiederum Ordnung! Alles im Griff haben, seine ganze Armee aufmarschieren lassen, mit allen Ressourcen arbeiten: auch dies Ordnung! Seine Gewohnheiten, Anstrengungen und Wünsche in der Hand haben, sein Leben organisieren, seine Zeit einteilen, seine Pflichten abmessen, seine Rechte geltend machen, aus seinem Vermögen und seinem Einkommen Gewinn ziehen, ebenso aus seinen Begabungen und seinen Möglichkeiten: wiederum und noch einmal: Ordnung!»

Zumindest in diesem Fall ist die Strafpredigt erfolgreich: «mächtiges Bedürfnis nach Ordnung empfunden». Amiel erledigt seine Rechnungen, reiht seine Notizbücher ein, wähnt bereits, er habe das Steuerruder wieder fest in der Hand.

Sollte all dies zu düster klingen, zu ernsthaft und zu verquält? Erinnern wir uns an den zweiten Januartag: Amiel wandert im Mondlicht von Mornex nach Genf, singend nach nur zwei Gläschen Madeira. Am 12. bricht er mit Jules und Henri zu einer Robinsonade auf; man erforscht den Verlauf des Foron, indem man dem Ufer des Flüsschens über Hecken und durchs Gestrüpp folgt. Wenig später eine weitere Wanderung mit den beiden Neffen – über Carouge, entlang dem Kleinen Salève, über Chêne nach La Terrassière, auf matschigen Wegen. Man lacht, blödelt, gibt sich Rätsel auf und sucht Reime, staunt über die Flugkünste der Krähen, über einen wilden Wasserfall, eine einsame Insel. Und auch am folgenden Sonntag: ausgedehnte Partien Biribi mit den Jungen und ihren Vettern, darauf das Sphinx-Spiel; hier müssen aus den Buchstaben eines Wortes so viele Wörter wie möglich gebildet werden. Onkel Fritz ist der sprichwörtliche *gâte-enfant*, der Verwöhnonkel.

Trotzdem fühlt er sich immer wieder einsam, abgeschoben, vernachlässigt. Am 14. realisiert er abends in einem Anflug von Panik, dass seine Familie und die ganze Bekanntschaft einem Konzert beiwohnen, zu dem er keine Karte mehr erhalten hat. «Vergeblich versucht, den Abend auswärts zuzubringen.» In der Not fallen ihm flüchtige Bekannte ein, die Schaecks. Ein Vetter des Hausherrn hat kürzlich geheiratet, Amiel nimmt das zum Anlass, seine Glückwünsche vorzubringen, wird steif und förmlich empfangen und ebenso verabschiedet. Einen Tag später aber gibt es keinen Ausweg mehr: Schwester und Schwager sind ausgeflogen, das Haus ist leer; «ein schmerzliches Gefühl der Vernachlässigung. Bin in diesem Zustand beinahe dankbar, dass die kleine Katze mein einsames Zimmer belebt.»

Was hat es damit auf sich? Ich habe mir für den gesamten Januar eine kleine Statistik erstellt. Sie erfasst Geselligkeit, Arbeit und berufliche Kontakte und zeigt mir ein völlig unterschiedliches Bild. In den ersten zwei Wochen hat Amiel keinen einzigen Abend «frei»: Familientreffs, der erwähnte Deutsche Abend im *Metropol*, Vorträge im Stadthaus; tatsächlich klopft Amiel auch am Abend, an dem ihm die Hauskatze über die Einsamkeit hinweghilft, noch bei Schwester Laure und ihrem Gatten an, isst mit den Stroehlins. Falls er diesen Monat tatsächlich drei Abende allein zu Hause verbringt, ist das schon viel: für heutige Begriffe ein geselliger, fast schon übergeselliger Alltag.

Eben diese Statistik gibt auch Auskunft über die Arbeitsgewohnheiten, die beruflichen Verpflichtungen. Vorlesungen (die Lektion zu 45 Minuten) hält Amiel an drei Morgen pro Woche. Den Kurs über die Persönlichkeit hat er vor zwei Jahren schon einmal gegeben. Hier liegen aber nur Notizen vor, kein ausformuliertes Manuskript: Einen Professor, der «ablas», hätten die Studenten ausgebuht. Der Kurs muss also weitgehend neu erarbeitet werden, geht nach dem Besuch im Irrenhaus bestimmt auch inhaltlich andere Wege. Trotzdem hält sich Amiel am 13. – einem Freitag! – über den vertrödelten Tag auf: «Was habe ich heute Nützliches getan? Kaum etwas; kaum gelesen, nichts geschrieben, fast nichts gelernt, ein ungenutzt verstrichener Tag!»

Auch Woche drei bleibt einsatzmässig hinter seinen Erwartungen zurück. Zwar bringt der Montag Korrekturen der Arbeiten fürs *bachot* und eine Notensitzung der Dozenten, aber Amiel findet immerhin Zeit, Balzacs *La femme de trente ans* zu lesen. Am

Donnerstag die grosse Wanderung mit den Neffen, am Freitag werden Rechnungen bezahlt; auf diesen Tag fällt auch der grosse Journal-Eintrag über das Halten von Ordnung. Studien, Forschungen und schulische Aufgaben nehmen im besten Fall drei Arbeitstage ein.

Der beschwörende Anruf an die Ordnung im sechsseitigen Eintrag war mehr als blosse Rhetorik. Den allumfassenden, ordnungsstiftenden Faktor, der sein Leben ins Gleichgewicht bringen würde, sah Amiel in der Ehe. Die eigene Familie, ein Haushalt mit seinen gesicherten Tagesabläufen, die Einbettung in die beiderseitige Verwandtschaft würden seinem Leben einen festen Rahmen geben. Weshalb denn das Zögern, die ängstliche Zurückhaltung auch bei vielversprechenden Bekanntschaften?

Ordnung und Systematik spielten gerade bei der Partnerinnensuche nur eine Nebenrolle: Hier lag das Problem. «Bei der gewöhnlichen Ehe, die über den Rest des Lebens entscheidet, gibt es zu viele zufällige Elemente – jedenfalls für einen Mann von melancholischer Einbildungskraft, der ausserdem zu stolz ist, es auf den Zufall ankommen zu lassen.» Gewiss hatte ihn die eine oder andere junge Frau unwillkürlich angezogen, aber «das Erschrecken vor dem Unbekannten hat mich auf dem Weg zur entscheidenden Leidenschaft gebremst. (…) Für mich gibt es kaum eine einzige Art, glücklich zu sein, aber tausend Arten, es nicht zu sein. Es gibt nur eine einzige Gesundheit, aber tausende Krankheiten. So hält mich denn die Furcht vor möglichem Kummer stärker zurück, als mich das Verlangen nach Freude anspornt.»

Was er bisher noch nie empfunden hat: den unverkennbaren «Wink des Schicksals, die Stimme des Herzens».

Amiel führte – zusätzlich zu den tausenden von Seiten des Journals, die sich mit Heirat und Ehe beschäftigten – ein Sonderheft mit dem Titel *Délibérations matrimoniales*. Im Verlauf von zwei Jahrzehnten ergaben diese «Überlegungen zur Ehe» eine Art Handbuch der Partnerinnensuche, mit Budgets eines zukünftigen Haushalts und gewünschter Mitgift oder zu erwartender Jahresrente der Braut. Diese waren in der Rechnung gleichsam gesetzt: Mit den 2000 Francs Jahresgehalt von der Akademie und den 2000 bis 3000 Francs, die Amiels bescheidenes Vermögen jährlich abwarf, war an einen standesgemässen Haushalt mit Köchin und *bonne* nicht zu denken. Umgekehrt kam keine Zukünftige in Frage, die einen luxuriösen Lebensstil gewohnt war und mit ganz anderen Zahlen rechnete: «Du wirst in der so genannt mittleren Schicht suchen müssen – wohlhabend, nicht reich.»

Wie also packe ich die Partnersuche ordentlich und ordnungsstiftend an? Wenn Amiel auf dem Papier Ehepläne durchexerzierte, kam unweigerlich das bewährte Schema mit Paragraph und Subparagraph ins Spiel. Einkreisen, ausscheiden, ganz systematisch vorgehen; gesellschaftliche Stellung der Braut, einiges Vermögen sind nun einmal Voraussetzung. Sie garantieren, abgesehen von der Mitgift, am ehesten Geschmack und Bildung der Partnerin und gemeinsame Vorlieben oder Einstellungen.

Was weiter?

1° *Gesundheit*. Robust soll die Erwählte sein, «vor allem voller Busen», trotzdem «von wenig hitziger Natur». Trotz aller äusseren Üppigkeit keine verzehrenden Leidenschaften, gerade das nicht. Denn Amiel argwöhnt, dass seine Konstitution kein intensives Geschlechtsleben zulässt; «eine leidenschaftliche Frau würde mich aushöhlen und zerbrechen».

2° *Typus*. Blond, vielleicht auch aschblond, aber am liebsten nicht milchweisser Teint, sondern «lebhafte Hautfarbe». Damit einher gehen Anmut und Geschmeidigkeit, gepaart mit Zartsinn und feinem Gespür.

3° *Charakter*. Trotz aller Zartheit «im Charakter entschieden, von zupackendem und bejahendem Geist, Lebhaftigkeit».

4° *Bildung*. Am liebsten mit künstlerischem Einschlag, gepaart mit praktischen Fähigkeiten. Zur Bildung gehört eine angeborene Eleganz, die auf jede Eitelkeit verzichten kann. Sanfte Umgangsformen.

5° *Alter*. «Acht bis zehn Jahre jünger als du.» Keineswegs gleichaltrig, sondern jemand, der sich formen und anpassen lässt.

6° *Gesellschaftliche Stellung, Vermögen.* Wohlhabend, aber nicht spektakulär reich, aus bekannten Gründen. Daran denken: «Sie bestimmt deinen Rang nach aussen.» Die Öffentlichkeit wird sich in Sachen Ansehen eher an ihr orientieren, denn «offensichtlich wirst du immer nur ein Gelehrter sein, ein Mann des stillen Wirkens».

7° *Herkunft, Nationalität.* Am liebsten wäre Amiel eine Mischung, die unterschiedliche Vorzüge vereint. Ein Fall für Subdivisionen:

7°a) «Die Engländerinnen ziehen mich sehr an», aber nur solche, die «eine moralische Entwicklung durchgemacht und ihre zahlreichen Vorurteile abgelegt haben.» Eher noch eine Protestantin «mit katholischem Blut in den Adern, ein Mädchen aus dem Norden, Schwedin, Engländerin (sogar Deutsche) mit italienischer, spanischer oder griechischer Mutter; mit den besten Eigenschaften des Nordens, andächtig, blond, mit grosszügigem, handfestem, künstlerischem, mittelmeerischem Akzent, ein Opal mit feurigem Schimmer träumerischer Perlenflut».

7°b) Aber so leicht wird sich dieses Ideal aus Opal und Perle nicht finden lassen. «Im Ermangelungsfall könnte auch eine Protestantin aus dem Midi Frankreichs oder aus den Walliser Tälern dieser Mischung gleichkommen.»

7°c) Bei Midi respektive Wallis ergeben sich womöglich unvorhergesehene Hindernisse. «Im Ermangelungsfall könnte eine Schweizerin aus Genf oder aus der Waadt oder aus der Region dazwischen dieses Gleichgewicht aufweisen. Eine nicht allzu ausgesprochen poetische Waadtländerin, mit ausgleichenden Genfer Elementen, hat vieles, das für sie sprechen würde.»

Auf einer anderen Seite der *Délibérations* legt sich Amiel einen Schlachtplan zurecht. Er wird Sommer- und Herbstferien für die Suche nach einer Gattin und die Eheanbahnung freihalten: August für die eigentliche Suche, September für Ferien samt allfälligem Treff mit Braut und Familie am Ferienort, Oktober für

Vorbereitungen. Eine beigefügte Liste zählt 45 namentlich genannte Kandidatinnen mit ihren Vorzügen und Nachteilen auf:

a) geistvoll, etwas spöttisch, aber traurig;
b) elegant, künstlerisch, will aber allzu sehr brillieren;
c) hübsch und lebhaft, ein bisschen verwöhntes Kind;
d) hübsch, schlank, Waise, aber viel Unbekanntes;
e) recht schlagfertig, entschieden, aber allzu sehr auf der jungen Seite;
f) kurzsichtig, Familie allzu sehr dem Pietismus zugeneigt;
g) fröhliche Laune, kleine Perle, aber keine Mitgift;
h) gutes Herz, träge, schwache Gesundheit, Vater zu reich;
i) sehr würdig, aus besten Kreisen, aber Adlernase;
k) hervorragende Klavierspielerin, aber etwas trocken;
l) reich, aber fürchterlich knochig und behaart;
m) klein von Figur, schöne Augen, niedliche und hübsche Hände, aber sehr schlechte Zähne …

Die sich ergebenden Differenzen immer weiter spalten: Poesie ja, aber nicht zu ausgeprägt; Waadtland ja, aber ausgleichende Genfer Tendenzen. Vollbusig ja, das auf jeden Fall, aber nicht zu leidenschaftlich. Nordisch ja, aber doch mediterran; Opal ja, aber mit Perlenglanz … Dürfen wir uns hier ein Schmunzeln erlauben? Die Traumfrau, den Traummann bis ins Letzte festlegen, nach Herkunft, Aussehen, Interessen und Charakter – klingen denn die Heiratsanzeigen von heute so völlig anders? Schlanke Nichtraucherin, träumt gerne vor dem Kaminfeuer, mit Glas Rotwein in Hand, leidenschaftliche Schmusekatze und guter Kumpel, liebt Theater und lange Spaziergänge, hat in anspruchsvollem Beruf täglich mit faszinierenden Menschen zu tun und sehnt sich trotzdem nach Gegenüber, bei dem sie ganz sich selbst sein kann. Oder umgekehrt: sportlicher und gut situierter Akademiker, tierlieb und gepflegtes Heim, manchmal ausgeflippt, aber guter Zuhörer, die sprichwörtliche starke Schulter, mit Sinn für Humor und gutes Glas Rotwein vor Kaminfeuer, dabei Nichtraucher, liebt Natur und Discoabende … Hängt keiner dieser Leute je abends mit der

Fernbedienung in der Hand vor dem Fernseher herum, in ausgebeulten Trainerhosen?

«Jedermann findet seine Jedefrau», klagt Amiel, wie er in diesen Wochen von der Heirat eines Bekannten erfährt. Wieso bloss er nicht? *Chacun trouve sa chacune*, «sollten nicht auch einige Tropfen auf mich fallen, wenn es Glück regnet?» Und weshalb schaltet sich denn nicht die Familie ein, so wie das anderswo auch gehandhabt wird, auf diskrete Weise, selbstverständlich? Zum Beispiel leitet Schwager Franki seit Jahren die *cours supérieurs* seines Pfarrsprengels, und hier schreiben sich dutzende junger Mädchen aus den besten Familien ein. Amiel hat schon mehrfach angedeutet, man möchte doch die Liste miteinander durchgehen, Fanny, Franki und er; «würde man hier ein wenig sondieren, gäbe sie sicher ein gutes Resultat her». Aber nein, keinerlei Fingerspitzengefühl bei Fanny, geschweige denn bei Schwager Guillermet, dem hageren Herrn Pfarrer, der im Gegenteil abfällige, entmutigende Bemerkungen macht. Für ihn ist Schwager Henri-Frédéric der alte Knabe, der Hagestolz, hoffnungsloser Fall.

Amiel war elfjährig, als seine Mutter starb. Zwei Jahre später stürzte sich ihr Ehemann Henri Amiel, Witwer und Vater von drei Kindern, in die Rhone. Jetzt, in der Nacht zum 30. Januar 1860, ging das letzte äussere Wahrzeichen dieser kurzen Ehe in Flammen auf: das Stadthaus an der Rue du Cendrier 109, das die Familie bis zum Selbstmord des Vaters bewohnt hatte. «Ich komme davon zurück, der Brand ist gelöscht», rapportiert Amiel. «Er hat von halb zehn bis Mitternacht gedauert. Er hat ganz oben unter dem Dach begonnen, anfänglich mit heftigen Flammen, sodass das Quartier in grosser Gefahr war.»

Seit acht Uhr hatte es gestürmt und gewittert; an der Cour de Saint-Pierre wurde man aufgeschreckt durch die Alarmglocke der Kathedrale – «die Silberglocke», betont das Journal. Dann zeigten die Hornsignale der Feuerwehr und der Widerschein der Flammen, in welcher Richtung der Brandherd lag; Amiel und Franki zogen ihre Regensachen über und machten sich auf den Weg zum Ort des Unglücks. Dort halfen Freiwillige der Feuerwehr, indem sie Eimer mit Wasser weiterreichten, die beiden reihten sich in die Kette ein.

Was empfindet jemand, der durch die immer vertrauter werdenden Gassen den Zeichen von Rauch und Feuer folgt? Zuerst noch mit dem bösen Verdacht, dann mit der Gewissheit: Was hier brennt, ist unser eigenes Haus, das Elternhaus? Amiel blieb offensichtlich gelassen, dachte während der Löscharbeiten vor allem an die Feuersbrunstpassage in Schillers «Glocke» und an seine eigene Übersetzung, *La Cloche*, die eben in zweiter Auflage erschienen war. «Auch an meinen Vater gedacht», heisst es weiter, «an meine Mutter und eine Schwester, die in diesem Haus gestorben sind, an meine Tante Fanchette, die mit uns hier wohnte.» Trotzdem blieb er weiterhin merkwürdig ungerührt, wunderte sich vielmehr über sich selbst, «über meine ausgesprochene Gleichgültigkeit und Sorglosigkeit gegenüber dem Schaden, der mich befallen hat. Ist es nicht merkwürdig, dass von allen Feuersbrünsten, bei denen ich je Zeuge war, diejenige mich kalt und beinahe gleichgültig lässt, die mein eigenes Haus einäschert? Ist es, weil ich mich schäme, an mein eigenes Interesse zu denken? Geschieht es aus Stoizismus? Oder aus lauter Dummheit? Oder weil ich zu bestürzt bin?»

Um ein Uhr morgens kehrte Amiel mit dem Schwager an die Nummer 99 zurück, fand noch Zeit für einen Eintrag ins Journal, immer noch gelassen, womöglich mit dem Verdacht, der Schock habe ihn nur vorläufig unempfindlich gemacht, Schmerz und Trauer stünden noch bevor.

Aber auch am folgenden Tag stellte sich nichts dergleichen ein. Trotz der Ereignisse der Nacht hielt Amiel seine Vorlesung, hatte dann aber doch «einige Mühe, sich auf die Rätsel des inneren Menschen zu konzentrieren». Vor allem musste die Moral der beiden Schwestern aufgerichtet werden. Selbst Louise Wyder nahm sich das Unglück stärker zu Herzen als er, der direkt Betroffene. War es möglich, dass mit ihm etwas nicht stimmte?

Décidément, il est possible que je ne sois pas fait comme tout le monde.

Eine mondhelle Frühlingsnacht, kalt und vollkommen still. Am Fenster eines Hauses sitzt eine junge Frau und schreibt im Schein der Öllampe einen Brief an ihre Schwester. Vor dem Fenster ein Garten, daran anschliessend Felder, alles menschenleer. Plötzlich ein langgezogener, durchdringender Schrei, jemand ruft ihren Namen: «Caroline.» Dann wieder Stille.

So hat Caroline Amiel, geborene Brandt, beschrieben, was ihr am 1. März 1820 in ihrem Elternhaus in Auvernier widerfuhr, so gibt Amiel die Geschichte seiner Mutter wieder. Ist es möglich, fragt er sich, dass ein Leben einem langgezogenen Schrei durch die Nacht folgt? Dass dieser Anruf, den sich niemand erklären kann, eine ganze Reihe von Ereignissen, Erschütterungen und Katastrophen anschiebt und auslöst, so wie der Pfiff des Lokomotivführers ein unaufhaltsames Manöver in Bewegung setzt? Eine Warnung, ein Fluch, ein Urteil?

Ein Schrei aus dem Dunkel, nie geklärt. Die junge Frau folgte ihrem Verlobten Henri Amiel wenige Monate später aus dem Neuenburgischen nach Genf. Im September des folgenden Jahres kam Henri-Frédéric zur Welt, als erstes von sechs Kindern, von denen drei nur kurze Zeit lebten. Die Mutter, geschwächt durch sechs Geburten in neun Jahren, erkrankte an Tuberkulose und starb 1832, erst 31 Jahre alt. Die zwölf Jahre seit dem Schrei aus dem Dunkel brachten tatsächlich eine Reihe von Katastrophen: Tod von Carolines Vater, Intrigen der eigenen Mutter und zweier Schwestern gegen die junge Ehefrau, zahlreiche Todesfälle in ihrer neuen Familie, Tod von drei eigenen Kindern, Krankheit, Zerwürfnis mit den Verwandten im Neuenburgischen, die ihren Ehemann in Erb- und Geschäftssachen in eine Folge nicht enden wollender Prozesse verwickelten, schliesslich ihr eigener Tod, dem sie – so Amiel – «mit der Heiterkeit vollkommener Ergebung» entgegensah.

Wenn es denn ein Fluch war, so galt er ebenso dem jungen Gatten. «Aufs höchste angetan von der jungen Königin eines Dorfes im Neuenburgischen», schreibt Henri-Frédéric, *fils*, «hält er um ihre Hand an, und seit diesem Augenblick ist sein Leben ein einziger Feldzug». Geschäfte, Prozesse, Machenschaften, die den

Vater «in ein undurchdringliches Gestrüpp von Klage und Gegenklage verwickeln, von Finten und Betrügereien, von Unordnung in Rechnungen, Inventaren, Titeln, Anteilen, Wechseln und Verschreibungen, die ihn mit Vorladungen verfolgen, ihn in seinem Rechtsgefühl verletzen, ihn immer weiter von seiner natürlichen Laufbahn abdrängen, und dies für kaum zählbaren Profit».

Henri Amiel nahm sich zwei Jahre nach Carolines Tod das Leben. Trotz aller geschäftlichen Bedrängnis hinterliess er den Kindern das Haus an der Rue du Cendrier; von Seiten der Mutter hatten Henri-Frédéric wie Fanny und Laure ein kleines Vermögen geerbt. Die Geschwister wuchsen auf in der Familie ihres Onkels Jacques, eines Drogisten an der Rue de la Monnaie: gutbürgerliche Umgebung von Kaufleuten und Gewerbetreibenden. Fanny vermählte sich mit dem Pasteur Guillermet, Laure mit dem Arzt Frédéric Stroehlin. Henri-Frédéric kehrte nach einer ausgedehnten Reise durch ganz Europa und vierjährigem Studium in Berlin und Heidelberg nach Genf zurück, machte seinen Doktor, bekam einen Ruf an die Akademie. Er wohnte fortan bei den Guillermets, nahm regen Anteil an der Erziehung der zwei Neffen. Die Familie mit ihren zahlreichen Seitenzweigen traf sich regelmässig zu Ausflügen, Gedenk- und Feiertagen: ein geschlossener, solider Kreis.

Hatte damit der Fluch, der Bann, die Warnung aus der stillen Mondnacht im März 1820 an Macht eingebüsst? Oder war der Brand des Hauses Amiel an der Rue du Cendrier so etwas wie ein Omen, dass noch längst nicht alles ausgestanden sei, ein kräftiges Zeichen des Schicksals? Amiel selbst ahnte etwas dergleichen: «heftige Windstösse, die mit Regen und Hagel gegen die Fenster peitschen, Blitze und starke Donnerschläge», notierte er noch in der Nacht, «und das am 30. Januar!»

Was war unheimlicher: der Schrei in der menschenleeren Nacht oder das Gewitter mitten im Winter, dessen Blitze dieses eine Haus in ganz Genf einäscherten, in Brand setzten? Ein Haus an der Rue du Cendrier, dessen einstige Besitzerin Brandt hiess?

Ein Rückblick auf diesen Monat ist ganz im Sinn Amiels. Nichts hielt ihn davon ab, irgendein Datum als Anlass für eine Rückschau zu nehmen. «Das erste Drittel des Januars schon längst vorbei!», hiess es am 13., «es ist eine Schande.» Oder am 1. Juli: *Voilà*, die erste Hälfte des Jahres 1860 abgelaufen und vergangen. Man dreht sich einmal um, es ist Mittag, man dreht sich zurück, es ist Abend.»

Wir drehen uns um, es ist immer noch Morgen. Für uns heisst dieses Monatsfazit: eine ganze Reihe erfreulicher und geselliger Tage zu Beginn, ein eindrücklicher Besuch im Irrenhaus, das bemerkenswerte Wiederaufnehmen einer Beziehung, die bereits gescheitert schien. Dazu ein Schicksalsschlag, den der Held mit bemerkenswerter Gelassenheit wegsteckt. Wer denkt schon an die Übersetzung von Schillers «Glocke», wenn er vor sich sein Elternhaus in Flammen aufgehen sieht? Viele ruhige Stunden in der Mansarde, über die Seiten des Tagebuchs gebeugt, *plume en main*; der Januar zählt mehr als 40 dicht beschriebene Seiten.

Dazu ein einziger, beschaulicher Spaziergang mit einer jungen Frau, die anders als Louise Wyder weder zu Tränen noch zu Szenen neigt. Marie Favre ist die *femme de trente ans*, von der Amiel eben noch gelesen hat: acht Jahre jünger als er, eine Witwe und Geschäftsfrau mit einem kleinen Jungen. «Wir plaudern wie gute Kameraden. Ihr Leben ist voller Pflichten, trotzdem wünscht sie mich zu treffen. Ich bin ihr nützlich, sogar ein wenig unverzichtbar, sagt sie. Ich bin einverstanden.» Aber auch Marie ist unverzichtbar – für uns, für diese Geschichte und für Amiel. Man trennt sich an diesem Abend, ohne eine Verabredung zu treffen. Entweder es ergibt sich, oder dann eben nicht. Bei Marie: kein Jasmintee, keine Orangenblüten, keine Empfindeleien.

FEBRUAR

Winter des Missvergnügens

Ist «Der Fall des Hauses Amiel» ein allzu forscher, ein allzu plakativer Titel für die tragische Wendung, die das Leben der Eheleute Amiel-Brandt nahm? Halten wir immerhin fest, dass Edgar Allan Poes *Histoires extraordinaires* mit der bestürzenden Geschichte vom Fall des Hauses Usher im Jahre 1856 erschienen, in der Übersetzung von Baudelaire erschienen ist. Amiel schaffte das Buch sogleich an, das Journal verweist mehrmals auf Poe. Was die eigenen Unheilsjahre bei Amiel hinterliessen, war eine tief sitzende und lebenslängliche Abneigung gegen juristische Verwicklungen und rechtliche Schritte jeder Art (es gibt nur einen einzigen Anwalt in seinem Bekanntenkreis, eine Zufallsbegegnung: für Genf völlig ungewöhnlich). Hinzu kam die Faszination durch übernatürliche Erscheinungen wie Telepathie oder Wahrsagen. Amiel notierte sich zahlreiche Beispiele von Prophezeiungen, Blicken in die Zukunft, die sich als zutreffend erwiesen hatten. Er hielt seine Träume und diejenigen anderer fest und untersuchte sie auf mögliche Fälle vorausgeträumter Ereignisse. Vor allem Louise Wyder schien ihm die Gabe des zweiten Gesichts zu besitzen, wusste ihm von merkwürdigen Vorahnungen und deren späterer Erfüllung zu berichten. War es diese – vermeintliche oder tatsächliche – Gabe, die ihn an sie band, mehr als er sich selbst zuzugeben gewillt war?

Aber stand nicht auch er selbst, als Dichter, im Austausch mit einer unsichtbaren Gemeinde von Lesern und, vor allem, Leserinnen? Gab es, seinem noch bescheidenen Ruf zum Trotz, nicht eine *communion invisible* zwischen dem Poeten und einer kleinen und verschworenen Gefolgschaft, die nur deshalb selten in Erscheinung trat, weil sie aus besinnlichen, nachdenklichen, in sich gekehrten

Leserinnen bestand, die so wie er alles Überschwängliche und Aufdringliche verabscheuten?

Es war ein Gedanke, dem Amiel gerne nachhing. Gerade am ersten Tag im Februar durfte er eine kleine Huldigung dieser Art entgegennehmen. Wie sich herausstellte, hatte Cousine Caroline einer ihrer Bekannten Amiels Gedichtband *Il Penseroso* geschenkt, ihn aber postwendend zurückerhalten: Die Empfängerin kenne die Verse praktisch auswendig, sie habe ihrerseits den Band schon zweimal an Bekannte in Deutschland verschenkt ... «Für eine ganze Anzahl Personen sind meine Werke eine Art Brevier geworden», notierte Amiel befriedigt. Es gab sie also, die dankbare Leserschaft, das unsichtbare Band zwischen Autor und Publikum; trotzdem «würde ich es vorziehen, wenn es noch deutlicher zum Ausdruck käme».

Was schwebte ihm dabei vor? Neuauflagen seines *Penseroso*, enthusiastische Besprechungen in der Presse, Zuschriften, Vorträge vor Publikum, begeisterte Zuschriften, öffentliche Ehrungen? Dass Amiel bisher ein einziges Mal die «Massen», die «Menge» erreicht hat, muss hier wohl zur Sprache kommen – selbst wenn viele heutige *amiéliens* diesen bestimmten Publikumserfolg gerne in die Fussnoten verbannen. Es handelt sich um *Roulez, tambours!*, ein Anfeuerungslied im Stil der *Marseillaise*, geschrieben um die Jahreswende 1856/57. Die patriotische Weise wird heute noch an Gemeinschaftsanlässen in der Romandie gesungen; sie kam zur Sprache, als es in den 1960er Jahren darum ging, das nachgerade peinliche «Rufst du, mein Vaterland» durch eine neue Nationalhymne zu ersetzen.

Der Anlass war ernst genug: ein Aufstand im Kanton Neuenburg, der nominell immer noch als preussisches Fürstentum galt und seit der Bundesgründung eine unbehagliche Zwischenstellung einnahm. Es kam im September 1856 zu einem Putschversuch preussenfreundlicher Königstreuer, diese wurden aber nach wenigen Stunden von den republikanischen Kräften überwältigt. Eidgenössische Truppen übernahmen 13 «Rädelsführer», die sich vor dem Bundesgericht verantworten sollten. Nun aber energische Schritte auf Seiten Preussens, das die Freilassung der Königstreuen forderte, schliesslich Abbruch der diplomatischen Beziehungen zwischen den beiden Staaten, ein Ultimatum der preussischen Regierung, Mobilmachung auf beiden Seiten, wobei die Streitkräfte immerhin durch mehrere Staatsgrenzen getrennt waren. Aber die süddeutschen Staaten waren einer Durchmarschgenehmigung für preussische Truppen gar nicht so abgeneigt. Immer noch galt die Eidgenossenschaft für viele Monarchen Europas als republikanischer «fauler Apfel», als «Eiterherd für demokratische Bestrebungen». Umgekehrt warnte man beispielsweise in England vor einem Angriff auf den Alpenstaat. Die *Times* orakelte, die Schweiz sei «eine schlafende Dogge mit einem starken Gebiss».

Gehört all das zur Weltgeschichte? Im aufgeregten Genfer Klima der ersten Januartage mit seinen Aufgeboten und Aushebungen, den Freikorps und den in Stellung rückenden Grenztruppen wähnte man sich jedenfalls im Zentrum der Geschichte. Auch Amiel witterte eine europaweite Verschwörung der Monarchien: Der ganze Neuenburger Vorfall war ein nichtiger Vorwand, um die verhasste Demokratie im Herzen des Kontinents zu zerschlagen. «Wäre Preussen nur der Gendarm der europäischen Regierungen», fragte er sich, «die den Untergang des republikanischen Prinzips beschlossen haben?»

So wie zahlreiche Intellektuelle vor und nach ihm verspürte er den Drang, Ballast abzuwerfen, in Zeiten der Not zum Volk zu sprechen, in dessen Sprache. Er selbst kam weder für den Auszug noch für ein Freikorps in Frage. Seine Aufgabe war eindeutig, die zündenden, anfeuernden, die richtigen Worte zu finden und in Verse zu setzen. Am 13. Januar 1857 gelang ihm am Schreibtisch eine Strophenfolge mit acht Szenen. Natürlich folgte alles einem seiner bewährten Schemata – ein Ablauf mit Alarm, Aufbruch, Biwak und Fahnenschwur, darauf Schlacht, Sieg, Friedensschluss und Totenfeier, je eine Strophe. Auf einer Wanderung über den Salève fand Amiel die passende Melodie, summte sie vor sich hin, bis am gleichen Tag ein Freund die Noten festhielt. Der jüdische Organist Elie Weigel lieferte einen dreistimmigen Satz; wenige Tage später hatte das *Journal de Genève* den *chant de guerre* veröffentlicht, in einem Musikverlag erschien das entsprechende

Notenblatt. Amiel brachte die ersten Exemplare seinem Freund Marcillac und liess sich von den Kindern des Hauses sein Werk vorsingen; die kleine Loulou trug zur Premiere eine Kinderuniform. Auch im Heim des Schwagers wurde die Hymne durchexerziert und lebhaft gutgeheissen. Amiel empfand dieses Eintauchen in die Volksseele als Befreiung: «Es ist heilsam und stärkend, sein Leben zu erweitern und am allgemeinen Leben teilzunehmen, zu fühlen, zu wollen und zu singen zusammen mit einer Ganzheit, ein Mensch unter anderen Menschen zu sein.»

Freilich lenkte Bern in eben diesen Tagen in der Frage der freizulassenden Königstreuen ein und ordnete den Rückzug der Grenztruppen an. Einen Tag nach der Veröffentlichung des Lieds war die darin beschriebene Gefahr gebannt. Amiel selbst genierte sich bereits für das peinliche Pathos seiner Verse, trat einen innerlichen Rückzieher an. Was taugte seine *communion invisible*, wenn sie auf Kriegszeiten angewiesen war?

Zwei weitere Sonntagsbesuche Amiels an der Nummer 523 – soll das jetzt zur festen Gewohnheit werden? Aber bereits jener vom ersten Februarsonntag lässt ein Alarmsignal erklingen. Es haben sich bereits Besucher in der Wohnung eingefunden, was Amiel rechtzeitig bemerkt. Er macht auf der Stelle kehrt, natürlich ohne sich zu melden oder sich gar den Unbekannten vorstellen zu lassen.

«Wären sie nach mir eingetroffen, welche Peinlichkeit!» Wie soll Louise ihn denn vorstellen? «Lsw. beliebt es, mich als alten Freund zu behandeln, aber diese Kategorie gibt es für die Welt nicht. Und da ich weder Verwandter, Verlobter noch Greis bin ...» Das Ganze soll ihm eine Warnung sein, hat ihm einmal mehr die Schieflage ihrer Beziehung aufgezeigt.

Eine Woche später klappt es schon besser, wenn auch nicht durchgehend. Amiel wiederholt für Louise den Vortrag, den er am Vorabend mit wenig Erfolg im *Institut national* hielt, man bewundert zusammen Louises kleine Schätze – ein Album mit Blumenaquarellen, ein mit Muscheln besetztes Schächtelchen, Porzellangeschirr mit einglasierten goldenen Blumen und Medaillons aus Email, einiges von Louise eigenhändig bemalt. Man trinkt Tee aus winzigen Tassen, man teilt sich eine Orange. Aber bisweilen droht der Gesprächsstoff auszugehen, sodass Amiel noch ein paar Seiten aus dem Journal vorliest. Überhaupt fühlt er sich geniert, gehemmt, blockiert, ist mit sich selbst unzufrieden. Zeigt er sich liebenswürdig, aus Grosszügigkeit und seinem Naturell entsprechend, so zieht Louise falsche Schlüsse, wie gehabt. Gibt er sich allzu kühl und trocken, kommt ihm das selbst undankbar vor – ihrer Gastfreundschaft und ihrem ganzen Wesen gegenüber. Welche Peinlichkeit: «Ich sehe in ihr eine Freundin und einen guten Engel, warum sehe ich in ihr keine Gefährtin im Sinn des Wortes, obwohl sie blindlings an mich glaubt und ich ihr ganz vertraue, mehr als jedem anderen Menschen? Es kommt daher, dass sich zwar das Herz, die Seele und das Gewissen vollständig sicher sind, aber weniger die Fantasie, die Vernunft, das Denken und die Vorsicht. Sie wäre bestimmt die Gefährtin für schlechte Zeiten, aber nicht ganz – so scheint mir – für den Wohlstand.»

Ich liebe dich sehr, du liebst mich kaum. Wer stärker liebt, versetzt den anderen ins Unrecht, besonders wenn sich dieser über die eigenen Motive nicht klar ist. Das Jahr 1859 hat den «Pakt» gebracht, die einigermassen saubere Trennung: Weshalb jetzt ein drittes Mal beginnen? Kann er auf das Gefühl der Wärme oder der Macht nicht verzichten, das ihm diese bedingungslose Liebe verleiht? Ist es der Zuwachs an Selbstgefühl? Oder die Annahme, dass jemand, der seine Talente und seinen Charakter so klar erkennt und so hoch schätzt, ein ganz besonderer Mensch sein muss?

Im Tagebuch darüber keine Auskunft.

Am 7. Februar gab Amiel eine Vorlesung über Hellsehen und das zweite Gesicht, und Louise erzählte ihm von ihren eigenen Vorahnungen. Am Abend las der Autor einen Artikel über eine neue Art von Leichtstahl. Das Thema faszinierte ihn. Ohnehin sah er in Stahl oder Eisen, überhaupt in jeder Art von Metall, «das Zepter des Menschen und sein Anrecht auf die Beherrschung der Natur». Die westliche Zivilisation ruhte auf zwei Achsen, «einem Kruzifix aus Holz und dem gegossenen oder geschmiedeten Eisen», Christentum und Industrie. Und jetzt ein neues Metall, das leichter und dabei viermal härter war als der härteste englische Stahl – im Aluminium steckte eine Revolution.

Spekulation, Vorahnung? Oder die erstaunliche Prognose eines wachen Zeitgenossen? Und lesen wir noch mehr dergleichen? Anlässe, Gedankenanstösse gab es genug. Seit Amiels Rückkehr aus Berlin, in zwölf Jahren, hatte sich Genf stärker gewandelt als in zweihundert Jahren zuvor. Schleifen der militärisch nutzlos gewordenen Schanzen, der Bollwerke aus dem 17. Jahrhundert, Bau des Bahnhofs Cornavin, der Bahnstrecke nach Lausanne und weiter nach Bern, 1859 eröffnet, schon ein Jahr zuvor Bahnverbindung mit Lyon (und damit: Paris). Zusammen mit der Eisenbahn kam der Telegraph. Innert weniger Jahre spannte sich ein Kabelnetz bis in die abgelegensten Kurorte des Landes. Vom idyllischen Glion aus hätte Amiel jetzt eine Depesche nach Paris oder London senden können und die Antwort innert Stunden, ja Minuten in den Händen gehalten; im *Journal de Genève* verfolgte er jetzt dank der *dépêches électriques* der Nachrichtenagenturen die Beschlüsse, die am Vortag in Turin oder im Elysée von Napoleon III. gefasst worden waren. Auf dem Genfersee verkehrte eine Flotte von zehn Dampfern, darunter als grösste *Aigle* und *Helvétie*, je mit einem 120-PS-Motor und Platz für 1200 Passagiere.

Und Amiel? Nach den goldblauen Tagen von Glion war er in Vevey in die Nachtkutsche gestiegen und 26 Stunden später in Zürich angekommen, hatte anschaulich die Gefahren für den Reisenden auf dem Hochsitz beschrieben, beispielsweise «das niedrige Stadttor von Mellingen, so angelegt, dass es den unaufmerksamen Reisenden auf der Impériale die Köpfe abtrennt». Jetzt, sechs Jahre später, hätte er die gleiche Reise in einem Drittel der Zeit absolviert, ohne Gefahr für seinen Kopf.

Und weshalb findet sich auf tausenden von Tagebuchseiten kaum je eine Überlegung, eine Spekulation über die gewaltigen Veränderungen in der Wahrnehmung von Raum und Zeit, die Bahnnetz und Telegraph brachten? Weshalb kein Wort über Dampfkraft und Geschwindigkeit, über Fahrplan und Uhrzeit, die in so wenigen Jahren ihre alles beherrschende Rolle zu spielen begannen? Müssen wir uns wirklich begnügen mit diesem einsamen Passus, dieser harmlosen Schilderung der Eisenbahn Baden–Zürich, dem etwas lauen Lob: «jedenfalls sehr sauber, bequem und elegant, zudem wahrscheinlich mit der besten Bedienung aller Bahnen, die ich kenne, was uns sehr schmeichelt»?

Vieles deutet darauf hin, dass historisch bedeutsame Umwälzungen erst von der nächstfolgenden Generation als solche wahrgenommen werden, dass die direkt Beteiligten sich von den Veränderungen derart faszinieren lassen, dass sie deren Tragweite nur ungenügend einzuschätzen wissen. Fügten sich im Falle Amiels die Neuerungen derart zwanglos ineinander, dass für Umbruchgefühle gar kein Raum blieb? Seine Rückkehr aus Berlin stimmt zeitlich genau überein mit der Gründung des Bundesstaates, seine akademische Karriere begann zusammen mit derjenigen der modernen Schweiz. Dieser Staat stand für die einzige geglückte liberale Revolution Europas in der Jahrhundertmitte, und er brachte nicht nur Eisenbahn und Telegraph, er brachte in rascher Folge eine einheitliche Währung, den Schweizer Franken, ein zentrales Postsystem und damit einen massiven wirtschaftlichen Aufschwung: Gründung von Banken, Versicherungen, Hochschulen, Bau von Spitälern und Hotels, steiler Anstieg der industriellen Produktion und der Exporte. In wenigen Jahren erlebte Amiel, wie Genf eine zentrale Gas- und Wasserversorgung aufbaute: fliessendes Wasser und Gaslicht in den Häusern, dazu (ab 1860) die Petrollampe, Kanalisationsbauten und erste Spülklos.

Und die Folgezeit? Wenn Amiel sich von der Entwicklung des Aluminiums fasziniert zeigte, so las er mit Sicherheit auch vom ersten Verbrennungsmotor (1873), von der Einführung aseptischer Methoden in den Spitälern (1865), vom ersten Telephongespräch (1876) und von der ersten Glühlampe (1879). Einer der späten Tagebucheinträge wird dieser neuen Lichtquelle gelten: «Die elektrische Beleuchtung der Place Neuve gesehen. Damit ist die Beleuchtung mit Gas *ad acta* gelegt. Und trotzdem freut man sich, wenn man wieder im gemütlichen Halbschatten der Bastions und des Bourg-de-Four ankommt. Das Auge liebt ebenso die Nacht, und könnten wir sie künstlich unterdrücken, so würde es doch gegen diese Unterdrückung protestieren. Wer inmitten von ununterbrochener Helle die Nacht erfände, stünde als Wohltäter da, so wie jemand, der inmitten der Sahara Gebüsch und Kühle schafft.»

In den drei Jahrzehnten nach Amiels Rückkehr aus Berlin wurde die herkömmliche handwerkliche Polytechnik ersetzt durch ein System mit hohem Energieverbrauch und Güterausstoss. Parallel dazu: wachsender Konsum, vorschnelle Entwertung der Güter oder modische Veränderungen, die den raschen Ersatz von an sich dauerhaften Gütern erzwingen.

Es waren die gleichen drei Jahrzehnte, in denen die 17 000 Seiten des Journals entstanden.

In einer Ecke, in der wir ihn eigentlich nicht erwartet hätten, finden wir Amiel schliesslich doch noch, wie er über eine technische Neuerung philosophiert, nämlich über die Stereoskopie. Das künstliche Raumsehen, Reliefsehen war eine der Sensationen an der Londoner Weltausstellung von 1851: das eben erst entwickelte Medium der Fotografie bereits um eine Dimension aufgestockt, gleichsam potenziert. Es genügte ein Kästchen aus Edelholz mit Messingbeschlägen; die Frontseite bildete ein Linsenpaar mit Guckfassung, ähnlich einem Feldstecher. Entlang einer Holzschiene an der Rückseite wurde ein Bildpaar eingeführt, zwei aus leicht verschobener Position aufgenommene Ansichten des gleichen Objekts. Handelte es sich um Glasdias, drehte der Betrachter den Apparat gegen eine Lichtquelle. Bei Papier- oder Kartonabzügen (schwarzweiss, auch handkoloriert) fing er das Licht ein mit einer auf dem Deckel des Kästchens montierten Spiegelklappe und lenkte es auf das Bildpaar. Die Linsenoptik erlaubte dem Betrachter, die zwei Ansichten «zusammenzusehen», zu überlagern; es entstand die Illusion eines plastischen Körpers, einer Landschaft mit Vor- und Hintergrund.

So viel Detailtiefe ist unumgänglich, wenn wir Amiels Erläuterungen folgen wollen, aufgezeichnet nach einer geselligen Herrenrunde: «Nachdem wir etwa zehn Beispiele betrachtet hatten, gingen wir über zur Erklärung des Geheimnisses, und ich hatte das

Vergnügen, sie zu finden. – Was an dieser Erfahrung frappiert, ist, dass sie ganz klar den Unterschied vorführt zwischen dem Sehen und den zwei Augen, die ihm als Werkzeug dienen. Das Sehen ist das Endergebnis von zwei visuellen Verrichtungen, durchgeführt von den Augen, die wie Aufklärer links und rechts der Sehachse placiert sind. Es ist die Umwandlung, die vollkommene Synthese zweier verschiedener Wirklichkeiten. Daraus ergeben sich zwei Dinge: dass die (optische) Sinneswahrnehmung bereits die Unkörperlichkeit des betrachtenden Wesens beweist, und dass die im Kopf untergebrachten Augen ausserhalb von uns liegen und als äussere Werkzeuge betrachtet werden können, so wie ein Feldstecher, den wir in der Hand halten.»

Mit anderen Worten: Sehen geschieht im Kopf, ist Hirnarbeit. Ganz in die Nähe gehört einer von Amiels berühmtesten Aussprüchen: «Jede Landschaft ist ein Zustand der Seele.»

Un paysage quelconque est un état de l'âme.

Zurück ins Jahr 1860. Kurz nach den ahnungsvollen Betrachtungen zum Aluminium kam es zu Amiels zweiter Begegnung mit dem Stereoskop; diesmal wurde die Unkörperlichkeit des betrachtenden Wesens arg in Frage gestellt. So wie jedes neue graphische Medium war auch die Stereoskopie sofort für die Bedürfnisse diskreter Herrenrunden adaptiert worden. Was Amiel jetzt im Hinterzimmer seines Buchhändlers Suès vorgeführt bekam, war pornographischer Art: unbekleidete weibliche Modelle in Vorder- und Rückenansicht, offenbar umrahmt von allerlei Gardinen und Schleiern, die ein verschwiegenes Kämmerchen für Schäferstunden andeuteten. Diesmal fand der Autor keine beseelt-schwungvolle Erklärung; er war rundweg entsetzt. Der nackte weibliche Körper, den er hier zum ersten Mal in seinem Leben plastisch, mit allen seinen Rundungen wahrnahm, erschien ihm abstossend und gewöhnlich, «vor allem die Vorderansicht»: Schamhaar, Bäuche, Schenkel, Brustwarzen. Und dabei handelte es sich bei den Porträtierten angeblich um «ausgewählte Modelle» …

Amiel liess sich von Suès schnell einige galante Zeichnungen der herkömmlichen Art vorlegen. Über den verstörenden neuen

Eindruck vom Frauenkörper «in seiner tierischen Vulgarität» sollte sich so bald wie möglich das vertraute Idealbild des weiblichen Akts legen. «Ohne das Schamgefühl, ohne die schmückende Toilette, besonders ohne die Einbildungskraft und den Zauberspiegel des Verlangens, ohne den Vorteil des Unbekannten und die verklärende Macht der Leidenschaft – was bleibt da vom Weib? Nichts Besonderes.»

Weshalb Amiel der weibliche Körper mit seinen Rundungen auf Anhieb «tierisch» erschien, wird wenigstens zum Teil erhellt durch den Tagebucheintrag vom 6. Februar, sofort am Morgen vorgenommen. Amiel erwacht «traurig und beschämt», er hat eine nächtliche Pollution erlebt.

Dieser offenbar spontane Samenerguss, die *perte séminale*, ist seit Beginn der Tagebucheinträge so etwas wie eine feste Grösse und wird bei jedem Vorkommen festgehalten, so als handle es sich um das Symptom einer Krankheit, die der Schreiber eigentlich besiegt glaubte. Das Kürzel *p.s.* steht manchmal allein, leitet in vielen Fällen aber eine ausführliche Abhandlung ein: über die Anfechtungen des Junggesellen, über das Zölibat, die Rolle der Ehe und die Hinfälligkeit des Körpers (dass die weiblichen Leserinnen, denen Amiel manche Hefte des Journals auslieh, das Kürzel entschlüsselten, steht wohl ausser Frage). Rund um den nächtlichen Ausstoss entwickelt Amiel eine düster-sinnliche Mythologie, in der die alttestamentarische Lilith, Evas Schwester, oder die syrische Göttin Astarte die Hauptrolle spielen. Ganz offensichtlich sind hier Mächte am Werk, die mit dem Bösen, der dämonischen Seite des Menschen zu tun haben.

Aber weshalb? Wir sollten uns hier ziemlich behutsam vortasten. Dass ein gesunder, unverheirateter Mann mittleren Alters, der aus moralischen Gründen auf nichteheliche Beziehungen oder Bordellbesuche verzichtet, sich selbst befriedigt oder spontane Pollutionen erfährt, erscheint uns heute weder unnatürlich noch bedenklich. Amiel dagegen fühlte sich im einen wie im anderen Fall (die Unterscheidung bleibt oft vage) besudelt, erniedrigt und beschämt. In seinen Augen war der Samenausstoss dem verheirateten Mann vorbehalten, «dem Gatten, der seine Kräfte schwächt, um dem Gesetz der Vermehrung zu gehorchen und dabei erlaubterweise und keusch von der Wollust kostet, weil sie nur einen kleinen Vorschuss auf eine grosse Pflicht darstellt». In allen anderen Fällen stellte der Samenverlust ein Stück «verschleuderte Lebenskraft» dar. Er schwächte den Mann, reduzierte ihn auf seine tierische Natur, nahm ihm Spannkraft und Lebenswillen. Hatte die Nacht einen Besuch von Astarte gebracht, so wie an diesem 6. Februar, fühlte sich Amiel am Folgetag fiebrig, wacklig auf den Beinen, klagte er über geschwollenes Zahnfleisch, getrübten Blick, schweissfeuchte Hände, stellte er bei der Morgentoilette einen Kamm voller ausgefallener Haare fest.

«Die Natur hintergehen ist Betrug», und Betrüger sahen aus so wie die Figur von Uriah Heep in Amiels geliebtem *David Copperfield*: gebückt, mit spärlichem Haar und unstetem Blick, mit schweissfeuchten Händen, die unablässig gegeneinander rieben, so als brächten sie einen unsichtbaren Fleck nicht weg. Amiel muss das Porträt entziffert haben, denn umgekehrt stellte die Literatur für ihn die gefährlichste Versuchung dar. Am Abend des 29. Februar, eines Schalttags, entzündete er zwei Kerzen, nahm sich Ovids *Amores* vor – mit den zu erwartenden Folgen. Hier lagen für ihn «die Versuchungen der Wollust, der Kitzel der Sinne, die närrischen Träumereien der Einbildungskraft. Die Art, in der ich unterliege, ist über das bedruckte Papier, über die galante Lektüre. Der Wirklichkeit widerstehe ich ungleich besser.»

Aber wie kämpfte man gegen die Wirklichkeit des natürlichen Triebs, ob durch Lektüre erweckt oder durch den Anblick eines bestickten Frauenrocks, der auf einer Treppe kurz seine Innenseite zeigte? Wie bewahrte man sich die Keuschheit der Einbildungskraft, die Reinheit des Blicks? Das Journal listet in bedrückender Regelmässigkeit die Massnahmen auf: vom Gebet bis zum Verzicht auf weiche Matratzen und warme Bettdecken. Kein Fleisch, kein Alkohol, kein Kaffee vor dem Zubettgehen, dagegen viel frische Luft, viel kaltes Wasser, «reine» und «erhebende» Vorstellungen beim Einschlafen.

Und trotzdem blieb im Grund nur ein Mittel: «Eine zeitige Eheschliessung ist die beste Art, sich von den Gaukeleien des Fleisches zu befreien und ihm gegenüber die Freiheit des Geistes und die Ruhe des Gewissens zu bewahren.»

Diese bedauernswerte Selbstquälerei entsprang nicht etwa einem Privatmythos Amiels. Noch vor hundert Jahren hielten unsere populärmedizinischen Ratgeber die gleichen Warnungen, die gleichen Ratschläge bereit. Kaltes Wasser, frische Luft, «reine» Gedanken, um sich vor der Versuchung zu schützen. Kein üppiges Essen, keine üppigen Vorstellungen, denn die Masturbation schwächte den Körper, machte den Masturbanden unkeusch, führte ihn auf eine liederliche Lebensbahn. Und nochmals fünfzig Jahre früher, in den gedruckten Eheberatern der vorletzten Jahrhundertmitte, in den ersten populärmedizinischen Ratgebern für die Familie: die gleichen Pauschalprognosen, die gleichen Panikbilder von Selbstzerstörung und Zerfall. Die Selbstbefriedigung, auch wenn nur kurze Zeit betrieben, führte zu Schwäche, Gliederzittern, Lähmungen, Seh- und Hörfehlern und allgemeinem Stumpfsinn. Es war erwiesen, dass sich das Laster «gleich anfangs mit den scheusslichsten Leiden verbindet, welche in den häufigsten Fällen nur mit dem Tode endigen». Und auch hier wieder: unvermeidlicher Haarausfall, manchmal homosexuelle Neigungen, auf jeden Fall aber eingesunkene Augen und flackernder Blick, unreine Haut, feuchte und kalte Hände als Vorboten des unausweichlichen Schicksals, «als sabbernder Idiot oder in grämlichem Siechthum» zu enden. Masturbierende «torkeln schliesslich ihrem Tod entgegen durch kompletten Zusammenbruch ihres Organismus, wenn sie nicht schon vorher durch eine ansteckende Krankheit dahingerafft werden».

Ich habe hier zwei deutschsprachige Schriften aus den Jahren 1846 und 1851 zitiert, aber mit gutem Gewissen. Die entsprechenden Ratgeber aus der Westschweiz klangen mit Sicherheit so oder ähnlich. Denn der Ursprung des düsteren Mythos lag in Genfs Nachbarstadt Lausanne; hier hatte der angesehene Mediziner Samuel Auguste Tissot nochmals achtzig Jahre zuvor eine gewichtige Monographie veröffentlicht: *L'onanisme, dissertation sur les maladies produites par la masturbation.* Die Studie wartete bereits mit der vollständigen Liste der zu erwartenden Folgekrankheiten auf: geistige Störungen, Verlust der Sehkraft, Akne, Geschwüre, Migräne. Sofern Masturbanden überhaupt das heiratsfähige Alter erreichten, litt die Ehe unter ihrer Neigung zu Impotenz oder frühzeitigem Samenerguss.

Der Grund für alle diese Verheerungen: Im männlichen Organismus war die Samenflüssigkeit das wichtigste Sekret überhaupt. Jeder Ausstoss kam dem Verlust von vierzig Unzen Blut gleich und schwächte den Spender ebenso sehr wie ein voller Arbeitstag. Rechtfertigen liess sich diese Schwächung nur beim ehelichen Akt, denn der stellte das Überleben der menschlichen Rasse sicher; selbstverständlich war aber auch hier äusserste Mässigkeit geboten.

Tissots Thesen fanden erst in der protestantischen Westschweiz, dann in der gesamten medizinischen Literatur Europas viel Beachtung. Es gab zahlreiche Übersetzungen. Tissots Nachfolger fanden weitere Folgebeschwerden, beispielsweise die Spermatorrhöe, den unwillkürlichen und unkontrollierbaren Samenausfluss, der den Leidenden nicht einmal mehr die künstlichen Ekstasen der Selbstbefleckung vergönnte. Um 1800 beschäftigte sich die Medizin erstmals ausführlich mit den weiblichen Opfern des Lasters. Sie litten unter ähnlichen Symptomen, obwohl hier generell die Schwächung durch Samenverlust nicht in Frage kam. Diese Schriften hatten aber entschieden weniger Durchschlagskraft; Amiel selbst zeigte sich ungläubig, als ihm Pfarrer Chapuis – unter der Hand – erklärte, weshalb Fehlgeburten und Säuglingstod in den Genfer Familien jetzt so häufig seien. Die Töchter Genfs gäben sich «entnervenden Gewohnheiten» hin, unnennbaren «einsamen Lastern»? «Ich kann das nicht zugeben», notierte Amiel. «Das wäre schrecklich.»

Seine eigenen Haare fielen aus – nicht dramatisch, aber unaufhaltsam. Seine Sehkraft nahm eindeutig ab; oft klagte er über *mouches volantes,* über Trübungen des Blicks durch zellartige Gebilde, die wie verirrte Spermien auf der Netzhaut zu schweben schienen. Die Augen lagen in tiefen Höhlen, und oft fühlte er sich schweissig und fiebrig.

Wie konnte er sich so in Gesellschaft präsentieren?

Mitte Februar sanken die Temperaturen weit unter den Nullpunkt. Beim Zubettgehen fror Amiel an die Füsse, schlief oft nur mit Mühe ein. Der Schnee auf Strassen und Bürgersteigen verwandelte sich in Eis. «Schwarze Bise», vermerkte Amiel, trotzdem machte er sich spätabends am 14. auf, um Louise vom Vortrag im Stadthaus abzuholen und nach Hause zu begleiten. Aber einmal mehr entwickelte sich das Gespräch auf unbefriedigende Weise. Louise beklagte sich ausführlich, sie vergesse bei jedem Treffen, was sie eigentlich zu erzählen vorgehabt habe: Signale übers Austauschen statt eigentlicher Austausch.

War es die Liebe, die sie verstummen liess? «Das Herz hat wenig Esprit», fasste Amiel beim Nachhausekommen zusammen. Trotzdem konnte er nicht vergessen, dass beim Zusammensein mit ihr seine Kopfschmerzen oft nachliessen oder ganz verschwanden. Louise war (für ihn) weder hübsch, anziehend oder gar verführerisch. Keine feuchten Hände, was sie betraf, kein Fieber, kein Zittern, keine Anfechtungen. Aber in ihrer Gegenwart herrschte, was er «die weisse Magie des liebenden Herzens» nannte.

Kurz: Wo Louise war, blieben Lilith und Astarte fern.

Am 23. zieht Amiel wieder einmal die Bilanz der vergangenen Wochen: Verschleuderung der Existenz, Verzettelung der Kräfte. Die Richtlinien für die Sommervorlesungen noch immer nicht festgelegt, versprochene Zeitungsartikel nicht abgeliefert. «Vergeblichkeit, Schnickschnack, Tändelei – so lautet regelmässig die Zusammenfassung, das Resultat meiner Woche oder meines Monats. Dabei bin ich unzufrieden mit mir selbst, unruhig und traurig. Ich bereite diesen oder jenen Vergnügen, darüber geht aber das grosse Ziel vergessen, denn die Bagatelle hat alles beansprucht. Nichts! Nichts! Nichts! Dieses Wort hält mir eine innere Stimme immer wieder spöttisch vor.»

Voyons un peu … verträgt sich das wirklich mit den Tagebucheinträgen dieser Wochen? Die Vorlesung an der Akademie fällt jeweils auf den Dienstag-, Donnerstag- und Samstagmorgen, behandelt werden im Februar Einzelaspekte der Persönlichkeitsentwicklung wie Leidenschaft, Charakter, Tatkraft oder Wille. Und hier hat Amiel einzelne Lektionen ganz neu erarbeitet, greift also nicht einfach auf alte Notizen zurück. Es kommen hinzu der genannte Vortrag im *Institut national* und eine Sitzung bei der entsprechenden Sektion «Schöne Künste», hier sitzt Amiel im Vorstand. Für Lektionen und Artikel muss Fachliteratur bearbeitet werden; das Tagebuch nennt mehrere Dutzend gewichtige Titel: Sprach- und Philosophiegeschichte, vergleichende Religionskunde, nur selten ein belletristisches Werk, etwa Balzacs *Gobseck*.

«Ich lebe von Tag zu Tag, ohne ein wertvolles Buch aufzuschlagen» – wie verträgt sich das mit dem, was *wir* wissen?

Nicht zu vergessen der Brand des Hauses an der Rue du Cendrier. Er erheischt im Februar mehrere Sitzungen mit dem langjährigen Hausverwalter und Pächter, einem unangenehmen Grobian, dann mit dem Architekten, einem umständlichen Deutschen namens Bachofen. Die Versicherung, so stellt sich heraus, zahlt ein Drittel des Verkehrswerts, nur ist dieser in Jahrzehnten nie angeglichen worden: ein massiver Verlust. Sorgen macht Amiel zudem die vom Konkurs bedrohte Buchhandlung von Jean Kessmann; er hat hier eine grössere Summe eingeschossen. Und auch hier: Gläubigersitzungen, Korrespondenzen, eingeschriebene Briefe.

Weiter ist Amiel bei zwei Musikabenden im Heim der Familie Koeckert zu Gast. Der Hausherr spielt zweite Geige im Streichquartett. Man trägt Haydn, Mozart, Beethoven und Mendelssohn vor; Amiel macht sich nach der Rückkehr ausführliche Notizen. Dazu ein geistliches Konzert in der Madeleine-Kirche; Amiel erhascht einen Blick auf Marie Favre, glaubt jedenfalls ihre weisse Hutfeder zu erkennen («ich sah kaum zwei Schritte weit»). Dann die zahlreichen Diners und Soupers im engen Familienkreis, im weiteren Familienkreis, weiter zwei Schachabende mit Freund Marcillac, lange Gespräche mit den Freunden Heim und Hornung, vier energische Wanderungen.

Nach heutigen Begriffen eine reich befrachtete Februaragenda, im Beruflichen wie im Geselligen. Nur dass Amiel keinen Terminkalender führte. Das Journal kam dieser Vorstellung eines nach Tätigkeiten und Daten geordneten Rasters noch am nächsten: das Journal als Terminkalender im Rückspiegel.

Die Quartettabende bei den Koeckerts boten Hausmusik für ein gutes Dutzend geladene Gäste. Es war ganz offensichtlich, dass man Amiel zum Abrunden der Gesellschaft aufgeboten hatte, *pour faire foule*, denn die Einladung erfolgte im allerletzten Augenblick. Trotzdem genoss Amiel beide Abende aufrichtig; er schäkerte mit der hübschen und gescheiten Gastgeberin und brachte nach dem ersten Abend eine ausführliche Beschreibung des Gehörten zu Papier, dies in Form von spontanen Bildern. Der Mozart zum Beispiel war «die Geschichte einer Liebschaft, einer zarten Galanterie» im Rokoko; der Haydn weckte Vorstellungen «von einem Greis, der einen Jugendfreund wiedersieht». Den vier Sätzen (und Amiels Vorliebe für Subdivisionen) entsprechend wurden diese Fantasien weiter in einzelne Szenen gegliedert: Greis empfängt Freund, man setzt sich zu Tisch und sinniert, Greis und Freund kindisch-ausgelassen …
Eine zumindest unvertraute Form der musikalischen Aufschlüsselung – kleine Dramen, in denen die vier Stimmen den erträumten handelnden Personen zugeordnet werden! Mindestens so sehr frappiert aber, wie wenig die uns heute vertrauten Epochen der Musikgeschichte zum Tragen kommen. Das Mendelssohnsche Quartett war zum Zeitpunkt der Koeckertschen Einladung rund dreissig Jahre alt, konnte also durchaus als «moderne» Musik gelten. Die Werke Haydns und Mozarts reichten ins vorhergehende Jahrhundert zurück, ohne dass deswegen eine Stilbrücke von «klassisch» zu «romantisch» gebaut werden musste.
Mit anderen Worten: Für den Konzertgänger des Jahres 1860 klaffte noch keine Kluft zwischen vertrauten Klassikern und unbequemen Neutönern. Beim «modernen» Mendelssohn merkt Amiel höchstens an, dieser zeige mächtig Schwung und Pathos, aber auch «etwas Rhetorik und Ausbeutung der Themen. Mit anderen

Worten viel Wissenschaft, die auf das Gemüt eher ernüchternd wirkt.» Zwar hatte Amiel am Morgen des ersten Konzerts einen Artikel von Berlioz über Wagner und die Musik der Zukunft gelesen. Aber noch konnte er sich beim Besuch im Konzertsaal oder Musiktheater darauf verlassen, dass die Musik «ins Ohr ging», ob Mozart oder Meyerbeer, Bach oder Pachelbel.

Mendelssohn raffiniert, Mozart heiter-beschwingt, keine weiteren Rubriken nötig. Was weder Amiel noch Gastgeber Koeckert oder seine gescheite Gattin wissen konnten: Die Geschichte der musikalischen Moderne begann in eben diesen Wochen. Vor zwei Jahren hatte Wagner in seinem Zürcher Exil das Tristan-Vorspiel notiert, und jetzt eben, im Paris des Januar 1860, im Italienischen Theater, erklang diese Einleitung zum ersten Mal, führte der Meister die kopfschüttelnden altgedienten Bläser und Streicher seinen Visionen entlang, sie «geradewegs von Note zu Note» peitschend. Nichts war hier mehr raffiniert oder heiter-beschwingt: kein vertrautes Tonartengerüst mehr, keine Ordnung durch Taktstriche, sondern ein polyrhythmisches Geflecht mit Synkopen, unerwartete Tempowechsel. Herr Koeckert und seine drei Mitspieler hätten die Hände verworfen.

Die Historikerzunft sieht die Jahre um 1860 vor allem als technische Revolutionsära. Als gelte es die Neuerungen schön gebündelt abzugeben, im Sinne eines welthistorischen Experiments, floriert die Dampf- und Gastechnologie, kommen neue Materialien wie Kautschuk und Leichtstahl ins Spiel, die Erdölförderung, die Erfindung der Nähmaschine und des mechanischen Webstuhls, die Rotationspresse und der Telegraph. Ein Ruck geht durch die technische Welt.

Nur dass der Kulturhistoriker mit einem ebenso verblüffenden Experiment aufwarten kann. 1857, ein Jahr vor Wagners *Tristan* und dem Schritt zur Musikmoderne, erschienen Flauberts *Madame Bovary* und Baudelaires *Fleurs du mal*. Ein Roman und ein Gedichtband, die der westlichen Literatur einen ganzen Satz neuer Formen freigaben – so wie Darwins *The Origin of Species* neue Denkraster für Biologen, Geologen oder Theologen forderte. Das Erscheinungsjahr der Evolutionslehre: 1859.

Weiteres Missvergnügen in diesem Februar 1860, diesmal vor dem Spiegel geäussert: Amiel hat Gewicht zugelegt, und die Schläfen werden eindeutig grau. Auch lichten sich die Haare, wie erwähnt, und trotz der zusätzlichen Pfunde wirkt das Gesicht eingefallen, zeigen sich Falten.

Ein schüchterner Philosoph und stiller Denker, der über die unvermeidlichen Spuren des Alters klagt, sich also keineswegs von der Eitelkeit befreit hat – wie verträgt sich das? Wer an der Akademie über die Formung der Persönlichkeit doziert, lässt allenfalls eine Lektion über die Eitelkeit einfliessen. Aber fällt er ihr auch selbst zum Opfer, bringt er tatsächlich unbeholfene Retuschen am eigenen Bart an? (Verschafft sich hier Amiel übrigens die Färbetinktur *Melanogène*? Sie erscheint in der gleichen Ausgabe des *Journal de Genève*, die vom Brand an der Rue du Cendrier berichtet: für Haupt- wie für Barthaare geeignet, kostet sechs Francs die kleinste Flasche, *garantiert keine Flecken, kein Geruch*. Und wenn ja: Kauft er sie selbst beim Drogisten ein, auf die Gefahr hin, unter den wartenden Kunden einen Bekannten zu finden, oder schickt er die *bonne*, lässt er das Mittel per Post kommen?).

Viele erliegen der Eitelkeit ohne weitere Probleme; Amiel erliegt ihr und macht sie sich gleichzeitig zum Vorwurf. «Ich schäme mich für meinen immer weisser werdenden Bart», heisst gleichzeitig auch: Ich schäme mich, dass ich nicht weiss, wie ich würdevoll ins Alter eintreten soll. Wenn Amiel, so wie unzählige Männer seines Alters vor und nach ihm, mit Hilfe zweier Spiegel eine unleugbar kahle Stelle am Hinterkopf entdeckt – und zwar eine, «die sich durch keinerlei Künsteleien des Frisierens mehr verdecken lässt» –, erschrickt er einerseits über die Tonsur, die sich in absehbarer Zeit mit den ebenfalls stark wachsenden Geheimratsecken zusammenschliessen wird. Aber ebenso sehr erschrickt er über die eigene Betroffenheit. Gelten denn nicht die Worte: «Das Alter steigt unerbittlich wie die Flut, älter zu werden ist der Prüfstein der Weisheit?»

Einen Punkt darf er sich immerhin gutschreiben. Wenn er sich um sein Äusseres sorgt, dann nicht aus schierer Gefallsucht oder berechnender Eroberungslust. Aber soll denn wirklich zu all den Hindernissen, die sich ihm auf der Suche nach einer Partnerin fürs Leben in den Weg stellen, noch ein weiteres kommen, die eigene Unansehnlichkeit? «Wir haben hier also einen Mann mittleren Alters vor uns», notiert er am Tag, an dem er sich der Glatze am Hinterkopf stellt, «der sich von allen Liebeleien verabschieden muss und selbst den Hafen der Ehe nur noch mit viel Umsicht erreichen kann.»

Davon abgesehen, dass Amiel seine (durchaus bestehenden) Chancen auf Liebeleien nur höchst beschränkt genutzt hat und nutzt – was ihn kränkt, ist der Verzicht auf die Möglichkeit dazu, der Verzicht auf Herzklopfen, holde Unruhe, kurz: die Romanze. «Es scheint mir, dass ein Abgrund aufgeht zwischen mir und den jungen Frauen, ja den Frauen im Allgemeinen. Welche Bitterkeit, äusserlich zu den Alten zu zählen, wenn die Einbildungskraft, das Herz, der Geschmack und die Gewohnheiten noch einem anderen Lebensalter angehören!»

Einmal mehr gibt das *Institut national*, Sektion der Schönen Künste, Anlass zu einem giftigen Eintrag. In der zweiten Februarsitzung muss ein zusätzliches Komiteemitglied bestimmt werden. Der Vorschlag, den Amiel als Präsident macht, fällt gründlich durch. Gewählt wird der Unfähigste von allen, «ein Mann, der aus Sehschwäche kaum lesen kann und keinerlei wissenschaftlichen Takt mitbringt». Erfahrungsgemäss stimmen die Dumpfköpfe, die *esprits lourds*, durchwegs und systematisch gegen jeden Vorschlag oder Vorstoss, der von Seiten des Präsidenten kommt. Damit, so Amiel, geben sie sich den Anschein, sie hätten eine persönliche Meinung, zeigen sie sich als unabhängige Geister und haben erst noch die Genugtuung, ihm einen Stein in den Weg zu legen.

Was zum Kuckuck hat er bloss in diesem Vorstand verloren, was soll die ganze Vereinsmeierei? «Vergeudete Zeit, unnütze Mühe! Spiegelfechterei!» Natürlich kränkt ihn die stete Gegenwehr, trotzdem macht es ihn unruhig, wenn einer der ewigen Widersacher zufällig für seinen Vorschlag stimmt und er mit einem Anliegen durchdringt. Denn: «Der Widerstand von Seiten der Beschränkten scheint mir fast naturgegeben.» Und weshalb versucht er nicht, sich durchzusetzen, die Entscheidung auf die Spitze zu treiben, die Sektionskollegen mit einem Entweder-Oder zu konfrontieren? Ist es die alte Angst vor dem blossen Anschein, er könnte es auf Erfolg und Applaus abgesehen haben, er strebe auf Kosten der anderen rücksichtslos den ersten Platz an? Oder verzichtet er darauf, sich zu exponieren, weil er dabei auf Rivalen stossen würde, sich zu messen hätte, zusätzliche Niederlagen einstecken würde?

«Was versteckt sich unter meinem selbstgewählten Rückzug und meiner scheinbaren Bescheidenheit?», fragt er sich, «unter der natürlichen Sanftheit und der Geduld, die ich mir angeeignet habe? Wäre es der Stolz? Wenn ich darüber nachdenke, scheint mir, dass ich die Verachtung kaum ertrage, die Zurückweisung, nicht einmal den Tadel.»

MÄRZ

Ausnahmezustand

Sich in Gesellschaft nicht aufblasen aus Furcht vor der eigenen Gefallsucht, dem Wunsch zu glänzen. Oder bedeckt bleiben aus angeborener Zurückhaltung und Schüchternheit – auf Amiel traf bald das eine, bald das andere zu. Aber sah die Gesellschaft den Unterschied?

Gleich der erste grössere Anlass im März bringt eine weitere niederschmetternde Erfahrung in diesem Bereich. Amiel besucht den Ball der Lesegesellschaft im *Metropol* – allein, gegen jede bessere Einsicht! – und erlebt eine demütigende Niederlage. Unter den Anwesenden finden sich kaum Bekannte, ausgenommen ein paar ältere Herren, aber niemand, der ihn zwanglos bei einer Runde eingeführt hätte. Um sich selbst frei zu bewegen, an einen Tisch hinzutreten, sich in eine plaudernde Gruppe zu stellen, sieht er wieder einmal zu schlecht. Die Augen sind sofort ermüdet vom blendenden Gaslicht; das Lorgnon macht die Sache nur schlimmer. Und je länger Amiel als männliches Mauerblümchen herumsteht, desto mehr verkrampft er sich; schon bald kann nicht mehr davon die Rede sein, beschwingt oder entspannt oder wenigstens mit Haltung eine der Töchter zum Tanz aufzufordern. «Lechzend nach dem kleinsten Gespräch, der kleinsten Partie Schach», verwickelt er dann doch einen der älteren Herren in einen Dialog – alles, um nicht unbeschäftigt herumzustehen. Und Doktor Appia unterhält ihn denn auch mit einer längeren Abhandlung über die Regeln der Befruchtung – ausgerechnet! – und die besten Voraussetzungen, um schöne Kinder zu zeugen. «Gott, welch poetisches Gespräch, und welche Anstrengungen meinerseits, ihn nicht offen anzugähnen!»

Aber auch Doktor Appia kann nicht unbeschränkt als Staffage herhalten; Amiel steht erneut einsam in seiner Ecke, probiert der Reihe nach verschiedene Haltungen aus, die ihm doch irgendeinen Status verleihen: alter Knabe, Narziss, kühler Zuschauer, schlauer und durchtriebener Beobachter, alles vergeblich. Er fängt jetzt doch einige weibliche Blicke auf; man findet ihn entweder albern oder unhöflich. Beim Nachhausekommen muss er sich das vollständige Scheitern eingestehen: «Mit meiner Schüchternheit, meinen schlechten Augen, meinen eingefleischten Gewohnheiten und meinen 38 Jahren finde ich nicht mehr aus der Rolle des Ritters von der traurigen Gestalt heraus.»

Quel drôle de garçon je fais.

Aber gibt es denn gar keine Anlässe, an denen er Charme und Geist zeigt? Tatsächlich hält das Journal ganz seltene tänzerische Tage fest, an denen sich der Autor mit geradezu traumwandlerischer Sicherheit bewegt. «Ich fühlte mich schwungvoll, hellsichtig, voller Sympathie», notiert er nach einer erfolgreichen Soiree, «und gleichzeitig vollkommen entspannt.» An einer Einladung bei den Damen Maunoir zeigt er sich als vollendeter Causeur, parliert er mit gleichbleibender Leichtigkeit über weltliche wie geistliche Themen. «Ich begriff blindlings, ich plauderte aus Lust an der Sache, mit Durchblick, Ruhe und Kraft.» Die Herren Trottet und Longchamp stossen hinzu, aber Amiel bleibt die Achse, um die sich das Gespräch dreht. Er bezieht die Ankömmlinge wohlwollend und beredt mit ein, lässt sie teilhaben; «sie hingen an meinen Lippen».

Je les avais dans le creux de ma main. Die Begeisterung, mit der Amiel diesen gesellschaftlichen Triumph schildert, verrät bereits: Solch schwungvolle Stunden sind die absolute Ausnahme. Sehr viel häufiger sind Niedergeschlagenheit und Zerknirschung nach der Rückkehr von einer Abendgesellschaft: Erneut hat er sich ungeschickt benommen, steif und verlegen, erneut war er unzugänglich vor lauter Gehemmtheit. Und diese Reserve wird ihm womöglich als Blasiertheit ausgelegt; vielleicht zieht er diese Version sogar vor, da sie wenigstens seine grundsätzliche und unheilbare Schüchternheit verbirgt.

Was sprach denn dagegen, Louise Wyder zu einem Anlass dieser Art einzuladen und damit die Gefahr zu umgehen, als männliches

Mauerblümchen zu figurieren? Louise und Fritz, ganz einfach? Tatsächlich rang sich Amiel ein paar Wochen später zu dieser Lösung durch; im Augenblick aber scheint der Kontakt abgebrochen. Zwar ist am 5. März ein Briefchen von Louise eingetroffen. Aber es tönt «kurz angebunden und reserviert, gelinde gesagt», offensichtlich fühlt sich Louise übergangen. Amiel schreibt ebenso knapp zurück; man wird sich in diesem Monat nicht mehr begegnen.

Ebenso knapp der Eintrag über Marie Favre, die er am Konzert in der Madeleine-Kirche an der weissen Hutfeder zu erkennen glaubte. So wie immer erscheint die Freundin unter einem verschwörerisch wirkenden Code: «Am Dienstag Spaziergang mit X.» Gemeint ist der 20. März, und die Zeilen über das Treffen sind eingezwängt zwischen dem Eintrag über das Geburtstagsfestchen der Neffen und eine weitere Altersklage («Unterdessen mehren sich die grauen Haare, und der Scheitel lichtet sich zusehends»). Aber so unscheinbar verläuft die Begegnung keineswegs. Marie blickt im Gespräch auf ihre Bekanntschaft zurück und weiss nur Gutes zu sagen. «Unsere Beziehung, so sagt sie, schützt sie gegen die Gefallsucht und gibt der Existenz Tiefe. Ich bin ihr nützlich, und auch mir gereicht diese Freundschaft zum Vorteil, wir sind quitt.»

Was ausser dieser nüchternen Bilanz stutzen lässt, ist der einleitende Satz der Passage. «Mf. beglückwünscht sich für dieses Jahr und für unsere Bekanntschaft.» *Dieses Jahr* – wird hier ein rundes Datum begangen? Und woher, weshalb und wie kennen sich die beiden überhaupt?

14.3.1859 Amiel, der für den Zirkel *Les amis de l'instruction* eine öffentliche Vortragsserie hält, erhält einen freundschaftlichen, aber anonymen Brief von einer Zuhörerin. Sie kennt seine beiden Gedichtbände und äussert für den an diesem Abend angesetzten Kurs einen Wunsch (wahrscheinlich Zitieren eines bestimmten Gedichts). Amiel entspricht der Bitte.
21.3. Letzter Vortrag der Serie; voller Erfolg.

22.3.	Ein Brief der Unbekannten, am 18. abgesandt, trifft ein, der für die Abschlussvorlesung um ein «Zeichen des Erkennens» bittet. Zu spät für diese Geste – Amiel ärgert sich.
26.3.	Er gibt im *Feuille d'avis* eine Annonce auf, die das Versäumnis der Post erklärt. «Aber das ist nicht mehr als eine Flaschenpost – wird sie ankommen? 20:1, dass nicht.»
27.3.	Die Unbekannte setzt sich an der Sonntagspredigt in Saint-Pierre in Amiels Nähe, gibt sich aber nicht zu erkennen.
2.4.	Dritter Brief der Unbekannten, die erstmals mit «Marie» zeichnet. Sie gesteht die Predigtepisode ein, wünscht aber keine weiteren Kontakte und hat offenbar die Zeitungsannonce nicht gelesen. – Amiel erinnert sich an eine sympathische Nachbarin auf der Kirchenbank. «Wer weiss, ob dies nicht ein Wink des Glücks ist, ein letztes Lächeln der Jugend, eine Einladung des Schicksals?»
4.4.	Setzt eine zweite Anzeige auf, diesmal für das *Journal de Genève*; braucht für das Abfassen der sechs kurzen Zeilen («Man bittet jemanden um seine Adresse») mehrere Stunden. Als Code gebraucht er Begriffe wie Saint-Pierre, Entsagung, Kanzel.
7.4.	Hadert über verpasste Gelegenheit, liest die drei Briefe immer wieder durch. «Versagen der Post! Was für eine abgegriffene dramaturgische Wendung! Im Theater würde sie ausgepfiffen, aber das Schicksal hat da keine Skrupel.»
8.4.	Kurze Mitteilung von «Marie»; sie hat die Anzeige gelesen und schlägt ein Treffen zu Beginn der nächsten Woche vor.
11.4.	Begegnung der beiden in einem nicht näher bezeichneten Park, Spaziergang im Regen. Stunden vorher empfindet Amiel «erstmals in meinem Leben alle ängstlichen Aufregungen vor einem Stelldichein». Vor

lauter Aufregung gibt er sich der Unbekannten gegenüber wortkarg, abweisend, handelt überhaupt «strohdumm» *(bête à manger du foin)*. «Die rätselhafte Unbekannte erschien mir reizend hinter ihrem Schleier, voll von der Ruhe und Selbstsicherheit, die mir fehlten.» Man trennt sich ohne neue Verabredung.

13.4. Vermisst die «unsichtbare Freundin», die er durch sein Betragen offensichtlich verschreckt hat. «Die blauen Teufel der Melancholie flattern wie Fledermäuse durch die Abenddämmerung meiner Seele.»

18.4. *Désenchantement*: Ernüchterung. Ein Brief der Unbekannten trifft ein, in dem sie ihn über ihre Person und die näheren Umstände ihres Lebens unterrichtet. Mit einigen Ausnahmen sind die Angaben korrekt. Die Unbekannte heisst Marie Favre, ist angeblich 26 (in Wirklichkeit: 29), uneheliche Tochter der Wäscherin/Plätterin Louise Stolz, heiratet 1853 einen Gerber namens Jean-Philippe Pauly, trennt sich aber schon nach drei (in Wirklichkeit: sieben) Monaten von ihm; ein Söhnchen. 1858 Tod des Gatten nach Scheidung; Marie seither in nicht näher bezeichneter Stellung als Geschäftsfrau tätig. – Amiel ist über die Auskünfte sowohl enttäuscht wie erleichtert. Als zukünftige Lebensgefährtin kommt die Unbekannte bei ihrer gesellschaftlichen Stellung nicht in Frage; anderseits bleibt es ihm erspart, eine existenzielle Entscheidung zu treffen. Er schlägt brieflich ein weiteres Treffen vor, unter genau bezeichneten Umständen: keine öffentlichen Anlässe, keine vielbesuchten Stätten.

25.4. (ca.) Favre akzeptiert Bedingungen, schlägt ihrerseits für Treffen Montag- oder Donnerstagabende vor, über die sie frei verfügen kann. «Der Reiz unserer Gespräche wäre dahin, wenn sie mich nur zur kleinsten Lüge nötigen würden.»

2.5. Zweites Treffen *(même endroit, même heure),* laut Amiel eine «intime und vertrauensvolle Plauderei».

	Er verspürt «kaum einen Zehntel der verliebten Schwingungen» vom ersten Treff, vielmehr «freundschaftliches Wohlwollen».
Mai–Juni:	regelmässige gemeinsame Spaziergänge; Favre überlässt Amiel mehrere eigene Gedichte «zur Überprüfung». Es kommt zu Zärtlichkeiten.
4.7.	Amiel über das letzte Stelldichein: «Ich war den ganzen Tag aufgewühlt. Ich glaubte, ich hätte meine Madame de Warens gefunden und würde heute zum Mann.»
8.7.	Überreicht Marie ein aufgewühltes, sehr persönliches Gedicht vom Vortag, in dem er seine Sehnsucht nach Einweihung in die körperliche Liebe formuliert.
9.7.	«Man offeriert nur das Blätterwerk, aber nicht die Blume.»
11.7.	«Wir haben uns offen ausgesprochen. Wir werden nur Freunde sein.»

Die Beziehung war eine Anomalie. Marie selbst gebrauchte das Wort im ersten namentlich unterzeichneten Schreiben vom Mai 1859 und unterstrich es zusätzlich. Gemeint waren nicht nur die Heimlichtuerei, das Aussperren der Gesellschaft, das Spazieren in abgelegenen Parks. Nicht normal, abnormal war ihre Beziehungsplattform: junge Frau und etwas betagterer Junggeselle, beide im Heiratsalter. Es gab auf die Dauer, fand Marie, keine herzliche Übereinstimmung, keine Freundschaft, in die nicht der Eros hineinwerkelte, ja «wenn ich ehrlich sein will, muss das Ganze mit einer – hoffentlich noch weit entfernten – Trennung enden». Aber sie selbst sei eben ein Querkopf, was er, Amiel, bestimmt längst bemerkt habe. Sie gebe sich rückhaltlos ihren Einfällen hin, auch mehrstündige Spaziergänge in Regen oder Mondschein seien ihr nichts Neues.

Nous sommes quittes, schrieb Amiel jetzt, zum ersten Jahrestag. Zwar hatte er nicht, so wie der junge Rousseau in der berühmten Episode aus den *Confessions*, eine erfahrene Madame de Warens gefunden, die ihn in die körperliche Liebe einweihte. Aber anders als bei Louise drohten bei Marie weder Tränen noch Szenen, gab es weder Vorwürfe noch Rechtfertigungen, hatte das Paar – wenn es denn als solches gelten konnte – zu einem verlässlichen Gleichgewicht gefunden.

Und wie sah Marie aus? Das einzige (uns zugängliche) Fotoporträt stammt wahrscheinlich gerade aus der Zeit dieses ersten Jahrestags, aus dem Frühjahr 1860. Feine und ebenmässige Gesichtszüge, verdeckter Blick und verdeckter Ausdruck, die Nase leicht spitz zulaufend; eine Frau mit Näschen. Tatsächlich kann Marie ihrem Freund zum Wiederaufbau des abgebrannten Elternhauses praktische, detaillierte und genaue Hinweise liefern. Auch die Handschrift der beigelegten Gedichte wirkt schmuck und schwungvoll und bleibt dabei überaus leserlich, es gibt praktisch keine Streichungen. Marie schreibt ein tadelloses und elegantes Französisch; kein Wunder, dass Amiel nach den ersten namenlosen Briefen auf eine Frau aus bester Familie schloss.

Wenn Marie, Henri-Frédéric oder Louise eines ihrer zahlreichen Briefchen auf der Post abgaben, betrug die Ortstaxe 2½ Centimes. Amiel hatte ein Jahreskonto bei der *librairie Suès*; er kaufte dort Bücher und Fotografien: die einzigen grösseren Auslagen, die er festhält. Ein Gedichtband wie sein *Penseroso* kostete 1.50 Francs, ein grosser illustrierter Band um die 4 Francs. Das war viel, gemessen beispielsweise an den Preisen der Kleider; ein Paletot oder Überzieher kam auf 12 bis 15 Francs zu stehen. Oder gemessen am Wein, wo man für das Dutzend Flaschen einer Markensorte 12 Francs zahlte. Viel günstiger war der Wein für den täglichen Bedarf. Kaufte man ihn wie allgemein üblich im Fass zu 100 oder 200 Litern, kam die Flasche noch auf 25 bis 30 Centimes zu stehen: der Preis für ein Kilo Weissbrot. Ein städtisches Wohnhaus mit zwei Wohnungen wird im *Journal de Genève* für 40 000 Francs angeboten, ein Pferdepaar für 1000 Francs; die Jahresmiete für eine (kleine) Stadtwohnung betrug 250 Francs.

Grosse Diskrepanzen gab es bei den Löhnen. Amiels Jahresgehalt betrug, wie gesehen, 2000 Francs. Ein Pfarrer wie sein Schwager Franki kam auf 3000, ein Regierungsrat auf 4000 Francs im Jahr. Amiel staunte über einen Privatdozenten für Mathematik, der seinen Unterhalt mit Privatstunden bestritt und auf 4000 Francs im Jahr kam; der Ansatz für die Einzelstunde betrug 3 Francs. Das war mehr als zehnmal so viel, wie ein Industriearbeiter verdiente. Das Jahresbudget eines unverheirateten Genfer Fabriklers aus dem Jahr 1867 nennt eine Gesamtarbeitszeit von etwa 4000 Stunden und einen Stundenlohn von 25 Centimes. Vom Jahreseinkommen von 1060 Francs verschluckten bereits die Ausgaben für Essen und Wohnung zwei Drittel, und Posten wie Krankenkasse oder Kleider brachten die Ausgabenseite auf 1100 Francs. Selbst bei einem 13-Stunden-Tag in der Fabrik musste noch ein Zusatzverdienst gesucht werden.

Der Anlass für die kleine Preis- und Lohnpalette? Am 19. März gibt Amiel einen seiner seltenen Einblicke in die aktuelle Finanzlage. Buchhändler Kessmann kann das gewährte Darlehen mit Sicherheit nicht zurückzahlen, die Kosten für den Wiederaufbau an der Rue du Cendrier sind beträchtlich, weiter stehen grössere Darlehen an zwei Verwandte aus. «Ich verliere nach vier Seiten Geld; vier geöffnete Adern sind viel für einen Mann, der wenig Blut hat, und stellen meine Zukunft in Frage. Es ist ernst und ärgerlich, vielleicht sogar beunruhigend.»

War es das? Amiels kleines Vermögen – aus dem mütterlichen, vor allem aber aus dem väterlichen Erbe – schimmert an wenigen Stellen des Journals durch. Der Tenor: Er selbst versteht nichts vom Geldanlegen, beschäftigt einen Treuhänder, der sich um alles kümmert – ausser eben um das verflixte Darlehen an den Buchhändler, das Amiel auf eigene Faust getätigt hat. «Bisher hielt ich mich von allen Geschäften fern; mein Instinkt dabei war richtig und das Resultat in diesem Sinne lehrreich.» Der Treuhänder verwaltet sichere Anlagen wie Wertbriefe, Bankguthaben, Gläubigertitel, insgesamt rund zwanzig Posten. 1860 sind die Erträge auf rund 2000 Francs zurückgegangen, dafür wächst das Vermögen. An Schwester Fanny zahlt Henri-Frédéric einen gut bemessenen Haushaltbeitrag, *fort raisonnable*. Das sind aber schon die einzigen regelmässigen Ausgaben. Fanny selbst hat ein Erbteil in gleicher Höhe wie er bezogen. Die Guillermets unterhalten in Cartigny ein

Landgut, eine *campagne,* und deren Wert ist neulich durch die Bahnerschliessung deutlich gestiegen.

Das klingt, allen Bedenken des Autors zum Trotz, nach rundum bequemen finanziellen Umständen. Woher denn Amiels immer wieder aufflackernde Besorgnis, es könnte ihm seine Professur so leicht verlorengehen, wie er sie erhielt, es könnte sein Vermögen auf irgendeine Weise schrumpfen, in Nichts aufgehen? Eines steht für ihn fest: Eine zukünftige Gattin muss als Rente oder Vermögen so viel mitbringen, dass zumindest einer der beiden Einkommensteile gedeckt ist.

Chacun trouve sa chacune, trug Amiel am 15. März ein, mit bitterem Achselzucken. Eben hatte die Post eine Vermählungsanzeige in die Nummer 99 gebracht; er fürchtete diese Art von Mitteilungen nachgerade. Doktor Edouard Claparède, so meldete die heutige Karte, würde heiraten – ein ehemaliger Schüler, fast eine Generation jünger als er! Der Rückstand wuchs.

«Wieder dreht mir das Glück eine Nase. Jedermann findet seine Jedefrau, sein gemachtes Nest, gestaltet die Gegenwart nach seinem Gutdünken und hat eine Zukunft, die ihm lächelt und die ihn beruhigt; ich aber lande wieder auf meinen vier Pfoten und in meiner Einsamkeit. Es gibt hübsche Mädchen, reizende Partien, vorteilhafte Möglichkeiten zuhauf, aber wohlverstanden nicht für mich. (…) Wenn es Glück regnet, sollten nicht auch einige Tropfen auf mich fallen? Tatsächlich trete ich in die Kategorie der alten Knaben ein, und ich bin der einzige ledige Akademiker in der Umgebung (halt, ich finde noch zwei andere: den Freund LeFort und Monsieur Dameth, den Ökonomen, bravo!). Und ich weiss aus meinem Junggesellentum so wenig Kapital zu schlagen wie aus irgendeiner anderen Eigenschaft. Statt zu reisen, mich zu vergnügen, ein Werk zu schaffen, vertrödle ich meine Jahre in düsterer Langeweile.»

Aber zog denn die Wolke mit dem Glücksregen wirklich jedes Mal vorbei? Und wenn ja, warum?

1848 Gegen Ende des Berliner Aufenthalts fasst Amiel Voraussetzungen und Ziel einer idealen Ehe zusammen. «Die

Ehe, die dir nicht dazu verhülfe, besser und nützlicher zu werden, hingebungsvoller und stärker, die nicht vor allem das Glück deiner Gefährtin anstreben würde und dadurch das Glück aller, taugt nichts.» Der mehrseitige Eintrag enthält den berühmt gewordenen Satz «Die Ehe soll eine gegenseitige und unendliche Erziehung sein.»

1849 Trifft im Hause des Dozentenkollegen André Cherbuliez dessen 22-jährige Tochter Sara. Die junge Frau mit den meergrünen Augen ist «gutherzig und liebenswürdig, ihre Gesellschaft sehr angenehm. Es schien mir, als würden sich ihre Wangen bei meiner Ankunft mehr als gewöhnlich röten. Die ganze Familie ist nach meinem Geschmack; ich fühle mich hier sogar ein wenig zu behaglich.» Das Haupthindernis: Sara wird höchstens eine bescheidene Mitgift erhalten. «Wäre meine Stelle gesichert oder hätte ich durch irgendwelche Umstände einige tausend Franken zusätzliches Einkommen, glaube ich, dass mich Mademoiselle S. verlocken würde.» Abschreckend wirkt das Beispiel ihres Vaters, eines hochgebildeten Hellenisten: «Eine schäbige, mühsame Karriere, voll von geheimen Ängsten, Entbehrungen, Demütigungen und Selbstverleugnung; noch mit 50 Privatstunden geben müssen, unter dem Dach wohnen, seine Kleider tragen, bis sie fadenscheinig sind …» Drei Jahre später erreicht ihn die Nachricht von Saras Verlobung. Das Gefühl, die Frau verscherzt zu haben, die ihm vom Schicksal zugedacht war, wird ihn ein Leben lang begleiten.

1851 So wie Sara Cherbuliez nimmt er auch Clotilde Bouvier – ihre Freundin! – zuerst über die Stimme auf. «Schöne Kontra-Altstimme, klingend und tief (…), verhaltene Leidenschaft und Leidenserfahrung.» Hingegen tendiert Clotilde «allzu früh zur Molligkeit. Breite Stirne, guter Kopf, Blick geradeaus und ausdrucksvoll.» Amiel stellt die blonde Sara der brünetten Clotilde in einer Art Tabelle gegenüber: «Schottland gegen Italien, Biegsamkeit gegen Kraft, Geduld gegen Ungestüm, Empfänglichkeit gegen

Schaffenskraft, schüchterne Gazelle gegen kühnes Geisslein, Veilchen gegen Stiefmütterchen». Ein gutes Omen scheint ihm, dass Clotilde die gleichen Initialen trägt wie seine Mutter (Caroline Brandt). Wird auch hier überrascht von der Nachricht, dass Clotilde, die er immer noch als Kandidatin führt, sich verlobt hat (1854).

1852 Beginnt ein Sonderheft der Tagebücher, das er als *Délibérations matrimoniales* betitelt. Über die nächsten 15 Jahre hinweg regelmässige Einträge mit allgemeinen Überlegungen und Listen möglicher Kandidatinnen (50 in diesem Jahre, 80 im Jahre 1857).
Lernt die mit ihrem Vater allein lebende Alexandrine Zbinden kennen. «Sie hat Kultur und Geist, Konversation und Herz. Etwas klein von Wuchs und etwas stark von Statur, hat sie reizende und ausdrucksstarke Gesichtszüge, die manchmal sogar ans Herz rühren.» Er zieht Erkundigungen über die Familienverhältnisse ein und wägt das Für und Wider ihrer Wurzellosigkeit in Genf ab. Nach einem Besuch notiert: «Gefällt sehr, aber fesselt mich nicht. Ich höre nicht die Stimme, die mir sagt: Dein Schicksal hat sich erfüllt.»

1853 Schreibt Gedicht *Trois Cousines*, eine kaum verhüllte Gegenüberstellung der drei genannten jungen Frauen.
Amélie Latour, die Witwe eines Friedensrichters, gesteht Amiel ihre verzweifelte Liebe: «Für Sie hätte ich tausendmal mein Leben gegeben. Wären Sie blind, arm, von Geschwüren bedeckt gewesen, ich hätte keinen Augenblick gezögert zwischen Ihnen und der glänzendsten Partie!»

1854 Tagebucheintrag 21. März: «Vier Seiten über die Frage der Ehe geschrieben, danach geradewegs auf das Phantom losgesteuert, das mich verfolgt.» Seine Kurzsichtigkeit, so glaubt Amiel jetzt fest, ist das bedeutendste Hindernis auf dem Weg zur Ehe: Er macht sich aufgrund einer einnehmenden Stimme ein Idealbild von der betreffenden Frau. Bis er sie aus der Nähe zu sehen bekommt, hat sich seine Fantasie so sehr verselbstständigt, dass die Wirklichkeit

nicht dagegen aufkommen kann. «Die Kurzsichtigkeit schafft – für Menschen mit Einbildungskraft – eine Welt voller Gespenster.»
Zusätzlicher Eintrag in den «ehelichen Überlegungen»: «Ich bin 32½-jährig, habe eine ehrenvolle Stellung, 5000 Francs Einkommen, ein angenehmes Äusseres und finde weder bei mir noch den äusseren Umständen irgendein Hindernis. Aber wünsche ich sie *(die Ehe)*? Nur gelegentlich.»

1855 Weitere Besuche bei den Zbindens, obwohl Amiel im Genfer Einwohnerverzeichnis unter diesem Namen «lauter Wirte, Fuhrleute und Handwerker» gefunden hat: «Vulgäre Umgebung, eine Taube in einem Hühnerstall, eine Blume in einer groben Vase – diese Bilder fassen sie zusammen: vollständiges Auseinanderklaffen zwischen der Person und ihrer Familie (...). Ein Interieur wie bei Balzac, und ich studierte es aufmerksam, aber mit Abstand und ohne tieferes Interesse. Eine Haartracht von schlechtem Geschmack half mir dabei (...), ich war angerührt, aber nicht angezogen. Ich leide ganz entschieden unter einem Vollkommenheitswahn, und ein einziger Verstoss zerstört bei mir den ästhetischen Eindruck der Harmonie und der Eleganz und gibt mir meine Freiheit zurück.»

1856 «Immer geht es um den Streit zwischen Ideal und gesundem Menschenverstand. Die eine Seite will nichts von ihren Ansprüchen ablassen, die andere pocht auf das Schickliche, die Gebräuche, auf das wirkliche Leben. Aber Ehe und Liebe aus gesundem Menschenverstand, gleichsam mit Rabatt, sind sie nicht herabwürdigend, absurd? Anderseits ein Ideal, welches das Leben daran hindert, sich zu erfüllen, welches die Familie im Keim erstickt – ist das nicht auch eine Sünde?»

«Ein Unglücklicher, der allein bleibt. Aber die schlimmste und bitterste Einsamkeit ist diejenige in der falsch gewählten Ehe. Und so habe ich denn Angst vor dem Junggesellentum und fürchte mich vor den möglichen Risiken einer

Ehe. Ich wage nichts zu unternehmen ohne die innere Stimme, die mich führen würde, und diese Stimme höre ich fast nie.»

1858 Trifft in Céligny die blonde und blauäugige Henriette Vaucher, Tochter eines Pfarrers. «Verwandtschaft, Bildung, Gestalt, Charakter, Gewohnheiten, gesellschaftlicher Rang: alles ist beruhigend, anziehend, ermutigend. Das Haus macht den Eindruck solider Ordnung, liebenswerter Ehrlichkeit und bescheidener Güte, beruhend auf einem Boden von Kultiviertheit. Das ist gutes altes Genfer Felsgestein, ohne Puritanismus, Kargheit oder Strenge.» Stellt Vergleich mit anderen möglichen Partnerinnen an: Henriette besitzt «Jugend und gutbürgerliche Verwandtschaft, die bei L. H. fehlen *(gemeint ist: Louise Hornung, Josephs Schwester),* Wohlstand, Bürgerlichkeit und Ansehen, die Lsw. nicht hat, gesunden Menschenverstand, den C. B. vermissen liess, Ordnung und Manieren, die bei S. C. nicht vorhanden waren, Umgebung und Umstände nach meinem Geschmack, wie sie bei A. Z. fehlten.» Sorgt sich aber wegen der Erbanlagen der Familie: Der Vater ist taub, einer der Brüder schwachsinnig, laut Amiel die Folge einer Heirat unter Cousins. Wie er sich nach Wochen des Überlegens zu einem weiteren Besuch entschliesst, wird Henriettes Verlobung mit einem Pfarrer bekanntgegeben: «Die reizende Agnes, die ich mit viel Umsicht entdeckt habe, ist für mich verloren.» Immerhin hat er sich keine Blösse gegeben, keine Absage entgegennehmen müssen: «Wenigstens ist meine Selbstachtung nicht angeschlagen.»

Tagebucheintrag 1. April: «Ich bin praktisch un-verheiratbar, weil mir niemand zu Hilfe kommt, weil ich mich schäme, mir selbst zu helfen, und weil ich eine ungeheure Abneigung gegen den Zufall hege.»

Tagebucheintrag 30. September: «Ich schiebe das Leben bis zu einer Heirat auf und bleibe in allem vorläufig. Das ist das ganze Rätsel. Bin ich einmal verheiratet, wird sich alles

entscheiden: Existenz, Überzeugungen, Neigungen: die Flüssigkeit wird Form annehmen.»
1859 Bekanntschaft mit Marie Favre, Wiedersehen mit der aus England zurückgekehrten Louise Wyder.
1860 Regelmässige Treffen mit Louise Wyder, unter Ausschluss der Öffentlichkeit.
Regelmässige Treffen mit Marie Favre, unter Ausschluss der Öffentlichkeit.

Klagen über Einsamkeit und Untätigkeit, über vergeudete Lebenszeit und linkisches Benehmen in Gesellschaft traten sofort in den Hintergrund, wenn äussere Ereignisse das von Amiel so oft geschmähte Genf in Aufruhr stürzten, so wie in diesen letzten Märztagen. Dann meldete sich der Patriot Amiel zu Wort, der Schöpfer des vom Volk so geliebten *Roulez, tambours!*.

Zeichnen wir die so genannte Savoyer Krise wenigstens in ihren Umrissen nach: Es ging im Frühling 1860 um den Anschluss des einstigen Königreichs Savoyen an Frankreich. Bis zu diesem Zeitpunkt lag der kleine Kanton Genf eingebettet zwischen Frankreich und Savoyen. Der Wiener Kongress des Jahres 1815 hatte den ganzen Norden des Königreichs zur neutralen und entmilitarisierten Zone erklärt, um den Genfer Zipfel strategisch nicht zu isolieren. Ging jetzt Savoyen an den grossen Nachbarn, so war Genf vom Gebiet einer einzigen Grossmacht umschlossen – und entsprechend gefährdet. Napoleon III. suchte das Dilemma im Februar auf grosszügige Weise zu lösen. Er würde sich, so sein Angebot aus dem Elysée, «ein Vergnügen daraus machen, die Provinzen Chablais und Faucigny der Schweiz als ihr eigenes Gebiet zu überlassen». Allerdings sollte im einstigen Königreich eine Volksabstimmung über den Anschluss an Frankreich vorangehen, die auf den April angesetzt war.

Vielleicht hätte niemand von «Krise» gesprochen, hätten alle Beteiligten das Ergebnis dieser Befragung gelassen abgewartet. Aber am 30. März, einem Freitag, machten sich übereifrige Genfer zu einem Eroberungsversuch auf fremdem Boden auf. Dreissig bewaffnete Milizen kaperten frühmorgens die am Grand Quai vertäute *Aigle II* und dampften nach Thonon am südlichen Ufer des Genfersees. Auf Savoyer Boden gelandet, forderten sie die Passanten mit Hüteschwenken und Sprechchören im Stil von *Vive la Suisse!* oder *Vive la république!* auf, sich ihnen anzuschliessen. Noch vor der Abstimmung, so war die Meinung, würde sich Nordsavoyen in einer spontanen Volkserhebung zur Schweiz bekennen. Aber in Thonon reagierte man «kalt und höhnisch», ebenso in Evian, wo es die Aufwiegler ein zweites Mal versuchten. Schliesslich stampfte der Dampfer nach Genf zurück. Die Mehrzahl der bereits redlich bezechten Freiheitsbringer schlief unterwegs ein, zum Ärger ihres Anführers John Perrier, eines Genfer Politikers und Vertrauensmanns des allmächtigen Regierungsrats James Fazy.

Eine aussenpolitische Krise, schon wieder. Amiel wird diesmal kein anfeuerndes Lied schreiben, aber das Journal geht in zahlreichen Einträgen auf die Savoyer Frage ein. Er erlebt die merkwürdigsten Ausbrüche: gesittete, wohlerzogene Menschen, die sich plötzlich in wütenden Beschimpfungen ergehen, so wie der liebenswürdige Vater seines Freundes Joseph Hornung: «Monsieur H. war völlig ausser sich. Es ging um die Annexion des Chablais durch Genf. Er sieht darin einen Verrat und den Ausverkauf der Genfer *patrie* und beschimpft ‹die da oben› als herzlose Kanaillen. Ich habe ihn niemals so erlebt: ohne die gewohnte feinsinnige Zurückhaltung, dafür mit groben Worten der Verachtung. Ich werde ernsthaft über diese Angelegenheit nachdenken müssen, denn ich habe noch keinerlei feste Meinung, kein Pro oder Kontra ausser einer gefühlsmässigen Abneigung gegen die Annexion.»

Manche Genfer frohlocken über den in Aussicht gestellten mächtigen Kanton am Léman, andere warnen vor dem Zusammenschluss mit katholisch gesinnten Provinzen. Bei einer weiteren heftigen Diskussion hat Amiel offensichtlich Stellung bezogen: «Fürsprech Bard legt die Vorteile für Nordsavoyen dar, schweizerisch zu werden; Vulliemin belegt das Interesse der Schweiz, das Chablais und Faucigny zu annektieren. Nur ein Punkt wird dabei vergessen: die Folgen für Genf, sollte es sich diese Provinzen aneignen oder vielmehr: von ihnen annektiert werden. Unsere Einrichtungen, unsere Sitten, unsere ganze nationale Identität würden dabei auf einen Schlag untergehen, aus uns würden die Handlanger der Pfaffen. Drei Jahrhunderte Mühe und Arbeit verloren! Noch einmal der Kampf gegen die Bischöfe, für die Freiheit! Das ist nicht zum Spassen.»

Auch die jungen Akademiker der Zofingia zeigen ihren Willen, für die verbrieften Rechte Genfs ins Feld zu ziehen. Am 26., noch vor dem verunglückten Handstreich Perriers, tritt Amiel an der grossen Dringlichkeitssitzung der Westschweizer Sektion als Redner auf, als Altherr und einer von vier Ehrengästen. Der Kampfseifer und die Hingabe der Jungen stimmen ihn «zugleich glücklich und sorgenvoll». Offenbar wartet der Autor von *Roulez, tambours!* mit einer zündenden Rede auf. Denn die politische Lage scheint ihm dramatisch: «Der Vertrag ist besiegelt, die europäischen Mächte haben klein beigegeben und lassen den Dingen ihren Lauf. Die Zukunft von Genf sieht düster aus.» Am Monatsende notiert er ärgerlich «die unsägliche Eskapade von Perrier in Thonon und alles, was darauf folgt: Aufruhr in Genf, Volksversammlung, Besetzung durch Bundestruppen, Ängste, Auflauf, Diskussionen. All dies hat uns seit drei Tagen doch sehr in Atem gehalten.»

Noch sind die dreissig Aufrührer, die mit der *Aigle II* losdampften, in Haft; das Gefängnis liegt nur ein paar Schritte von der Cour de Saint-Pierre entfernt. Amiel muss sich bei jedem Gang nach draussen zwischen den aufgepflanzten Bajonetten der Ordnungstruppen durchzwängen. Perriers Anhänger demonstrieren auf den Gassen für die Freilassung ihrer Helden. Alle Augenblicke schallt es zwischen den Häusern: «Wer da? Halt! Wegtreten!», selbst wenn Amiel von einem harmlosen Gang zum Buchhändler heimkommt. Kurz: «Wir befinden uns praktisch im Ausnahmezustand.»

Ein Gefühl, das ihm seit Jahren vertraut ist.

APRIL

Wurmloch durch die Zeit

*Z*u unseren dringlichsten Vorstellungen gehört der Gedanke, wie andere sich in unserer Abwesenheit über uns unterhalten, ob lobend oder tadelnd. Haben wir uns aus einer Gesellschaft verabschiedet, so stellen wir uns auf dem Nachhauseweg die Bemerkungen vor, die jetzt über uns fallen; sehr viel schwieriger fällt uns die Annahme, unser Weggang sei unbemerkt geblieben.

Amiel denkt im Journal oft darüber nach, wie er auf andere wirkt. Er hört aufmerksam zu, wenn die Freundinnen ihm seine Wirkung auf andere erklären. Einmal hat ihm Louise Hornung auf der Wanderung von Ollon nach Aigle sein Spiegelbild bis ins Detail geschildert; Amiel hat es ebenso ausführlich festgehalten: 1) man findet ihn zu kritisch, 2) zu puristisch, 3) nicht auf andere Menschen angewiesen, zur Liebe unfähig, 4) wirkt er keineswegs verletzlich. Fühlt er sich unwohl und zieht er sich innerlich zurück, so wirkt er erst recht unnahbar-olympisch; selbst seine Hilfsbereitschaft erscheint dann als Herablassung, seine Freundlichkeit als beschämend.

Amiel: «Ich liebe es sehr, in meiner Seele lesen und sondieren zu lassen.»

Auch in diesem Frühjahr 1860 suchen die Freundinnen ihm die Ergebnisse ihres Sondierens vorzulegen. Am 13. April trifft ein wohlmeinender Brief von Marie Favre ein (leider nicht erhalten) – «sehr freundschaftlich, aber er täuscht sich vollständig über meinen Charakter und mein inneres Leben». Und Louise Wyder führt ihm auf einem Spaziergang seine Anlagen, seine Talente und Gaben vor Augen, den Wert seiner Werke, die unbedingte Notwendigkeit, jetzt Neues anzupacken, ob Poesieband oder wissenschaftliche Abhandlung. Kurz, sie spricht zu ihm «wie mein eigenes Gewissen».

Offensichtlich haben beide wieder aus ihrem Schmollwinkel herausgefunden. Fritz hat Louise eine Eintrittskarte zu einem Konzert geschickt, Mendelssohns Paulus-Oratorium. Man sitzt (selbstverständlich) in verschiedenen Reihen, trifft sich aber am Ausgang zum gemeinsamen Rückweg an den Boulevard des Tranches. Louise zeigt wieder ihr *Mater-dolorosa*-Gesicht, ist abgemagert, weiter keine Auskünfte.

Das ist am 4., einem Mittwoch. Schon am Samstag ein weiterer Spaziergang; Louise zeigt sich diesmal beredt, voll von guten Ratschlägen: «Sie denkt an alles, was mich aufrichtet, mir Mut gibt und Vergnügen bereitet»; sie hat sogar ein Schächtelchen mit über hundert Briefmarken für die Neffen Jules und Henri mitgebracht. Und unter den Marken findet sich ein weiteres Lesezeichen, das sie für ihn bestickt hat – *signet-signé*, der Pakt gilt immer noch. Die beiden entdecken in einer Hecke drei Glühwürmchen, was sie als gutes Omen deuten, jeder auf seine Weise.

Ist dies der Boden, auf dem ihre Beziehung Fuss fassen kann? Ermunterung und Zuspruch auf der einen Seite, Dankbarkeit und Aufmerksamkeit auf der anderen? Es folgt ein weiterer Kuschelsonntag am Boulevard des Tranches. «Nur schon die Möglichkeit, mir nützlich zu werden», schreibt Amiel anschliessend, «lässt sie vor Glück zittern. Die Hingabe ist der Kern ihrer Existenz»; sämtliche wesentlich weiblichen Tugenden fügen sich in Louise «zu einer Art von Vollkommenheit zusammen». Und wenn das so ist, weshalb bringt er es denn nicht über sich, ihr seine Bewunderung zu gestehen? Ist es Steifheit, Unbeholfenheit, die Scham davor, seine echten Gefühle zu zeigen? «Ein ironischer Instinkt, der in meiner Schüchternheit wurzelt, lässt mich immer wieder leichthin über alles hinweggleiten (...), ich lasse mich vom Augenblick wiegen, statt mich ihm hinzugeben.» Jedenfalls geht der Nachmittag im Flug vorbei – dreieinhalb Stunden, «und wir haben uns keine einzige Zeile vorgelesen», dabei hat Amiel doch einige Manuskripte und ein neues Heft des Journals mitgebracht.

Vielleicht bremst ihn ja auch die Angst davor, jeder Hauch von Gefühl könnte nur wieder die alte Flamme aufflackern lassen – jetzt, wo man übereingekommen ist, auf kleinem Feuer zu kochen.

Amiel selbst erklärt sich damit jedenfalls sein Benehmen am letzten Treffen dieses Monats. Eine samstägliche Promenade, die ihn von Beginn weg in schiefer Laune findet. Die leidige Affäre Kessmann, der Wiederaufbau des Elternhauses, mit denen er sich herumschlagen muss; dazu ausgerechnet an diesem Samstag der Besuch des Bildhauers David Doret, der offensichtlich damit gerechnet hat, den Abend mit ihm zu verbringen und den er wegen dieses Stelldicheins wegschicken muss …

Kleinigkeiten stören ihn heute von Beginn weg: Louises Sprache mit ihren Unsorgfältigkeiten und Schnitzern, ihren kleinen *vaudoiseries*, waadtländischen Mundartbrocken. Dazu gedankliche Patzer, ihre Bildungslücken, ihr Mangel an Kultur und Geschmack, die unzähligen Fläschchen, Schälchen, Schächtelchen und getrockneten Blumen. Was er fühlt, ist heute «nichts als Prosa, Flaute, Abgelöstheit. Der blaue Teufel der Spötterei und des Hohns machte sich in mir breit und zeigte mir nichts als die schwachen, ungenügenden, verletzlichen und kleinlichen Stellen einer anrührenden Persönlichkeit.»

Und noch am nächsten Morgen beim Aufwachen, Kopf auf dem Kissen, hält die Stimmung vom Vortag an, ja sie vertieft sich noch. Er empfindet plötzlich stummen Zorn, dumpfe Auflehnung gegen die ganzen Jahre, in denen er sich zurückhielt, Louise schonte, aus Feingefühl, Rücksicht oder Diskretion – «verlorene Jahre»! Er ärgert sich über die Tränen, die sie seinetwegen vergossen hat: Drei einsame Stunden will sie schluchzend und weinend verbracht haben. Weinen wofür, worüber? Tränen der Schwermut, der Reue, der enttäuschten Hoffnungen, der Erinnerungen an einstiges Glück, was soll das? Er weiss es nicht und hat auch keinerlei Lust, den Grund zu erraten oder gar Louise danach zu fragen.

Kommen wir hier einer Wechselwirkung auf die Spur, zeichnet sich ein kleiner Biozyklus ab? Ein Amiel in Hochstimmung, ein Amiel, der «bei sich» ist, garantiert beinahe schon einen harmonischen Nachmittag, einen lebhaften Spaziergang. Dann zeigt er sich grossmütig, hält er das Gespräch in Schwung, lässt er Louise gut aussehen mit ihren Anekdoten und Andenken und ihrem Jasmintee in den winzigen Tassen, merkt er beifällig ihre sich rötenden Wangen an, die fester werdenden Schritte. Aber auch wenn er sich im Stimmungstief einfindet, ist die fürsorgliche Louise in ihrem Element, kann sie trösten, aufrichten, Mut zusprechen, die blauen Falter der Melancholie verscheuchen. Was für gereizte Stimmung sorgt, für kalte und steife Gespräche, sind Amiels Zwischenphasen. Fühlt er sich leer und gelangweilt, dem Nullpunkt nahe, dann ärgert ihn das Schmerzensmuttergesicht, die *mater dolorosa*, dann beklagt er den Geschmack, der sich abzeichnet in den mit Muscheln bestückten Schatullen, den Trockenblumen und fragt sich einmal mehr, wo denn diese Beziehung hinführt, wer sie wieder aufgenommen hat und aus welchen Gründen.

Wohin geht die Zeit, wenn sie vergangen ist? Loulou, die reizende neunjährige Tochter des Schachpartners Marcillac, stellte öfters Fragen dieser Art. Onkel Fritz wies vielleicht darauf hin, er könne zumindest ihren Spuren folgen, mit Hilfe seines Journals: Jahr für Jahr, Tag für Tag.

Aber war das eine echte Hilfe?

Louise Wyder hatte Heft Nr. 14 ausgeliehen bekommen, er trug es zurück in die Mansarde, blätterte durch die Seiten – und blieb hängen. Füsse in den Pantoffeln, in seinen alten Schlafrock gehüllt, las Amiel in den nächsten zwei Stunden die ganzen hundert Seiten durch, von seiner Rückkehr von der Londoner Weltausstellung 1851 im November bis zum Wiederbeginn der Lektionen im folgenden Jahr, sah vor sich den Haushalt von damals, an der Rue des Chanoines: mit dabei die jüngste Schwester Laure, noch nicht mit Stroehlin verheiratet, Franki noch nicht Pfarrer, die Neffen Jules und Henri noch im Krabbelalter. Was hatte sich seither nicht alles verändert – vor allem für die anderen! «Denn die anderen *leben*, während ich mich begnüge, zu altern und vor mich hinzuträumen.»

«Was habe ich mit diesen NEUN JAHREN gemacht?» Die grosse und bittere Rückschau, die Amiel am Montagabend, dem 23., zu Papier brachte, gilt manchen *amiéliens* als eine der ergreifendsten Passagen der ganzen 16 900 Seiten. Andere finden bloss die ewig gleichen Selbstanklagen, Selbstvorwürfe und Selbstbeschimpfungen, die sich auf eben diesen Seiten bis zum Überdruss wiederholen.

Dabei müsste sich eine Werkliste dieser neun Jahre gar nicht übel ausnehmen. Amiel beginnt denn auch mit der Aufzählung seiner Veröffentlichungen, samt Erscheinungsjahr, so als stärke ihm der Leistungsnachweis für das unausweichliche nachfolgende Fazit den Rücken. Zwei Gedichtbände im Abstand von vier Jahren, *Grains de mil* und *Il penseroso*, dazu unterschiedliche grössere Aufsätze; seine «Geschichte der Genfer Akademie» beispielsweise ist in überschwänglicher Art gelobt worden, ebenso wie seine Übersetzung von Schillers «Glocke» («Sie haben ein Meisterwerk durch ein zweites Meisterwerk wiedergegeben»). Sogar ein gereimter Genfer Touristenführer ist von ihm erschienen, weiter mehrere Beiträge in den führenden Zeitschriften der Westschweiz, daneben das populäre *Roulez, tambours!*, das seine Liste noch nicht einmal aufführt (zu erfolgreich, zu verdächtig?). Ein rundes Dutzend Vorlesungsreihen für die Akademie erarbeitet, darunter das etwas erstaunliche *L'art de lire à haute voix* – wie brachte der zurückhaltende Redner Amiel seinen Studenten die Kunst des Vortrags bei? Und weiter in diesen neun Jahren: Bildungsreisen nach Paris, Heidelberg, München, Ausbau der eigenen Bibliothek, Mitarbeit am *Institut national genevois* (auch sie ist nicht aufgelistet).

Was Amiel weiter auf die Haben-Seite setzt, ist die lebhafte Teilnahme an der Entwicklung der beiden Neffen – alle die Ausflüge, die Robinsonaden, die Abende mit Biribi-Spielen oder gemeinsamem Lesen der Odyssee. Auch den lebhaften Kontakt mit der weit verzweigten Familie darf er hier verbuchen; damit sind die Einträge in der Spalte «Aktiven» aber auch schon abgeschlossen. Was den ganzen Rest betrifft, so zieht Amiel eine Bilanz, die einer Konkurserklärung gleichkommt; sie macht den weitaus grösseren Teil des Eintrags aus.

In neun Jahren keine innere Achse gefunden, keinen Kern, keinen ruhenden Pol, kein festes Ziel, keinen generellen Plan. «Ich weiss nicht, was ich will. Mein Herz hat sich nie ganz und ausschliesslich hingegeben – einer Aufgabe, einem Menschen, einer Sache. Immer irre ich umher, warte ich ab, voller Unruhe, und darüber hinaus meiner selbst überdrüssig und müde vom ewigen Hoffen.»

In neun Jahren die Lebenskraft verloren, die Zuversicht und das Selbstvertrauen. «Alles hat sich verflüchtigt, meine Kräfte, mein Glaube, mein Leben, meine Seele, meine Religion, meine Persönlichkeit, mein Wille, mein Mut. Ich gebe mich je länger je mehr der Langeweile hin, der Melancholie, der Sehnsucht und dem Überdruss, mache die Menschen traurig, die mich lieben, und fliehe die, die ich traurig mache.»

In neun Jahren die Kunst weiter verfeinert, das Nichtstun zu rechtfertigen. «Immer glaube ich, mir stünde ein Dispens zu, eine Begnadigung, eine Sonderregelung wegen Untauglichkeit. (...) Ich habe aus dieser Art von Demut ein Kopfkissen der Trägheit gemacht, ein Betäubungsmittel für das Gewissen, eine entnervende und einschläfernde Droge.»

Und woher stammt der riesige Fehlbetrag dieser neun Jahre? «Es ist der Versuch, sich allem zu entziehen, was mit dir geschieht oder von dem du glaubst, dass es dir geschieht. Es ist das Bemühen, dich an die Leere zu gewöhnen, dich mit der Einsamkeit zu verbünden, auf alles zu verzichten, dich im Nichts einzuschliessen, dich auf Null zu reduzieren und die Existenz in dir zu unterdrücken, um so ihren Übeln und Enttäuschungen zu entrinnen. (...) Was mich am härtesten ankommt, ist zu *wollen*, was mir den Angstschweiss austreibt, ist der Gedanke, mich dem Schicksal zu stellen, mich zu entschliessen, eine Entscheidung zu treffen.»

Ich habe hier ausführlicher zitiert als sonst, aus guten Gründen. Die Selbstanklagen, bisweilen bis zur Selbstbeschimpfung gesteigert, das Auflisten der eigenen Versäumnisse, vor allem die Klagen über das Nicht-Teilhaben am Leben und die Suche nach den Gründen dafür – sie machen einen riesigen Teil von Amiels Aufzeichnungen aus. Kenner des Journals haben ihn beziffert, etwa die Hälfte der Seiten befasst sich mit der Analyse des selbst definierten Versagens und der Suche nach möglichen Gegenentwürfen. Auch eingefleischte *amiéliens* haben zugegeben, dass ihnen beim Lesen die ewige Zerknirschungsleier zu eintönig wird, dass sie nachgerade die entsprechenden Passagen überblättern. Und dies vor allem deshalb, weil der Tenor über Jahrzehnte hinweg der gleiche bleibt. Von 1850 bis 1880 variieren Melodie und Tonart nur leicht, finden sich zum Teil wörtliche Übereinstimmungen. Legt sie der Leser übereinander, so ergibt sich eine Art Wurmloch, eine Reise durch die Zeit. Der junge und der jüngere Mann, der gestandene Herr Professor und der kränkelnde Alte stimmen in dieser einen Klage überein: das Leben versäumt, weder ein bleibendes Werk geschaffen noch eine Familie gegründet zu haben. Ebenfalls keinerlei Abwechslung, keinerlei Varianten bei Amiels Suche nach den Wurzeln dieses Verhaltens: Schuld sind der Mangel an Tatkraft, die Verzettelung der Kräfte, die Unmöglichkeit, sich auf ein Ziel hin zu bündeln, die Hingabe an die eigenen Träumereien, Stimmungen und Ahnungen. Nur hin und wieder wird das Ganze gestützt durch wütende Ausfälle gegen die Gesellschaft, das bleierne Genf, die teilnahmslose Familie, von denen keinerlei Anerkennung, Aufmunterung oder Ermutigung zu erwarten war und ist.

Amiel selbst ist der erste, diese Eintönigkeit einzugestehen und damit unser Überblättern, Weiterblättern gutzuheissen. Auch für ihn liegen «das Interesse und die Vielfalt dieser Seiten ganz eindeutig beim intellektuellen Teil, also bei den Partien, die erzählen oder urteilen». Dieses «ganze Elend rund um Willen und Gefühl» kommt ihm vor wie eine moralische Gebetsmühle, wie das Zappeln des Eichhörnchens, das sich in seinem Laufrad abmüht. Die Feder macht sich beim Stichwort «Versagen» selbstständig, auch das merkt er mehrere Male an; sie umschreibt die gleiche Krankheit in immer neuen Worten – so als müsste diese sich, wäre sie erst einmal in allen ihren Metastasen erfasst, für besiegt erklären.

Hugo von Hofmannsthal bekam die *Fragments* zu Beginn des letzten Jahrhunderts zu lesen und beschrieb seine Eindrücke unter dem Titel «Tagebuch eines Willensschwachen». Welcher Willensschwache, so fragte er sich immerhin, brachte die Disziplin auf, sich täglich schreibend mit seinem Leben auseinanderzusetzen?

Amiel hat einen Rechenblock vor sich, er listet die Kosten für eine allfällige Hochzeit und die ersten Monate der Ehe auf. Da der Bräutigam wie gebräuchlich die Ausstattung der Braut übernimmt, fällt schon für die Trauung ein gewichtiger Posten an: Schal 200 Francs, Spitzen 100, Samt für Mantel 100, Robe aus Taft 100, Armreif (eventuell Brosche) 100, zusammen rund 600 Francs. Nimmt er die Grundauslagen für Haushalt und Bekleidung hinzu, ebenso die Lebenskosten während des ersten Ehejahres, so wächst der Betrag auf über 2000 Francs: ein Fass Bordeaux 150, ein Fass Beaujolais dito, Brennholz 100, Kohle 15, Sägemehl 20, Küchenausstattung 300, Vorratskammer auffüllen 150, dazu die Kleiderkosten für die ersten zwölf Monate. Madame 200, Monsieur 500 Francs, offensichtlich ist seine eigene Garderobe ergänzungsbedürftig, zumindest für eine zukünftige Rolle als Ehemann. Louise Wyder, da sind wir uns sicher, käme auf die Hälfte, ja auf ein Drittel der Gesamtsumme. Aber für Amiel ist klar: Diese Ausgaben übersteigen seine finanziellen Möglichkeiten. Eine Braut ohne Mitgift kommt nicht in Frage.

Anders als Louise Wyder streichen wir die Liste auf ihre Alltagsindikatoren zusammen. Dies und das fällt an über die gutbürgerliche Wohnung um 1860, über die wir eindeutig mehr wissen sollten. Sie hatte genügend Raum für mindestens zwei Weinfässer und mehrere Ster Brennholz – wo? Es gab eine Vorratskammer, man stellte Sägemehl bereit – wofür? Für Haustiere? Für die Toilette? Für den Eiskasten? Und verfügte das zukünftige Ehepaar Amiel über ein Bad? Und die Dienstboten, wohnten sie auswärts?

Einmal mehr die Schwierigkeiten, sich in den Alltag von vor 150 Jahren zurückzuversetzen. Kein Strom, natürlich nicht, also auch nirgends ein Kabel in der Wohnung. Dafür Bleirohre entlang den Wänden, Gasleuchter in den wichtigsten Räumen. Rohre für die Wasserzufuhr, fliessendes Wasser? Schon weniger klar; Amiel schreibt von einem Wasserstein, *pierre à eau*, einem Behälter in der Küche. Ohne zugeleitetes Wasser kein Spülklo. Also ein Plumpsklo, aber wie entsorgen?

Steigen wir nochmals neu ein. Ein akustisches Porträt, sehr reizvoll. Amiel über den frühen Morgen in der Stadt: «Das Haus erwacht; Zwitschern von Spatzen und Schwalben, die Klänge des Lebens; entfernter Strassenlärm, Murmeln des Brunnens. Erstes Klingeln der Hausglocke, ist es die Zeitung? Die Milchfrau? Der Bäcker? Hammerschläge, vage, weit entfernte Blechschmiede oder Zimmerei, Stimmen von Kindern und Frauen. Das Eigenartige ist, dass alle diese Erschütterungen sich in meinem Innenhof sammeln wie unter einer Glocke und ihn zum Schwingen bringen. Jetzt werden Fenster geöffnet, die in den Angeln kreischen, Läden, die gegen die Mauer schlagen. Aber ich höre weder Katzen oder Hunde noch Menschen oder Pferde.»

An Hausglocken, Türklingeln erinnert sich Jean-Elie David. Ein etwas jüngerer Zeitgenosse; sein Vater war mit Amiel befreundet. «Die Mietshäuser von damals hatten Klingelstränge, die zu den verschiedenen Stockwerken führten. Die Handgriffe waren nebeneinander beim Haupteingang zur Strasse hin befestigt. Der Briefträger zog daran, von oben schwebten an einer Schnur befestigte Körbe hinunter und nahmen Briefe und Zeitungen auf.» Louise Wyders blaugesiegelte Briefe, Marie Favres Billets pendelten in einem Korb der Guillermetschen Etage entgegen; es war wohl die *bonne*, die sie dem Herrn Professor in die Mansarde hochtrug.

Stattliche Mietshäuser mit grossen gutbürgerlichen Wohnungen hatten fünf und sechs Stockwerke, manche auch einen zentralen Hof, um den herum sich die Wohnungen im Carré legten. Davids Eltern führten zeitweise eine Pension; hier spielte der Wein eine wichtige Rolle. Das Fass zu 100 oder 200 Litern wurde in ihr Kellerabteil gerollt; dort füllten Elie und sein Vater den Wein in Flaschen ab, «eine Angelegenheit, die ernst genommen wurde». Der Preis pro Fass: 14 respektive 28 Francs. Wir müssen hier Louise Wyder Recht geben: Beim Wein liesse sich entschieden sparen.

Im Keller lagerten weiter die Kartoffelvorräte, Reisigbündel und Spaltholz dagegen im Estrich. Auch hier ein Privatabteil für jede Mietpartei; offenes Feuer streng untersagt. Im Keller natürlich kein Gaslicht, «man machte Licht mit einer Talgkerze oder mit einer so genannten Kellerratte, einer dünnen Kerze, die wie ein Stück Schnur aus mehreren Strängen gewunden war».

Amiel, der später in eben dieser Davidschen Pension eben diesen Wein trinken wird, als Mittags- und Abendgast an der Table d'hôte, sehnt sich manchmal nach kühlem klarem Wasser: «Frisches, lebendiges Wasser würde mir jetzt gut tun, wie mir scheint. Aber das fade Seewasser, das beim Durchlaufen durch tausend Kanäle nochmals fader wird, ganz zu schweigen vom zweifachen Aufenthalt im Zinkbehälter unter unserem Dach und im steinernen Bassin dieser Wohnung, ist bloss ein Zerrbild des kristallklaren Quellwassers; diese kreidige und abgestandene, gerade noch trinkbare Mischung hat keinerlei hygienische Wirkung.» Ein zentraler Trinkwasserbehälter also für das ganze Haus – offensichtlich stellte das bereits eine Lösung für gehobene Ansprüche dar. In vielen Haushaltungen holte die Köchin das Wasser mit dem Kessel an einem der öffentlichen Brunnen und goss es in den *pierre à eau*, den Wasserbehälter in der Küche. Dazu brauchte es mehrere Gänge; immerhin gab es professionelle Wasserträger, die man von der Strasse heraufpfeifen konnte.

Weiter in der Küche; hier können wir wählen zwischen dem Eisenherd und dem offenen Küchenfeuer. Bei den Guillermets tippe ich auf den modernen Gusseisenherd mit herausziehbarem Aschenbehälter, darüber liegendem Feuerraum und drei bis vier Öffnungen für die Pfannen. Mit eingebaut war ein Wasserschiff, das beim Kochen gleich heisses Wasser lieferte. Bei den Davids kochte man über dem offenen Feuer (Spaltholz, Reisigbündel); hier hing der Kochtopf, *la marmite*, mit Hilfe von Bügel und Haken an einem Glied der Kette, die aus dem Rauchabzug baumelte. Neben dem Kochfeuer ein kleinerer Aufbau mit Rost, und der erlaubte es, gleichzeitig eine kleinere Pfanne über einem Holzkohlenfeuer zu beheizen; auch bei dieser Lösung wurde wo immer möglich noch Heisswasser zubereitet.

Das Badezimmer mit Bad oder Dusche: unbekannt, wie erwähnt. Noch gegen die vorletzte Jahrhundertwende wird man in der Nachbarstadt Lausanne die Privatbäder in Villen und gutbürgerlichen Wohnungen einzeln aufzählen können, 211 sind es insgesamt. Keine Wasserleitung, kein Wasserhahn, kein schmucker Drehverschluss mit Porzellanbesatz. Für die persönliche Hygiene gab es den porzellanenen Waschkrug samt Waschschüssel im Zimmer, auf der Kommode mit Marmoraufsatz. Trockenreiben mit gerauten Baumwolltüchern, auch Frotteestoffe waren unbekannt. Entsprechend aufwändig war die Rasur; viele Männer der Epoche liessen sich, so wie Amiel, einen Bart stehen.

Impressionen zum WC, *le cabinet, le lieu d'aisance, le réduit*. Ein Plumpsklo mit Auffangbehälter, meist in Form einer Tonne. Sie wurde von den Bediensteten geleert, es gab ein Entsorgungsfuhrwerk, das an bestimmten Tagen durch die Strassen und Gassen kreuzte. Im Haushalt Guillermet – zusätzlich zu Henri-Frédéric wohnten hier zwei *bonnes* und Frankis Mutter – teilten sich acht Personen in einen Abort; entsprechend wichtig war die Rolle, die der Nachttopf spielte. Im Rahmen des Möglichen wurde im *cabinet* auf grösste Sauberkeit geachtet; das Sitzbrett aus Fichtenholz, der Deckel wurden regelmässig geschrubbt. «Aber sobald man den Deckel an seinem Knauf aus Hartholz hochhob, stiegen ganze Wolken aus Ammoniak hoch», erinnert sich David. In manchen Haushaltungen streute man nach der Verrichtung mit einem Schäufelchen Kalk in das Loch, aber auch hier drangen Latrinendünste durch die Zimmer. Auf Bauernhöfen mit viel Gesinde gab es Sitzbretter mit drei Öffnungen von verschiedenem Kaliber nebeneinander, in den Schulen die *cacatières*, drei Sitzbänke zu sieben Sitzen, hufeisenförmig angeordnet, damit das Auffangbehältnis handlich blieb. Vor allem zur Zeit der Kirschenernte seien oft alle 21 Sitze besetzt gewesen, erinnert sich David.

Szenenwechsel ins zürcherische Horgen; Amiel steuert ein paar eigenwillige Überlegungen bei. Der Anlass: Im *Meyerhof*, wo er logiert, findet eine grosse Hochzeitsfeier statt. Das Örtchen für auswärtige Gäste liegt ausgerechnet auf Amiels Stockwerk, seinem Zimmer gegenüber. «Offensichtlich haben die Alemannen rund um den Verdauungstrakt eine Art von Ungezwungenheit, die uns erstaunlich scheint. So stehen Herren und Damen Schlange vor der gleichen Türe und plaudern friedlich miteinander, bis die Reihe an sie kommt. Dieser Flur zeigt mir, dass das Schamgefühl des Bauchs in unserer Eidgenossenschaft keineswegs so vereinheitlicht ist wie die Gewichte oder die Masse. Bei uns gibt es das Gemeinschaftsgefühl der Suppenschüssel, aber nicht das des Darmausgangs. Hier gibt das gemeinsame Essen das Recht, auch die Verdauung gemeinsam zu beenden.» Dass Männer pissen und kacken müssen, daran lässt sich nichts ändern, aber: «Um die fünfzehn oder zwanzig Damen dieser Hochzeit vollständig von aller Poesie zu entkleiden, brauche ich nur meine Tür zu öffnen. Im Korridor versammeln sie sich vor dem gewissen Kämmerchen und kauderwelschen in ihrer vulgären Mundart. Das ganze seidene Froufrou bedeutet nichts mehr. Die gewöhnliche Chemie und das bäurische Wesen rauben diesen Engeln die Flügel.»

«Tja, das war so das Lokalkolorit der Epoche», meint David zu den Ammoniakschwaden. Gibt es so etwas wie den Epochengeruch? Vor allem im Frühling und Herbst drangen Kälte und Feuchtigkeit auch in die Wohnungen der Wohlhabenden: feuchter Niederschlag auf Vorhängen, Tischdecken, Kleidungsstücken, Bettwäsche und Matratzen, Pilzbefall auf und hinter dem Holztäfer, feucht glänzende Wände, im Winter Schimmel in den Ecken der nicht beheizten Zimmer: so das Inventar, das der Lausanner Arzt Jean de la Harpe aufnahm, und dies 1842, nur wenige Jahre vor der Zeit, die uns hier beschäftigt.

Der April brachte Amiel drei Sitzungen rund um den Wiederaufbau des abgebrannten Elternhauses an der Rue du Cendrier. Ein Architekt namens Bachofen wurde beigezogen, weiter ein Baumeister; erneut machte der Hausmeister Verdruss, der bockige und unbelehrbare Monsieur Choisy. Für Amiel liess sich wenigstens die Zusammenarbeit mit Franki gut an. Gemeinsam mit dem Schwager eine praktische Aufgabe anpacken, das gab dem Verhältnis unerwarteten Aufschwung. Vor allem aber erwies sich jetzt Marie Favre als unschätzbare Hilfe; Amiel hatte ihr seine Besorgnis anvertraut, vom Baumeister über den Tisch gezogen zu werden.

Wenn tatsächlich ein Unternehmer mit dem Herrn Pfarrer und dem Herrn Professor leichtes Spiel zu haben glaubte, so hatte er nicht mit Favre gerechnet. Von ihr erhielt Amiel am 18. einen vierseitigen, dicht beschriebenen und übersichtlich aufgebauten Brief zu allen praktischen Schritten beim Neuaufbau der Brandruine; als vertrauliche Beilage ein bereits existierender Voranschlag für ein entsprechendes Bauprojekt. Maries Ratschläge für den Auftraggeber würden problemlos in ein heutiges Handbuch für Bauherren passen. Sie umfassten alle Schritte zwischen allgemeinem und detailliertem Voranschlag bis hin zur Ausführung und zur Bauabnahme, sie wiesen auf besondere Punkte hin: Klauseln wegen Verzögerung in den Vertrag einbauen, Mitspracherecht bei der Wahl der Subkontrahenten (Schlosser- und Sanitärarbeiten, für die sie konkrete Namen nennt), Zahlungsart (entsprechend dem Abschluss der Arbeiten), Festsetzen eines unparteiischen Fachmanns im Fall von Streitigkeiten. So als habe Marie auch Amiels Vorliebe für Divisionen und Subdivisionen verinnerlicht, entsprechen den Abschnitten von Aa über Ab bis Ba und Bb die einzelnen Arbeitsschritte. Textprobe zum Mauerwerk: «Die vornherein nach Höhe, Breite und mittlerer Dicke der Mauern berechneten Masse werden umgerechnet zu 50 Centimes der Quadratfuss – so und so viel Fuss ergeben also so und so viel als Gesamtsumme. Behauene Steine – Sandstein aus Lausanne oder aus Veyrier, mit unterschiedlichen Preisen; jener aus Lausanne zu 2.50 für die Umrahmungen der Türen und Fenster und zu 2 Francs für die Treppenstufen – so und so viele Steine ergeben wiederum die entsprechende Summe.» Es folgen Quadratfuss- oder Meterpreise für Zimmereiarbeiten, dabei sollen Franki und Amiel abklären, «ob es sich um Holz aus der Schweiz oder aus Savoyen handelt, Letzteres ist billiger und fast so gut wie das Erstere».

Jeder heutige Bauherr würde sich für solch präzise Hinweise nur beglückwünschen. Amiels Reaktion auf das Schreiben war merkwürdig lasch. «Einen Brief von X erhalten voll von präzisen Auskünften für die Voranschläge beim Bau», liest sich der Eintrag vom gleichen Tag. «Die Freunde und sogar die Freundinnen sind also doch manchmal nützlich.» Eine Woche später schien Amiel langsam inne zu werden, was diese Unterstützung eigentlich bedeutete: «Heute Abend Spaziergang mit X, die mir einen grossen Dienst erweist. Ich sehe, dass mir Hausverwalter und Baumeister ein Schnippchen schlagen wollen und wir womöglich erbarmungslos ausgenommen werden. Glücklicherweise hilft mir

X, mich zu verteidigen, indem sie mir Beispiele und Muster von Vereinbarungen und Voranschlägen liefert. Es ist mir lieb, diese Waffen der Hand einer Freundin zu verdanken.»

Hätten wir uns trotzdem eine noch beschwingtere Tonart gewünscht? Oder sollten wir uns besser ein für alle Mal abfinden mit der Tatsache, dass für diesen Mann jeder Umstand des praktischen Lebens in eine zweite oder dritte, jedenfalls untergeordnete Kategorie gehörte? Marie F. hatte damit offensichtlich keine Probleme und lieferte unverdrossen weitere Auskünfte, die mit der gleichen Gelassenheit entgegengenommen wurden: «Beim Nachhausekommen finde ich alle Unterlagen, die mir X zusandte, säuberlich bezeichnet, mit der Präzision des besten Buchhalters. Das hat mich gefreut.»

Lassen wir das so stehen, fragen wir uns lieber, woher Favres präzise Kenntnisse der Baubranche stammen. Es bleibt nur ein Schluss: Ihre Anstellung in einem nicht näher bezeichneten «Kontor» muss in irgendeiner Weise mit Bauen, Umbauen zu tun haben; Näheres lässt sich nicht in Erfahrung bringen.

Ausser dass Marie Favre, uneheliche Tochter einer Glätterin, bei ihrem Tod im Jahre 1887 ihrem Sohn ein kleines Vermögen hinterlassen wird: zwei Genfer Liegenschaften an der Rue Grenus 5 und Rue de Rive 11, die zusammen 80 000 damalige Francs wert waren.

Marie F., die rätselhafte Frau. Amiel sah in ihr noch vor der ersten Begegnung seine Madame de Warens. Viel schiefer konnte dieser Gemeinplatz gar nicht sitzen. Marie war zwar Witwe, aber erheblich jünger als Amiel. Zur Zeit der ersten Treffen war sie 29 (gegenüber Amiels 37 Jahren), und ausgedehnte Erfahrungen konnte sie in ihrer kurzen Ehe nicht gesammelt haben, ausser solche der betrüblichsten Art. Der Gerber Jean Pauly, den sie 1853 heiratete, entpuppte sich als Rohling, schlug mit Fäusten auf seine schwangere Frau ein, gab auch die bereits bestehende Beziehung zu einer Prostituierten keineswegs auf. Marie verliess ihn nach sieben Monaten im gemeinsamen Haushalt, reichte einige Monate später die Scheidung ein; kurz zuvor brachte sie einen

Buben zur Welt, François. 1858 starb Pauly. Ob die Scheidung vorher noch rechtskräftig wurde, bleibt etwas unklar. Offen bleibt auch, ob Amiel Maries kleine Schwindeleien durchschaute. Ihm gegenüber zog sie drei Jahre von ihrem Alter ab, und die Zeit des Zusammenlebens mit dem Gerber stutzte sie auf drei Monate zusammen. Offensichtlich verstrickte sie sich hie und da in kleine Widersprüche; jedenfalls witterte Amiel bei ihr einen «düsteren Hintergrund», der ihn verwirrte.

Un fond obscur qui m'a toujours tracassé. Gehörte dazu auch, dass Marie ein ausgezeichnetes Französisch schrieb? Jede Zeitenfolge eingehalten, jeder Subjunktiv an seinem Platz, und dies in einer gestochen klaren Handschrift. Dass sie ihm eigene Gedichte zur Prüfung übersandte, die zumindest jeder formalen Prüfung standhielten? Klassische Alexandriner, jede Hebung und Senkung an ihrem Platz, die Reime klingend und ungezwungen. Dass sie das Deutsche beherrschte, zumindest passiv, als Leserin, womöglich auch Italienisch? Jedenfalls sind Amiels Billets bisweilen zur Hälfte deutsch abgefasst, mit eingestreuten italienischen Passagen.

Gardarsi dagli indiscreti. Carinetta, enfin, deux mots de votre main. On ne savait trop que penser, quand on se rappelait que ce que femme veut Dieu le veut, dit le proverbe. Donnez nouvelles, après tout. Donnez idée surtout. Seulement, Lundi trop tard. Würden Sie Frey = oder Samstag können? Das heisst morgen oder übermorgen? Diess für Sie allein, desswegen Deutsch, und telegrammartig lakonisch. Man bittet um ein Wörtchen Antwort zu Morgen. Das Übrige später. Leben Sie wohl.

Wie meistern andere das Leben? Amiel erhält in diesem Monat mehrere beschämende Lektionen zu diesem Thema erteilt. Die Sängerin Luise Bost, die er am 24. besucht, lebt in den bedrängtesten Verhältnissen: gerade das Nötigste für ihr Auskommen, der Ehemann auf Missionstour, sie selbst allein mit einem kleinen Mädchen. Dazu kommen Verständnisschwierigkeiten; sie freut sich, mit Amiel endlich wieder einmal deutsch zu sprechen. «Eine Deutsche von Geburt und in ihren Neigungen, für die Kunst begeistert, findet sie sich fern von ihrer Heimat hier wieder und leidet unter Mangel, Sorgen, Einsamkeit, durch die Sprache und durch die Gesundheit, und trotz allem bleibt sie gefasst und heiter, stark und ergeben, hat musikalische Pläne, will Gedichte, Übersetzungen etc. veröffentlichen.» Madame Bost tritt auf, wann immer sich eine Gelegenheit ergibt, sie hat Gedichte Amiels vertont, gibt Gesangsstunden; sie selbst «kann singen, dass die Mauern einstürzen». Sie bewahrt trotz aller Bedürftigkeit Energie, Zähigkeit, Arbeitskraft.

All das, was ihm selbst fehlt.

Da ist Mademoiselle Cécile Sabon, eine weitere Musikerin, mit der er sich nach einem Konzert bei den Wartmanns unterhält. Sie hat einen blinden Mandolinenspieler aus Italien am Flügel begleitet, hervorragend, auch hat sie selbst gesungen. «Mlle. Sabon führt ein eigenartiges Leben. Von acht Uhr morgens bis acht Uhr abends geht sie ihren Geschäften nach und zählt diese Stunden nicht: Lektionen, Mahlzeiten, Anforderungen des Lebens. Ihr eigentliches Leben dauert von acht Uhr abends bis um 2 oder 3 Uhr früh: vier Stunden Musizieren, zwei Stunden Lesen, eine Stunde mit Stickereien und Briefeschreiben; so verbringt sie ihre Nächte. Sie schläft wenig und hat trotzdem weder ihr Augenlicht noch ihre Elastizität noch ihren Schwung gefährdet. Eine einzige Woche dieser Art würde mich Gedächtnis, Augenlicht und Kopf kosten.»

So weit wie Bost oder Sabon will er nicht, kann er nicht gehen. Ein besonders chaotischer Morgen bringt aber die dritte Lektion. Amiel hat einen Werttitel verlegt, glaubt ihn bereits verloren, bricht in kalten Schweiss aus. Zudem hat er an irgendwen einen grösseren Betrag zu viel bezahlt, schreibt ein Briefchen mit einer Rückforderung. Der Werttitel findet sich schliesslich, und die vermeintliche Fehlzahlung, so stellt sich heraus, war berechtigt. Das Briefchen braucht nicht abgeschickt zu werden, aber trotzdem: die vergeudete Zeit, die unnötigen Umtriebe, die Aufregung!

Am Abend packt Amiel wenigstens die ungeordneten Broschüren an, nummeriert und datiert sie und legt sie in Sammeldossiers ab. Dabei fällt allerlei vorläufig Ausgeschiedenes an, das es ebenfalls zu klassieren gilt: «Ich habe die Unordnung am einen

Punkt verringert, während sie sich an einem anderen Punkt vermehrte.» Tut nichts, jetzt werden endlich auch die aufgelaufenen Rechnungen bezahlt, alle Tische und Fächer geräumt, die überall herumliegenden Bücher eingeordnet und diejenigen, die er für den neuen Vorlesungszyklus braucht, auf einem Arbeitsgestell versammelt; Amiel spürt «innerliche Elastizität». Aber am Monatsende, wie er an der Akademie mit dem längst angekündigten Zyklus über Schelling beginnen sollte, liegt wieder alles im Argen. Am Tag vor dem Kursbeginn ist noch nicht einmal der Plan für den Aufbau fertig, geschweige denn eine einzige Vorlesung. Auch dann rafft er sich noch immer nicht zu den längst fälligen Vorbereitungen auf, vielmehr klagt er im Tagebuch über seine «Gewohnheit, abzuwarten, bis der Druck ins Unermessliche steigt und alles bis zum letzten Augenblick hinauszuschieben», überschläft dann das Problem noch einmal: «Die Nacht wird Rat bringen.» Am nächsten Morgen erhebt er sich zwar um sieben Uhr, legt den Schelling aber wieder zur Seite und schreibt erst einmal eine Stunde lang ins Tagebuch; Lamartines 110-bändige Werkausgabe will gewürdigt sein. Die Vorlesung um drei Uhr nachmittags fällt zwar zufriedenstellend aus, nur dass kein Wort über Schelling fällt. Amiel führt schlicht den letztsemestrigen Kurs in Menschenkunde weiter, stellt nachher selbst fest: Gewurstel, Improvisation, Schlaffheit.

Wie kann er da vor Bost oder Sabon bestehen?

Die vielen Stunden, die Amiel dem «Dämon der Sorglosigkeit» opferte, an denen er Zeitungen las (bis zu zwanzig Stück im Tag) oder mit einem Band Ossian in der Hand die Treille auf- und niederwandelte – sie fanden ihre Entsprechung in Projekten, die nur auf den ersten Blick als sinnvolles Unternehmen gelten konnten, aber keinerlei nähere Würdigung vertrugen. So kamen Amiel im April einige Folgen eines Lexikons französischer Synonyme in die Hand, woraus sich flugs ein Projekt entwickelte: Weshalb nicht diese sinnverwandten Wörter so anordnen, dass sie eine auf- oder absteigende Skala ergaben, entsprechend den Schattierungen der Farbenlehre, die mit unzähligen Zwischenstufen den Farben des

Regenbogens folgten? Der Wortschatz würde so als Spektrum zwischen zwei Endpunkten erscheinen, beispielsweise mit Reihen von glühendheiss bis eiskalt oder von Hass bis Liebe; das Ganze wäre selbstverständlich unterteilt nach Wortarten und Kategorien menschlichen Erlebens. Die Substantiva rund um die Wahrnehmung oder die Adjektiva aus dem Bereich des Ausdrucks erhielten so je einen schmalen Teilbereich, dergestalt dass schliesslich der gesamte, nach Zehn- und Hunderttausenden zählende französische Wortschatz in sinnvoller Anordnung dastünde. Das geistlose Abhaken und Aufreihen von Wörtern, die zufälligerweise mit einem A, einem C oder Z begannen, wäre so ein- für allemal überwunden. Wie sich irgendjemand auf diesem Wortteppich zurechtfand, wie die Suchenden entlang den Schattierungen steuerten, bis sie auf den richtigen Ausdruck stiessen, würde sich noch zeigen.

Für den 26. hält das Tagebuch eine Partie Boule bei den Blanvalets fest. Mehrere Herren haben sich auf dem sandgewalzten, mit Mäuerchen umrahmten Spielplatz eingefunden, korrekt gekleidet, so wie sie sich auch im Kontor oder im Auditorium der Akademie zeigten: Es gab keinen Unterschied zwischen Alltagsaufzug und Freizeitbekleidung. «Ich sehe die Messieurs vor mir», erinnert sich Jean-Elie David an ein solches Treffen, «die linke Hand auf den Rücken gelegt, um die störenden Schösse der Redingote zusammenzuhalten, die Kugel zum Zielen vors Auge gehoben, oder dann mit gesenktem Kopf, das Knie durchgebeugt.»

Gab es denn wirklich keine geeignetere Kleidung für derlei Zerstreuungen? Wie sich Amiel für einen Ausflug oder einen Predigtbesuch kleidet, wird im Journal praktisch nie vermerkt. Trotzdem sollten wir wenigstens in groben Zügen die Herrenmode der Zeit skizzieren. Sehr viel ausgeprägter als heute definierten sich ein Professor oder ein Pfarrer wie Schwager Franki über ihre Kleidung. Ein Wasserträger, ein Kutscher oder ein Gerber wie Marie Favres verstorbener Gatte trugen einen Blouson, eine Baumwolljacke. Akademiker wie Amiel oder Gastgeber Henri Blanvalet, der Besitzer der Boulebahn, trugen einen Gehrock: die Redingote. Der Name stammt vom englischen *riding coat*, einst hatte tatsächlich der Reiter die beiden Schösse dieses langen Jacketts links und rechts vom Pferderücken drapiert. Sowohl beim Boulespiel wie im akademischen Alltag waren die Zipfel nur noch hinderlich, sie baumelten beim Hinsetzen auf genierliche Weise zu beiden Seiten der Stuhllehne oder schlenkerten bei starkem Wind ebenso genierlich um Hintern und Oberschenkel des Spaziergängers.

Ebenso genierlich war der Zylinder, röhrenförmig und meist schwarz, in seiner Form ein Gegenstück zu den Kolben und Kaminen der Fabrikwelt. Der hohe steife Hut schnitt mit dem harten Röhrenrand empfindlich in die Stirne des Trägers ein; zu Beginn einer Abendgesellschaft oder eines Konzerts präsentierten sich die männlichen Gäste jeweils mit einem dünnen roten Ring unterhalb des Haaransatzes. Der Zylinder war jedem Windstoss ausgeliefert; einmal bittet Amiel die stets hilfsbereite Louise, ihm ein Kinnband zu besorgen, mit dem er seinen Hut vor den wechselnden Böen des Léman bewahren würde. Dabei spendete die hohe Röhre mit der knappen Krempe noch nicht einmal genügend Schatten. An sonnengleissenden Tagen setzte Amiel die Brille mit den blauen Gläsern auf und spannte den Sonnenschirm auf …

Macht uns das ungeduldig? Ärgert uns die Männermode dieser Jahre mit ihren steifen Kragen und Hüten, ihren brettsteifen Gehröcken? Und warum?

Vielleicht liegt es an den Umrissen. Gehröcke waren, wie jedes zeitgenössische Foto zeigt, in den Schultern schmal geschnitten, die Beinkleider dagegen weit und bauschig; die Silhouette war birnenförmig. Es gab, selbstverständlich, auch damals athletische junge Männer, Ruderer mit breiten Schultern und schlanken Hüften. Aber die Mode zwängte sie in die Formen, die das Alter vielleicht für sie bereithalten würde und stülpte über das Ganze diese mit braunem, schwarzem oder grauem Flor bezogene Kartonröhre des Zylinders, mit dem der Träger die Götter des Fortschritts beschwor.

Am Tag vor der Boulepartie war Amiel drauf und dran, dem Dichterfreund Blanvalet abzusagen: Kopfschmerzen, Nasenbluten, Magenbeschwerden. Am Tag darauf fühlte er sich wohlauf, wie sich überhaupt sein Gesundheitszustand praktisch für jeden Tag dieses Monats nachlesen lässt. Denn wenn das Journal einerseits als Metereologie der Seele, als Barometer der Befindlichkeit, als Sonde im Schlamm der Seelenschichten gelten kann, so ist es doch auch eine Krankengeschichte, über Jahrzehnte weitergeführt, ein Patientendossier, ein fortgesetzter Statusbefund, und dies keineswegs nur im übertragenen Sinn. Amiel listete seine körperlichen Beschwerden ebenso sorgfältig auf wie sein seelisches Leiden, er war ängstlich bis zur Hypochondrie, führte Buch über eingenommene Medikamente und deren Nebenwirkungen, die oft das ursprüngliche Übel noch einige Zeit überdauerten. Mit dieser bis ins Kleinste fortgeführten Selbstdiagnose teilte er das Paradox im Dasein so vieler Schwermütiger: dass nämlich das eigene Leben geringgeschätzt wird bis zum Überdruss, ja bis zum schwarzen Augenblick, in dem man sich seiner entledigen möchte, dass umgekehrt Lebensüberdrüssige aber jedes Anzeichen von Krankheit oder körperlicher Schwäche mit gesteigertem Argwohn verfolgen und es sofort bekämpfen, unter Einsatz eines ganzen Arsenals von Medikamenten – eine Reaktion, die jedenfalls dem Aussenstehenden widersinnig erscheint. Müssten denn Schwermütige nicht jedes Anzeichen von Schwächung ihrer ungeliebten Existenz begrüssen oder es wenigstens schulterzuckend zur Kenntnis nehmen?

Für Amiel begann der April in dieser Hinsicht recht erfreulich. Zwar blieben auch in den ersten Tagen die Anfälle von Selbstverachtung und Beschämung nicht aus. Immerhin zeigte er genügend Spannkraft für Konzertbesuche an drei aufeinander folgenden Abenden der Osterwoche (von Mittwoch bis Freitag). Am Ostersonntag fühlte er sich nach Anhören der Predigt in der Sainte-Beuve-Kirche mit sich selbst versöhnt und wieder in der Gemeinde der Gläubigen aufgehoben. Am Osterdienstag notierte er, wie erwähnt, ein Gefühl «innerer Elastizität»; es hielt allerdings nur bis zur Monatsmitte an.

Sonntag, 15.   Gliederschmerzen, leichtes Fieber, Niesen, fühlt sich wie gerädert, «ganz und gar elend».

Montag, 16.	Elender Tag, an Körper und Moral niedergeschlagen, macht sich Gedanken über die Abhängigkeit von seinen Nächsten. «Ich fragte mich: Angenommen, die Gesundheit ist für immer oder für lange Zeit verloren, was soll man mit mir anfangen? Ich hielt mir vor Augen, dass ich den Alltag meiner Schwester nicht belasten, dass ich von niemandem länger andauernde, ermüdende oder abstossende Pflege erwarten dürfe. Das grösste Elend des Junggesellen ist dies: allein leiden und sterben zu müssen. Er ist zur andauernden Gesundheit und zum schnellen Tod verpflichtet, wenn er seinen Platz behalten will. Das Sterben selbst ist kurz, und eine schreckliche Krankheit weckt die Zuneigung, aber das Dahinsiechen, das Abhängigsein, die Belastung durch Leiden und Gebrechlichkeit ermüden die Umgebung und vergiften ihr Dasein.» Fanny verabreicht ihm ein schweisstreibendes Mittel; Erleichterung.
Dienstag, 17.	Wesentliche Besserung des Befindens, obwohl immer noch Gefühl, «eine Tracht Prügel auf den Rücken erhalten zu haben». Am Morgen Spaziergang im Park, weitere Gedanken zu Gesundheit, Krankheit und Tod. «Was ist doch die Gesundheit für ein zerbrechliches Ding, und welch dünne Haut schützt unser Leben vor den Angriffen von aussen und vor dem Zerfall im Innern! (…) Das Leben ist eine Wiesenblume, die an einem Morgen dahinwelkt oder weggemäht wird, es ist ein Witwenlämpchen, das ein Windhauch schon ausbläst. Um die Poesie einer morgendlichen Rose zu empfinden, muss man erst den Klauen des Geiers entrinnen, der sich Krankheit nennt. Der Boden und der Hintergrund von all dem ist der Friedhof. Die einzige

	Gewissheit in diesem Leben voller leerer Aufregungen und unaufhörlicher Sorgen ist der Tod und das, was er als Vorgeschmack bereithält: die Schmerzen, Kleingeld des Tods.» Am Nachmittag heftige Migräne, das rechte Auge tränt. Akonit eingenommen.
Mittwoch, 18.	Weiterhin starke Migräne sowie Glieder- und Kopfschmerzen. «Konnte zu Mittag kaum sprechen.» Bleibt im Zimmer, erst abends kurzer Spaziergang.
Freitag, 20.	Elendstag, wiederholtes Nasenbluten, allgemeine Schwäche und Lebensüberdruss. Ergotin eingenommen.
Samstag, 21.	Nur leichte Besserung, «die Lebensader bleibt geöffnet, jederzeit kann Blut austreten». Den ganzen Morgen gefastet, Einnahme von Ergotin fortgesetzt.
Sonntag, 22.	Einnahme von Arnika, er fühlt sich sehr viel besser. Nachmittagsbesuch bei Louise Wyder.
Montag, 23.	Heftige Wallung nach dem Mittagessen. «Sollte sie von der Koka-Arznei stammen, die ich einzunehmen begonnen habe?»
Mittwoch, 25.	Starke Magenbeschwerden nach Einnahme von Arnika und Koka-Arznei. «Daher Kopfschmerzen.»
Donnerstag, 26.	Besuch von Freund François Bordier. Gemeinsam dem Konzert einer Militärmusik beigewohnt, plötzliches Wohlbefinden. «Auf, ans Werk!» *Allons, à l'œuvre!*

Eine mittlere Frühlingsgrippe? Oder deuten die tränenden Augen, das Niesen, die plötzlich auftretende Heiserkeit auf eine Allergie hin? Dafür würde die wahre Frühlingsexplosion sprechen, die sich in diesen Tagen auf der Treille-Promenade abspielte. Amiel bewunderte sie aus verschwollenen Augen, hielt sie abends niesend und hustend fest, mit einem lyrischen Schwung, der seinen

Gedichten leider meist abgeht: «Knospen und Grünen an allen Zweigen der Hecken, den Ästen der Bäume an der Hohen Terrasse, im Botanischen Garten und in den Bastions; man ahnte das bevorstehende Sichöffnen und Erblühen, den Einzug der jungen Jahreszeit, das Erwachen und die Wiedererneuerung. Ein taufeuchter Sonnenstrahl tanzte durch die morgendliche Natur wie das erste verschämte Erschauern eines Heranwachsenden.»

Lsw. und X sind sich noch nie begegnet, noch hat eine der beiden Frauen je an einer Familienfeier in Cartigny, in La Monnaie oder Les Grottes teilgenommen, wie denn auch? Amiels tägliche Aufzeichnungen sind auch im April übersät von Kürzeln dieser Art. Sie legen sich wie ein Koordinatennetz über die persönliche und geografische Umgebung. Lsw. ist Louise Wyder und heisst auch Egérie, Marie Favre ist X oder Philine, nur dass dieser Name meist in Form eines griechischen Φ erscheint. Schwester Fanny und Schwager Franki sind F-y und F-i; für Schwester Laure steht bisweilen ein L, und Str. ist ihr Ehemann, der Arzt Jean-Baptiste Stroehlin.

Ein Koordinatennetz aus Kürzeln, in dem Wirklichkeiten hängenbleiben. Das Kürzel Cartigny zum Beispiel meint den Sommersitz der Guillermets, eine *campagne*. Sie trug den schönen Namen Les Ombrages und wurde jeweils Anfang Mai bezogen – für Wochenenden zuerst, dann für Ferien. Früher kam die Familie mit dem Mietkutscher dahin, auch mit dem Char-à-banc des Boten, einem einfachen Omnibus mit Längssitzen. Jetzt lag die Station Cartigny an der Bahnlinie der *Ouest suisse* nach Lyon (je zwei Züge in jeder Richtung am Morgen und Nachmittag). Amiel oder die Neffen legten den Weg, knapp zehn Kilometer, durchaus auch zu Fuss zurück. «Gute» Genfer Familien besassen eine *campagne* – mit ein Grund, weshalb sie sich häufig mit dunklen und feuchten Stadtwohnungen begnügten. Konservatoriumsdirektor Marcillac, der Schachpartner, bezog im Sommer das Gut La Cuisine, ausserhalb Genf-Servette; Professor Cherbuliez (Griechischdozent, Tochter mit meergrünen Augen) unterhielt in Aïre den Sommersitz Hauterive. Eine *campagne* konnte aus einem stattlichen Pächtergut samt Herrenhaus bestehen, war unter Umständen aber nur ein Häuschen mit Vorgarten, dann hiess sie *campagnette*. Es gab auch umgebaute Bauernhäuser mit mehreren Wohnungen, die sich zwei oder drei Familien teilten. Fast immer gehörte eine gekieste Aussichtsterrasse dazu, sie wurde im Sommer mit stattlichen Topfpflanzen bestückt: Lorbeer, Oliven, dazu Sitzbänke und Gartentische. Vor der Terrasse lag ein Obstgarten, darunter, mit einer Hecke abgetrennt, der Rebberg; viele *campagne*-Besitzer waren stolz darauf, ihren eigenen Wein zu trinken, meist ein *petit blanc*, ein Weisswein für den Alltag.

Weitere Kürzel: a) Freunde
Joseph-Marc Hornung (Jh), ein Jahr jünger als Amiel, Dozent an der Akademie. Der sprichwörtliche zuverlässige Freund, überaus gebildet: «Wie nackt, arm und alt komme ich mir vor neben dieser männlichen offenen Seele, neben diesem Reichtum an Kenntnissen und Gedanken!» Hornung drängt den Autor, endlich ein grosses wissenschaftliches Werk zu schaffen. Wird dabei unterstützt von seiner Schwester Louise *(Lh)*. Sie bewundert Amiel masslos; bei den Hornungs hofft man offensichtlich auf eine Verbindung. Amiel: «Wäre Lh. doch bloss zehn Jahre jünger!»
Charles Heim (Heim), Schulleiter, bewahrt Amiel vor einer schwer wiegenden Fehlentscheidung, indem er dringend davon abrät, die selbstmordgefährdete Louise Wyder aus Mitleid und Dankbarkeit zu ehelichen (1855). Amiel: «Er versucht mich aufzumuntern, mit mehr Eifer als Erfolg. Er liegt mir dauernd in den Ohren, endlich etwas Wesentliches anzupacken, und schlägt dabei Dinge vor, die mich nicht im Entferntesten locken können.»
Auguste Bouvier (Bouv), fünf Jahre jüngerer Studienkollege aus Berliner Tagen, Theologe und Pfarrer in Genf. Amiel bewundert seine Aufrichtigkeit und Geradlinigkeit, stellt ihn aber als Prediger in Frage: keine persönliche Wärme, keine Autorität.
Jean-Philippe Trottet (Tr), 1818 geboren, ein weiterer Theologe, Typ Glaubensstreiter, daher ohne Sinn für Ironie und Zwischentöne. «Tr. weiss nicht zu plaudern, hat keinen Geist, keinen Frohmut und keine Anmut, und seine klammernde Zähigkeit,

sein wie schwere Kavallerie daherstampfender Nachdruck treiben mich unfehlbar zu frivolem Widerspruch, währenddem mich seine gebetmühlenhafte Unfehlbarkeit in die Ecke der spitzfindigen Zweiflerei drängt.»

Weitere Kürzel: b) Freundinnen
Camilla Charbonnier (italienischer Name *Carbonero, CCW*), mütterliche Freundin seit Amiels Italienreise (1842), wo er sie in Neapel kennen lernt. Emailmalerin, alleinstehende Mutter zweier Söhne, deutsche Herkunft (ihr Mädchenname ist Weizsäcker). In vielen Zügen das Vorbild für die zukünftige Ehefrau, die sich Amiel erträumt.

Joséphine Fol (Jpf) steht am Anfang von Amiels Gewohnheit, seine näheren Freundinnen mit «klassischen» Namen zu versehen und damit eine Art literarischen Harems zu schaffen. Sie nennt sich in ihrem Briefwechsel Zeppa oder Zeppina; Amiel ist Saint-Gontran. Zeppa und Saint-Gontran treffen sich auf einem Urlaub in Vandœuvres; sie ist damals 25-jährig und mit einem deutschen Gelehrten verlobt. Sie fühlt sich zu Amiel hingezogen, der sie bei der Auflösung ihrer Verlobung berät.

Suzanne Long (Lg), 14 Jahre älter als Amiel, Verfasserin von erfolgreichen Romanen moralisch-erbaulichen Inhalts, die in der protestantischen Westschweiz guten Absatz finden. Berät den Autor brieflich und im Gespräch in seiner Suche nach einer Partnerin.

Estelle Guinet (Gt), geistreich und «mit Paradiesherz», ermutigt Amiel, seine Freiheiten zu nutzen: «Verreisen Sie! Fahren Sie nach Ägypten und kommen Sie als Kerl zurück!» Die einstige Erzieherin besitzt das Landhaus Leonillina in Pressy-Vandœuvres, Geschenk einer ehemaligen Schülerin, der Fürstin Leonilla von Wittenberg; hier wohnt auch die Familie von Musikdirektor Marcillac. Lange Gespräche der beiden in Heiratsangelegenheiten: «Ich habe noch nie um die Hand und das Herz einer Frau angehalten, aus Angst, sie könnte mich zurückweisen – oder erhören.»

Weitere Kürzel: c) Feinde
Charles Humbert (C. Ht), Kunstmaler, verfolgt Amiel mit Verleumdungen, die mit der Ernennung seines Cousins Edouard Humbert zum Ästhetikprofessor zu tun haben: «kleinkrämerische Null voller Selbstgefühl, das ebenso aufreizend wie unberechtigt ist».

Emile Plantamour (Plant), Professor der Astronomie und Leiter des ersten Genfer Observatoriums, 1860 Dekan der Akademie. Laut Amiel ein «lächerlicher, unangenehmer und schlecht erzogener» Zeitgenosse, der jeder akademischen Erneuerung im Weg steht: «Erst wenn man ihn wegbringt, kann sie beginnen.»

John Braillard (B-d), Gymnasiallehrer, «nachträgerisch und hasserfüllt». Amiel hat ihm einst einen (nicht näher bezeichneten) Dienst erwiesen. Mit dem Hass auf seinen Helfer verdrängt Braillard die mit der Hilfeleistung verbundene Beschämung.

Weitere Kürzel: d) Konkurrenten
Victor Cherbuliez (Ch-z). Amiel bewundert den Kollegen: Tiefe der Gedanken, geschliffene Form, brillante Formulierungen, Leichtigkeit des Vortrags – alles Eigenschaften, die er selbst vergeblich anstrebt. Der acht Jahre jüngere Dozent und Bruder von Sara C. macht die Karriere, die Amiel für sich erträumte: berühmter Kulturhistoriker in Paris und Autor politisch-historischer Romane. Diese Werke wurden nach 1900 nie mehr neu aufgelegt.

Marc Monnier (Monn), Schriftsteller und Dichter, Freund Amiels seit einem gemeinsamen Aufenthalt in Neapel. Amiel bewundert die Arbeitskraft und den Einfallsreichtum des acht Jahre Jüngeren. Monniers Werke sind heute kaum mehr greifbar.

Edmond Scherer (Sch-er) liess sich wie Cherbuliez in Paris nieder, nahm die französische Staatsbürgerschaft an und feierte Erfolge als Politiker wie als Literat. Gab nach Amiels Tod als führender Pariser Literaturkritiker eine vorläufige Auswahl aus dem Journal heraus. Seine eigenen Werke wurden nach 1900 nie mehr neu aufgelegt.

Charles Dubois-Melly (Dubois), Multitalent und gleichaltrig wie Amiel. Begann als Kunstmaler, dilettierte als Musiker und verfasste erfolgreich historische Romane. Auch diese Werke wurden nach 1900 nicht mehr aufgelegt.

Weitere Kürzel: e) Örtlichkeiten
Rue de la Monnaie (Monn-e), wichtigster Familientreffpunkt Amiels neben den Haushalten seiner Schwäger Guillermet und Stroehlin. 1860 bewohnt von der Tante Fanchette Amiel. Der Autor findet sich hier regelmässig zum Essen mit ihr und den Cousinen Louise und Marie ein.

Plainpalais (Plainp.), Nachbargemeinde im Süden Genfs, wo Amiels Cousine Julie Brandt wohnt. Der Autor trifft sich regelmässig mit ihr und Jenny Bonnet, einer weiteren Cousine, zum *dîner des célibataires* (alle drei sind unverheiratet). Im Mai 1860 wird wie so oft über den Ledigenstand diskutiert: «Eine der Damen rühmte, die andere verwarf ihn.»

Jargonnant (Jarg.t), Platz im Quartier Eaux-Vives, wo die mit Amiel befreundeten Julie und Camille Maunoir ein Töchterpensionat führen. Amiel unterrichtet hier bis 1860 französische Sprache und Literatur.

Treille, Park und Promenade im Gebiet der einstigen barocken Stadtbefestigung. Amiels bevorzugter Ort für morgendliche Spaziergänge und Lektüre, nachts auch Treffpunkt für das lokale Sexgewerbe. Im Juni 1860 wird der Autor von einer Kupplerin angesprochen, die ihn mit «einem reizenden jungen Mädchen» bekannt machen will, «das mir tagsüber oder nachts einen Besuch abstatten kann». Amiel staunt über die Ängstlichkeit der *entremetteuse*, die sich dauernd nach allen Seiten umsieht: «Zusammen mit der Scham verlieren diese Frauen auch ihren Mut.»

Les Bastions, eingeebnetes ehemaliges Schanzengebiet unterhalb der Treille und anstossend an die Place Neuve, mit Botanischem Garten. Mehrere Teiche sind von Fröschen bevölkert; Amiel liebt die nächtlichen Konzerte im Frühling, bei denen sich Fröschequaken und Gesang von Nachtigallen mischen.

La Prairie, Park- und Gartenanlage, angrenzend ans Servette-Quartier. Von Marie Favre bevorzugter Treffpunkt. Ohne Pavillons oder Kioske, sodass die beiden bei ihren Unterhaltungen öfters verregnet werden.

MAI

Taubenküsse

*N*iemand ist der Schönheit hilfloser ausgeliefert als der Philosoph. Zum Beispiel wird Aristoteles häufig dargestellt auf allen Vieren, gezähmt von einer Kurtisane, die ihn an der Leine führt oder auf seinem Rücken reitet. Amiel kommt am 1. Mai 1860 auf diese Legende zurück. Verstehen wir ihn richtig, so muss der weise Grieche durch diese Unterwerfung dafür büssen, dass er seinen Lebenszugang ganz auf die Analyse ausgerichtet hat. Was den Weisen stets beschäftigte, ist das Sein. Das Scheinen fasziniert ihn bloss; *il ne recherche que l'être, et le paraître le fascine*. Gerade weil der Weise nur aus Vernunft handeln will, steht er der Leidenschaft hilflos gegenüber; «er verachtet die Sinne, und die Sinne spielen ihm einen Streich».

Amiel notiert diese Überlegungen nach einem Besuch bei den Marcillacs; es ist bereits das zweite Mal, dass ihn «die kleinen Taubenküsse» der liebreizenden neunjährigen Loulou an den gedemütigten Aristoteles denken lassen.

Sind die Kinderküsse nur ein Vorspiel, droht eine Demütigung?

Was Amiel in diesem Mai 1860 beschäftigt: die geschäftlichen Umtriebe rund um den Wiederaufbau des Elternhauses, der verhassten *baraque*, das an Intensität zunehmende Verhältnis zu Louise Wyder, die immer noch nicht erarbeitete Vorlesungsreihe über die Philosophie Schellings, seine unterdessen auf 3600 Seiten angewachsene Sammlung von Tagebuchheften und die immer aufs Neue beklagten Rückstände in der Arbeit. Hinzu kommt die Anspannung durch die politische Lage: «Das Zeitungslesen nimmt jetzt viel Zeit in Anspruch.» Im Europa dieses Frühlings bewegen sich die Grenzen; Garibaldi ist in Sizilien mit den tausend Getreuen zum Marsch auf Rom aufgebrochen; im Norden spitzt sich der Streit um die Zugehörigkeit von Schleswig-Holstein zu; «ganz zu schweigen von der schweizerischen Frage, die noch keineswegs gelöst ist».

Worauf Amiel hier anspielt: Die Volksbefragung in Nizza und Savoyen hat beiderseits ein überwältigendes Mehr für den Anschluss an Frankreich ergeben; der Vertrag von Turin steht kurz vor der Ratifizierung. Nach wie vor wird aber über den zukünftigen Status von Nordsavoyen diskutiert. Die geplante Abtretung an die Eidgenossenschaft ist vom Tisch, wie gesehen; im Gespräch ist im Augenblick die Schaffung einer grossen Freihandelszone rund um das Genfer Gebiet, was der Stadt mehr Bewegungsraum schaffen würde.

«Meine Briefschublade geleert und die Briefe geordnet», fährt Amiel übergangslos fort, so als brauche auch er mehr Ellbogenfreiheit. «Mit der Schwester meine Wäsche und meine Garderobe durchgesehen.» Auf den gleichen Abend fällt ein Spaziergang mit Louise Wyder; sie überreicht ihm einen Veilchenstrauss, die Blumen sind eigenhändig gepflückt. Trotzdem will keine rechte Stimmung aufkommen. Louise erzählt vom kleinen Neffen Eugène, der ihr sehr am Herzen liegt. Aber einmal mehr stellt Amiel fest, wie eng beschränkt der Austausch zwischen ihnen bleibt, wie oft das Gespräch ins Stocken gerät. Er selbst neigt nicht zum Anekdotischen, und abstrakte Erörterungen, der Austausch von Ideen kommen hier nicht in Frage. Trotzdem zeigt sich Louise vom Gespräch vollkommen befriedigt und setzt das Gleiche bei ihm voraus. Spürt sie denn nichts? Ist sie die ewig gleichen Beziehungsgespräche noch nicht leid? «Die Freundschaft, die Zuneigung, das Gefühl sind ihrem Wesen nach eintönig – als Antriebskraft hervorragend, können sie doch nicht die *auszutauschende Materie* ersetzen, die ja immer auf das Denken und die Kultur hinführt.»

Aber wie ihr das beibringen? Wie soll er ihr verständlich machen, dass ihn ihre Rechtschreibung noch über die anrührendsten Zeilen stolpern lässt? «Diese unglaubliche Orthographie, und das bei einer Lehrerin! Es schockiert mich (…) durch den Mangel an Logik und Kultur, der mich jedes Mal peinlich aufweckt, wenn ich ihn vergessen hatte.»

Kurz: «Wenn sich das Gemüt bei ihr erholt hat, muss man sein Denken anderwärts auffrischen. (…) Ihre Konversation bewegt sich in einem ganz persönlichen und praktischen Umfeld. Das Fehlen der klassischen, ausgewogenen und regelgerechten Kultur rächt sich immer. Geschmack, Denken und Gespräch zeugen davon. Egerie ist ein *Naturkind*, das gereist ist, viel beobachtet und nachgedacht hat, aber der Geschichte, der Literatur, den Künsten und Wissenschaften wie der Politik nichts abgewinnen kann. Alles was sie weiss, ist zufällig, bruchstückhaft, verstreut, und ich verstehe nicht, wie sie Unterricht geben kann.» Louise gesteht, sie habe neulich einen liebevoll gehaltenen Brief gar nicht erst abgeschickt, da von Amiel ein ausgesprochen nüchternes Kärtchen eintraf.

«Cher Fritz, vous me fît hier le reproche de laisser toujours quelque chose en arrière, et de ne pas tout vous dire; – c'est en quelque sorte vrai – Mais il me faut si peu, un regard souvent, pour arrêter une phrase sur mes levres, et quand mon cœur se font de tendresse et d'amour, un mot sufit pour réprimer toute espansion (…).»

Zeigt all dies, dass die Lage jetzt ernst wird, todernst vielleicht? Denn vom Sterben ist zwischen den beiden durchaus die Rede; Louise beteuert, nicht mehr am Leben zu hängen. «Ich fragte sie lachend, ob sie sich ihr Leben ohne Gegenwehr nehmen lassen würde. ‹Durch Ihre Hand – ja! Durch Sie oder für Sie sterben, ist das nicht das Gleiche?› antwortete sie. Und das ist nicht eine Redensart. Ich spürte, dass sie die Wahrheit sprach.»

Ende Mai verreist Louises Mutter zu einem Kuraufenthalt. Die unsichtbare Anstandsperson bei den sonntäglichen Besuchen fällt weg; niemand wacht mehr über die rechtzeitige Rückkehr der Tochter nach nächtlichen Spaziergängen. Louise schlägt vor, Fritz möge Madame Wyder brieflich um die Erlaubnis für Sonntagsbesuche ohne *chaperonne* bitten. Fritz weigert sich rundweg – als was, als wen soll er sich denn vorstellen? Die Situation ist so schon verfänglich genug, «für meinen Geschmack allzu unübersichtlich»;

zudem würde Madame W. als gutbürgerliche Genfer Mutter mit Bestimmtheit ablehnen. Kurz, bis zum Ende ihrer Kur werden sich Fritz und Louise nicht mehr treffen.

Amiel selbst erscheint diese Regelung nach wenigen Tagen ebenfalls widersinnig. Am zweitletzten des Monats fühlt er sich abends einsam und hätte Louise gerne einen kleinen Bummel vorgeschlagen. «Welch merkwürdige gesellschaftliche Rechenübung, die zwei vollkommen freie Individuen zum Alleinsein zwingt, jeden auf seiner Seite, obwohl sie ihrer Einsamkeit überdrüssig sind. Aber die Gebräuche haben ihr Gutes; ich weiss es und will kein Geschirr zerschlagen.» Doch schon am nächsten Tag stimmt ihn ein Brief Louises um, gehalten im verhassten Stil der *mater dolorosa*, «die es nach acht Tagen Schweigen oder Getrenntsein nicht mehr aushält. Meine ganze Arbeit mit dieser Seele ist nichts als ein Tuch der Penelope; diese Natur lässt sich nicht beirren. Schweigen, Abwesenheit, Wort, Gegenwart, Tat oder Unterlassung von Taten – alles wird umgewandelt, umgeformt zum Gleichen: in quälende Sanftheit. Man will nicht gesund werden, tausendmal lieber leiden. Diese tägliche und freiwillige Selbstquälerei ist die letzte Raffinesse der enttäuschten Liebe.»

Ich liebe dich sehr, du liebst mich auf deine Art. Wollen wir all dies hören, bis in alle Verästelungen, bis in jede Deutungsnische? Eine Beziehung, die nur noch aus Beziehungsarbeit besteht? Und können wir allen Ernstes hoffen, diese zweite Mondscheingeschichte mit der etwas robusteren Marie führe auf festeren Boden? Denn als Konstante bleibt ja *er*, der grosse Zögerer und Zauderer Amiel, der Mann mit dem Gewissen. Was solls?

Auch wenn wir uns über Anstandsdamen, Sonntagsbesuche und Promenaden ärgern – gehören diese Verästelungen nicht zur Liebe, damals wie heute? Die Deutungsnischen können gar nicht gross genug sein, das Kleingeschriebene nicht klein genug. Du liebst mich, aber wie soll ich dich zurücklieben, wenn du nicht so bist, wie ich glaube, dass du sein müsstest? Du bemühst dich ja, aber wenn du dich bemühst, bist du nicht du selbst, so geht das nicht. Ich liebe deine Fehler, solange sie nicht stören. Ich liebe deine Vorzüge, solange sie mich nicht beschämen.

Marie Favre erkrankte, nachdem sie ihrem Freund die so aufwändig erarbeiteten Ratschläge für den Umgang mit Bauunternehmern und Architekten übergeben hatte. Nichts Ernsthaftes, eine Erkältung offenbar – wahrscheinlich wieder einmal einer dieser Bummel im Nieselregen durchs Niemandsland der Prairie. Für den 14. Mai hält das Journal jedenfalls ein längeres Gespräch fest. So als müsse auch in Sachen Dankbarkeit und Lebensstütze das Gleichgewicht gewahrt bleiben, war es diesmal Amiel, der Ratschläge erteilte. «Man erzählt mir drei verschiedene Sorgen, und ich verschreibe drei freundschaftliche Rezepte.» Es ging um intime Probleme, auch um eine gesundheitliche Störung, die Marie nicht einmal ihrem Arzt offenbaren wollte. Jedenfalls hielt sich Amiel einiges darauf zugute, dass die Freundin sich ihm und nicht einer weiblichen Person anvertraut hatte. Schon seit je sah er sich mit Vorliebe in der Rolle des Beichtvaters, dem unschlüssige Frauen, oft nur flüchtig bekannt, ihre Geheimnisse anvertrauten und damit sein Wissen um die weibliche Seele vertieften. Auch nach diesem Spaziergang folgerte er: «Die Frauen vertrauen ihr Geheimnis nicht anderen Frauen an, weil sie instinktiv wissen, dass es dort nicht gut aufgehoben wäre. (...) Ich weiss über die Frau fast ebenso viel wie der verheiratete Mann, ohne aber ausschliesslich auf die Prosa des Wirklichen festgelegt zu sein. Dank den Umständen kenne ich, ohne je eine Frau besessen zu haben, die Frau in ihrer sichtbaren und unsichtbaren Natur besser als viele Männer und die Mehrzahl der Libertins, die nur vereinzelte Facetten dieses vielschichtigen Wesens zu Gesicht bekommen.»

Wie kann ich dich lieben, wenn ich mehr über dich zu wissen glaube als du selbst?

Zehn Tage später war Marie wieder wohlauf. Sie erhielt ein Briefchen ihres Freundes, das einen gemeinsamen Spaziergang vorschlug. So wie bei ihrem Freund üblich vermied das Schreiben jeden Anstrich des Formellen, war gehalten in Form eines Vorschlags, der sich gleich selbst in Frage stellte. Amiel würde am

Donnerstagabend, so um acht Uhr, schlendernd anzutreffen sein «zwischen dem vertrauten Ort und den Stufen Richtung Plainpalais», ein allfälliges Treffen sollte auf Aussenstehende womöglich zufällig wirken. Der Absender erschien im Brief nicht als ich, sondern als «Dom Mariano», schlug überhaupt einen spassigen Onkelton an: «Hat man gut zu sich geschaut? Hat man meine Vorschriften befolgt?» Auch die Grusszeile wirkte mit «Addios, Amigo» leicht mysteriös, so als bemühe sich der Schreibende, die durchaus ernst gemeinte Geheimhaltung von Absender und Adresse als spielerische Verschwörung zu tarnen: Dom Mariano, der Flaneur, mit Spazierstock und Strohhut, vielleicht auch mit seinen blau eingefärbten Sonnengläsern.

Marie mimt offenbar erfolgreich die freudige Überraschung über die unverhoffte Begegnung. Jedenfalls hält das Journal am 24. Mai fest, man habe sich friedlich auf ein Wiesenbord gesetzt, die zirpenden Grillen im Ohr, und die Sterne bestaunt. Anders als Louise Wyder bringt Marie jedesmal eine gewisse flauschige Wärme zu diesen Treffen mit, zeichnet ihre Briefe übrigens als *Mionette* – Miezekätzchen – und schlägt bei Nieselregen durchaus einen grossen Plaid über die Köpfe der Plaudernden, damit man in aller Ruhe weiter flüstern kann. Offensichtlich hat sie in der Zwischenzeit auch die kleine Schwindelei über ihr wahres Alter widerrufen. «Mit Dreissig», notiert Amiel, «kann man auf einen gewissen Ernst hoffen, frei von den Sorgen der Jugend. Ihr Lesestoff, ihr intimes Tagebuch. Was sie von mir will: Freundschaft, Vertrauen und Rat. Ich diene ihr als Blitzableiter gegen die gefährlichen Leidenschaften und als Sicherung für weibliche Träumereien. Nach allem was vorherging, ist dies eine aufrichtige Zuneigung. Man hilft sich gegenseitig zu leben, man hält sich bei der Hand, aber ohne Aufregung. Sie ist so etwas wie eine zusätzliche gute Cousine und damit hat es sich, aber mit dem Vorteil der selbstgewählten Zugehörigkeit und der kleinen Spitze von Anziehungskraft, die das Geschlecht glücklicherweise immer mit sich bringt.» Mionette bekommt ein frühes Heft der Tagebücher ausgeliehen, die Nummer 23 aus dem Jahre 1854. Ein Zeichen des Vertrauens und der Dankbarkeit. Im Eintrag dieses Tages merkt

Amiel ausdrücklich an, neben einer feinen Mondsichel sei Venus besonders klar hervorgetreten.

Hatte es mit dieser Geste zu tun, dass Amiel, zwei Tage später, den Samstagmorgen damit verbrachte, die in seiner Bibliothek gestapelten Hefte des *Journal intime* zu bündeln und nach Jahrgängen zu ordnen? Das aktuelle Heft, in dem nur noch wenige Seiten frei blieben, trug die Nummer 41; beim Zusammenzählen kam Amiel auf 3600 Seiten, gerechnet vom 16. Dezember 1847, an dem die regelmässigen Einträge auf nummerierten Seiten begonnen hatten. Amiel trug seine kleine Statistik auf der Rückseite des Deckblatts ein: 3600 Seiten in zwölfeinhalb Jahren ergeben 288 Seiten pro Jahr. Es sind dicht beschriebene und mit unzähligen Abkürzungen gespickte Blätter; das 100-seitige Heft füllt in der zwölfbändigen Gesamtausgabe jeweils rund 75 Druckseiten. Einige arg zerfledderte Hefte mit früheren und häufig unterbrochenen Einträgen kamen in ein gesondertes Dossier, und Amiel hielt seine Überlegungen fest, wie sich das gesamte Manuskript bei einem Notfall – Brand, kriegerische Ereignisse – am besten evakuieren liesse. Er sprach dabei reichlich abfällig von «Papierkram», seinen *paperasses*.

Spiegelt dieser Ausdruck in etwa die Meinung, die er selbst von seinen täglichen Aufzeichnungen hegte? Und was hat es mit dem Merkspruch auf sich, den er auf das Deckblatt von Heft 41 setzte?

Avec nos minutes perdues,	In unseren vergeudeten Minuten
nous aurions pu mener à bout	hätten wir ein unsterbliches Werk
un ouvrage immortel.	zu Ende führen können.

Zählte er zu diesen verlorenen/vergeudeten Minuten, was in seiner kleinen Statistik fehlte: die Zeit, die er dem täglichen Festhalten von Gedanken und Ereignissen widmete? Und wie liess sich die Transportfrage lösen? Die 41 Hefte bis zum Mai 1860 hätten noch in einem Koffer Platz gefunden. In den folgenden 21 Jahren sollten weitere 129 Hefte hinzukommen; entsprechend vermehrte sich die übrige *paperasse*: vor allem Briefe, autobiografische Sonderhefte mit Reisebeschreibungen oder Titeln wie *Allerley* und *Délibérations matrimonialles*, unzählige Seiten mit Vorlesungsnotizen, Dokumente zur Familiengeschichte. Bei einem späteren Umzug sollte Amiel Archiv und Bibliothek schon gar nicht mehr mit transportieren, sondern er behielt sie an ihrem alten Standort: hier wohnen, dort arbeiten.

Wie bei Amiel nicht anders zu erwarten, hinterlässt er völlig widersprüchliche Urteile über Wert, Ziel oder Aufgabe des *Journal intime*. Am eindeutigsten ist noch der Wunsch, den er als 55-Jähriger formuliert: «Möge man von meinen 14 000 Seiten deren 500 retten, so ist das viel, vielleicht genug.»

Bezeichnenderweise kommt Amiel im Journal immer wieder auf das Journalschreiben selbst zurück; der Schreiber schaut sich beim Schreiben über die Schulter und missbilligt, was er sieht. In gewissem Sinn wendet sich das Tagebuch gegen seinen Autor: Hör auf, Schluss jetzt, es reicht! Oder, an anderer Stelle: nicht enden wollendes, langweiliges Selbstgespräch! Kindisches Geplapper, greisenhaftes Quasseln, ebenso nutzlos wie eintönig! Ein Pirouettendrehen des Ich, das den Leser wie den Schreiber schwindlig macht; Eitelkeiten eines Monsieur Möchtegern, der sein Leben im Rückwärtsgehen verbringt! Ein langgezogener moralischer Selbstmord, ein Trugbild intellektueller Tätigkeit, eine erschreckende Anhäufung eitler Gedanken!

Das sind, wohlverstanden, Amiels eigene Bilder. Um einiges seltener findet sich ein günstiges, wohlwollendes oder auch nur duldsames Urteil: Das Tagebuch ist die Apotheke der Seele, es hält die innere Metereologie des Schreibers fest, es ist Tröster, Vertrauter, Ratgeber und Freund, Arznei des Einsamen, ja eine Form des Gebets, der Zwiesprache mit Gott. Es wirkt als Eigentherapie, es führt den mit sich hadernden Autor zu sich selbst zurück, zeigt ihm die grösseren Zusammenhänge auf. Am 12. Mai nach einem schlimmen Anfall notiert: «Aber diese pathologische Untersuchung, mit der Feder in der Hand vorgenommen, ruft die gewohnte Wirkung hervor; die Beklemmung ist verflogen, die subjektive Einfär-

bung und die schmerzliche Affektation des Denkens sind verschwunden. Die reine und *unpersönliche* Betrachtung, gleichgültig gegen das Wollen und Wünschen, folgt auf die Angst.» Aber umgekehrt, nur einen Monat später: «Ich habe verschiedentlich gedacht, dass das Niederschreiben dieser Seiten ein Ersatz für das Leben ist, eine Abart der Onanie, eine Finte des feigen Egoismus, ein Vorwand, um sich der Pflicht zu entziehen, um die Gesellschaft und die Vorsehung zu hintergehen.»
Was gilt jetzt?

a) Was das Tagebuch bringt
Unmittelbarkeit: Der Schreiber kann seiner Feder die Zügel frei lassen, endlich *la bride sur le cou* und nach Herzenslust formulieren, *au mot le mot*. Im Gespräch mit den Geschwistern Hornung – auch dies am 12. Mai! – findet Amiel heraus: «Sobald ich mich selbst überwache, töte ich das Talent in mir ab (...). Mein Tagebuch und die Plauderei sind die einzigen Gefilde, in denen ich mich voll Freude und Natürlichkeit hingebe.»
Lockerheit: Es erlaubt ihm, «allen Purzelbäumen und Bocksprüngen des inneren Lebens zu folgen» und führt so zu unerwarteten psychologischen Erkenntnissen und Einsichten.
Einsichten: Es hilft dem Schreiber dabei, sich selbst kennen zu lernen; es erlaubt das Studium des Menschen «anhand eines komplizierten Exemplars» der Rasse.
Abheben: Es führt zu seltenen Augenblicken der Erleuchtung, die die Zeit als Abfolge der Ereignisse aufheben und einen Durchblick durch die Jahrzehnte erlauben; Amiel nennt diesen Zustand «höchste Erleuchtung», *lucidité suprême*.

b) Was das Tagebuch verhindert
Präzision: Suche nach dem *mot juste*, dem klaren/treffenden/ einzig richtigen Ausdruck. Amiel gesteht: «mein ungebundener Stil weist als Tic einen Überfluss an synonymischen Schattierungen auf. (...) Statt des einzigen und treffenden Ausdrucks verwende ich eine ganze Schrotladung»; gerade das letzte, treffende Bild scheint diese Behauptung zu widerlegen.

Schaffen eines «bleibenden» Werks (wissenschaftliche Untersuchung, Roman), dies durch Ableiten schöpferischer Tatkraft und gedanklichen Aufwands. Das Tagebuch verhindert, ohne selbst ein Werk zu sein, die anderen Werke, an deren Stelle es scheinbar tritt.

Austausch mit den Mitmenschen. «Ohne es wäre ich vielleicht zum Zwiegespräch gezwungen gewesen, hätte ich eine Frau, einen Standpunkt, ein höheres Ziel wählen müssen.»

Einssein mit sich selbst, spontanes Fühlen und Handeln. Das tägliche Herabdividieren von Handlungen und Beweggründen weckt «Abneigung und Feindseligkeit gegenüber sich selbst» bis zum Wunsch nach Selbstauslöschung. Amiel: «Ich möchte nicht mehr ich selbst sein.» *Je voudrais ne plus être moi.*

c) Was das Tagebuch auslöst
Bewunderung oder eingehende Kritik von Zeitgenossen und bedeutenden Autoren der nächsten und der folgenden Generationen (Tolstoi, Hofmannsthal, Gide, Botho Strauss).

Albträume. Fanny Mercier, Vertraute der letzten Lebensjahre, träumte, «dass meine Bibliothek brannte und sie den Leuten zurief: ‹Lassen Sie die Bücher, retten Sie die Manuskripte, es ist seine Seele, seine Seele, die da brennt!›»

d) Was das Tagebuch nicht ist
Entwurf: Eine Fingerübung, ein Warmlaufen im Hinblick auf ein grösseres, für die Öffentlichkeit bestimmtes Werk, «so wie die Übungsskala, die sich der Klavierspieler täglich aufgibt». Eine Vorstellung, mit der sich Amiel ab und zu rechtfertigt.

e) Was das Tagebuch ist
In Zahlen: Ein Konvolut von 170 handgebundenen, meist 100-seitigen Heften im Format 23 x 18 Zentimeter, die unlinierten Blätter beidseitig beschrieben mit schwarzer Tinte unter Verwendung eines Federkiels (bis etwa 1865, anschliessend Stahlfeder).

Im Besonderen: Das die Generationen überdauernde *œuvre*, das Amiel zeitlebens von sich selbst forderte. Als Zeugnis für die

Entwicklung (und Stagnation) einer Persönlichkeit ist es in seiner Breite und Tiefe einzigartig. Dazu zeichnet es das Bild des bürgerlichen Genf in der zweiten Hälfte des 19. Jahrhunderts in einer Vielzahl von einfühlenden, bissigen und oft amüsanten Einzelporträts und –szenen, dies in einem ungebundenen, freien und persönlichen Stil, der auch impressionistische Naturbeschreibungen mit einschliesst – ein vielförmiges und trotzdem homogenes Werk, das mehrere andere Werke enthält.
Enfin ces cahiers sont ce qu'ils sont.

Er sitzt nach dem Souper zähneknirschend über den Notizen zur Vorlesung, kommt keinen Schritt weiter und geht schliesslich ins Theater, Meyerbeers Operette *Le pardon de Ploërmel*, selbst auf die Gefahr hin, dort einem seiner Studenten zu begegnen. Denn Amiels «Einführung in die Philosophie Schellings» stand unter einem ausgesprochen schlechten Stern. Eigentlich hätte der Kurs am 9. April beginnen sollen, zusammen mit dem neuen Semester, aber Amiel setzte schlicht den Winterkurs in Menschenkunde fort und nahm den dort angesammelten Materialüberhang zum Vorwand, das viel zu spät angepackte Thema um Wochen zu verschieben.

Selbstvorwürfe wegen mangelnder Tatkraft, fehlender Einsatzfreude? In diesen ersten Kurswochen im Mai 1860 wurde tatsächlich planlos gewurstelt, improvisiert, geflickt und gekleistert. Die Chronik des Versagens beginnt mit der mehrmals verschobenen Eröffnungslektion vom 7. Mai. Der Aufschub hat Amiel keineswegs Zeit für eine solidere Grundlage geschenkt; fertig geworden ist nur gerade der Vorlesungsaufbau. Im Hörsaal bemerkt er beim Eintreten, mit gemischten Gefühlen, mehrere Gasthörer, die meisten von ihnen sind ehemalige Schüler. Er haspelt sich durch die ersten 45 Minuten: «einen grossen Teil dessen, was ich sagen wollte, vergessen». An sich selbst vermisst er: Geistesgegenwart, Gedächtnis, die Fähigkeit, sich zu sammeln.

Bis zur Fortsetzung des Kurses bleiben zwei Tage. Nicht genutzt, sondern zerdrösselt: Briefchen an Wyder, einen langen Dienstagnachmittag beim Buchhändler gestöbert, Besuch bei den Marcillacs, mit der reizenden kleinen Loulou nochmals beim Buchhändler, sie darf sich ein Buch aussuchen. Zugegeben, in der Wohnung an der Cour de Saint-Pierre ist alles drunter und drüber wegen Frühjahrsputz, man sitzt inmitten aufgetürmter Möbel und aufgerollter Teppiche. Am Abend Tagebucheintrag, Klagen: «Es ist sieben Uhr, und mein Geist ist ziemlich ermüdet. Und meine Lektion morgen! Diese tägliche Schinderei wird mir nun zwei Monate lang anhängen. Keinerlei Ausspannen, und keine Seite oder Idee als Vorrat! So macht es keine Freude.» Nach dem Souper mit den Neffen in der Iliade gelesen; sie sind Feuer und Flamme für Achilles und Hektor.

Am Mittwoch früh hingesessen, Ablauf skizziert, vom Hundertsten ins Tausendste gekommen, keinen Aufbau gefunden, Hände verworfen. «Schachmatt, ich sehe mich ausserstande, heute meine zweite Lektion zu halten. (...) Unzufrieden mit mir selbst, beschämt und reuevoll.» Vorlesung abgesagt, abends in der Operette, wie gesehen.

Aber jetzt! Donnerstag früh ernsthaft Notizen gemacht, dann aber bei den geliebten Synonymen hängen geblieben. Am Nachmittag Gläubigersitzung in Sachen Konkurs Kessmann, dann wieder beim Buchhändler, Stereobilder mit nackten Frauen betrachtet, ausführliche Notiz darüber im Tagebuch. Auch mit den Neffen Bilder betrachtet, aber über Trojakrieg. Am Freitag bis zum letzten Augenblick vorbereitende Notizen, mit heissem Kopf um drei Uhr im Hörsaal angelangt. Unzufrieden mit der Vorlesung: unordentlich, ohne rechten Schluss. «Dreissig Ideen genügen mir nicht, um eine Stunde zu füllen, so wenig weiss ich meine Exposition zu entwickeln, auszufüllen und zu polstern. (...) Auch stelle ich fest, dass ich überhaupt nichts zu meiner intellektuellen Verfügung habe, keine Manövriermasse, keinen Grundstock. Von allen meinen früheren Lektionen und Vorbereitungen bleibt mir nur eine vage Erinnerung.»

Am Sonntag Besuch bei Wyder; er bedauert ihren Mangel an Kultur und Bildung. Die dritte Vorlesung vom Montag nicht ganz so schlecht. Abends langer Spaziergang mit Marie Favre; sie bittet in vertraulichen Frauenfragen um seinen Rat. Am Dienstag langer

Tagebucheintrag über mangelnde Willenskraft, deshalb am Mittwoch kurz nach fünf Uhr aufgestanden und Lektion vorbereitet, bereits völlig ermüdet im Hörsaal eingetroffen. «Das Hirn überdehnt sich und ermüdet, fühlt sich an wie ein fadenscheiniges Stück Stoff, bei dem die Maschen zu laufen beginnen.»

Erst vier von zwei Dutzend Lektionen gegeben, und bereits vollständige Erschöpfung? Dass hier irgendetwas nicht stimmen kann, argwöhnt Amiel schon seit langer Zeit. «Ich kann mich nicht an diese nervöse Schwäche gewöhnen; sie verwehrt mir jede intensive und anhaltende Beschäftigung. (...) Ich nütze mich ab, ohne etwas zu leisten, wie eine Uhr, die man nicht mehr aufzieht. Ich schaue zu, wie meine Tatkraft wegfliesst, wie sich mein ganzes Wesen entleert, ohne dass jemand daraus Nutzen zieht. Dieser geheime Abfluss, diese Entleerung der Sanduhr durch eine verborgene Spalte ist mir schon seit einigen Jahren auffällig geworden. Lange Zeit brachte ich diesen Verlust mit den flüssigen Ausscheidungen in Verbindung, die mich langsam schwächen. Tatsache ist, dass ich kaum über Lebenskraft und Spannkraft verfüge.»

Einmal mehr: die *perte séminale*. Ist sie nun auch der Grund dafür, dass der Autor keine Vorlesungsreihe mehr zustande bringt, bei der nicht schon frühere Notizen vorliegen? Gibt es so etwas wie ein Leck, einen unentdeckten Abfluss der leiblichen und seelischen Kräfte, eine *déperdition secrète*? Früher registrierte Amiel nach einer *perte* Kopfweh, Schwächung der Sehkraft und der Sammlungsfähigkeit. Jetzt aber hat sich dieser Zustand selbständig gemacht, herrscht auch vor, wenn keine nächtliche Beschämung festzuhalten ist. Sollte der Arzt Emile Jozan Recht haben, der bei einigen seiner Patienten einen bisher nicht diagnostizierten, regelmässigen Samenabfluss durch den Urin festgestellt haben will? Und gehört auch Amiel zu diesen bedauernswerten Wesen, fliesst hier seine Energie ab? Er beobachtet schon seit geraumer Zeit beim Harnlassen die Flüssigkeit besonders aufmerksam, muss bald feststellen, dass sie mit Sand versetzt erscheint, dann wieder limonadenartig schäumend.

In der dritten Woche des Schelling-Kurses spielt sich eine einigermassen unerwartete Szene ab: Studenten scharen sich nach Schluss der Vorlesung ums Katheder, stellen Fragen, zeigen sich begeistert *(enthousiasmés)*. Lehrer Amiel erlebt einen der seltenen Augenblicke, in denen die Schüler untereinander das eben Gehörte lebhaft diskutieren, statt sang- und klanglos in den nächsten Hörsaal umzuziehen. Liegt er mit seiner Selbsteinschätzung falsch, sieht ihn die Welt mit ganz anderen Augen als er sich selbst? Beispielsweise sind auch die Geschwister Hornung, die ihn seit Jünglingsjahren kennen, davon überzeugt, Amiel improvisiere in der Öffentlichkeit mit dem gleichen Schwung, den er im privaten Gespräch zeigt. Für Schachpartner Girard ist Amiel der Mann mit dem reichhaltigsten Wortschatz im ganzen Bekanntenkreis, und Madame Suès, die Buchhändlerin, stuft ihn als grössten Leser Genfs ein, *le plus grand liseur de Genève*.

Selbsteinstufung und äusseres Bild decken sich nicht. Was denkt man in der Welt über sein Junggesellentum? Wenn Amiel seine Hagestolz-Existenz mit grösster Mühe als selbstgewählt, als freie Entscheidung ausgibt, so glückt ihm das offensichtlich. Unter den Müttern Genfs kursieren Gerüchte. «Abends sagt mir Madame S., man erzähle sich, ich hätte ein unerreichbares Frauenideal und führe einen Katalog in der Art eines Leporellos, bei dem der kleinste Nachteil zu einem Eintrag auf der linken Seite führe – derjenigen der Zurückgewiesenen und Abgelehnten. Dank dieser böswilligen Erfindung bin ich wohl das Schreckgespenst für junge Mädchen und Mütter.» Eine deutsche Bekannte hat ihn einmal als «kleinen gefährlichen Mann» bezeichnet – gefährlich für die Herzen junger und alter Frauen. Vielleicht weil er sich ganz zu geben scheint und dabei doch undurchdringlich bleibt?

Was den «grössten Leser» betrifft, so kennt er persönlich sicher dutzende Genfer, die diesen Titel eher als er verdienen. Immerhin soll sich die Welt ruhig einmal auch zu seinen Gunsten täuschen, «das tut sie ja sonst nie, und schaden kann es nicht». Jedenfalls liegt es nicht an ihm, sie über ihren Irrtum aufzuklären. Und schon gar nicht kann man ihn dazu zwingen, seine eigene Bedeutungslosigkeit, seine Mittelmässigkeit, die er in diesen

Wochen des Versagens peinlicher denn je spürt, allen offen zu legen: «Ich fühle mich nicht als Mann und nicht als Kraft, ich habe kein Werk im Bauch und keins vor mir, ich finde mich in allem unterlegen und mittelmässig und in nichts als Meister, gelassen, fruchtbar und genial. Ein Viertel Gelehrter, ein Viertel gläubig, ein halbes Viertel Philosoph und ein halbes Viertel Dichter, zur Hälfte Kritiker, ein Zehntel Geschäftsmann und ein Fünftel Bürger. Ich finde kein Abteil, das für mich passt. Ich weiss ein bisschen von allem und bin allem Wichtigen nicht fremd, aber all das bedeutet nur die gewöhnliche Allerweltskultur des aufgeklärten Amateurs, des neugierigen Intellektuellen und des Touristen im Reiche der Schönheit und der Wahrheit.»

Amiel, der frakturierte Mann.

Für einen Menschen, der häufig über seine Einsamkeit klagt, war Amiels Mai ein ausgesprochen geselliger Monat. Fast alle seine Mahlzeiten nahm er im kleinen oder grösseren Familienkreis ein, mehr als ein Dutzend Abende verplauderte er bei und mit guten Freunden. Bloss Auffahrt und Pfingstsonntag verbrachte der Autor allein an der Nummer 99, und dies aus selbst verschuldetem Anlass – der leidige Rückstand beim Kurs über Schelling, der keinerlei Ausflug nach Les Ombrages erlaubte. Zu den geselligen Abenden kamen die Begegnungen mit den beiden Gefährtinnen – einzeln, versteht sich. An drei Abenden traf sich Amiel mit Marie Favre zu einer Abendpromenade, stets in herzlicher Stimmung. Sieben Mal war er mit Louise Wyder verabredet, darunter für zwei lange Sonntagnachmittage beim Tee am Boulevard des Tranches.

Ob diese Treffen bei Amiels wachsender Ungeduld über Louises Schmerzensmiene oder ihren nachlässigen Umgang mit Stil, Sprache, Schrift und Idee noch als gesellig gelten konnten, ob sie nicht eher schon Krankenbesuchen gleichkamen, lässt sich aus so grosser zeitlicher wie gefühlsmässiger Distanz kaum entscheiden. Aber die Auseinandersetzung rund um Madame Wyders Kuraufenthalt und Amiels Weigerung, um eine Regelung nachzusuchen, die unweigerlich als Vorstufe zu einer Verlobung gegolten hätte – dieser Zwiespalt setzte schon vor Monatsende wieder Gefühle frei, die zumindest er selbst aus der Beziehung zu verbannen gesucht hatte. In ihrer Dringlichkeit verrieten Louises Briefe, dass vom Pakt des vergangenen Jahres keine Rede mehr sein konnte, dass weder *signet* noch *signé* in ihrem mehrdeutigen Gleichlaut mehr galten.

«Ich bin noch ganz mitgenommen von diesem 24-stündigen Kampf vom Samstagabend bis Sonntagabend; es schien mir, ich sollte Ihnen nicht mehr schreiben, Sie nie mehr treffen, sondern sterben, ich wollte nicht mehr leiden. (…) Ich hätte mir so sehr gewünscht, dass Sie meine liebe Mutter kennen lernten, der Gedanke, dass Sie sie antreffen, ohne sie grüssen zu können, und dass sie nicht einmal denjenigen kennt, dem das Herz ihrer Tochter gehört, schmerzt mich. (…) Wie soll ich es anstellen zu leben, ohne Sie zu treffen? Das geht acht Tage lang gut, vielleicht zehn, aber darüber hinaus schaffe ich das nicht, Sie müssen mich besuchen kommen, Geliebter, Sie können es einrichten, ganz wie Sie wollen, ich will mich vollkommen nach Ihnen richten. Aber wenn Ihr Herz im Gleichtakt mit meinem schlägt, so sind schon acht Tage sehr lang.»

Geliebter, *bien-aimé*, dessen Herz einen ganz anderen Takt schlug. Einen Tag bevor Louise Wyder diesen Brief schrieb, am Pfingstsonntag, machte Amiel einen langen Abendspaziergang zur Prairie und zurück. Die Nachmittagsvorlesung war leidlich ausgefallen, die Absage an Louise hatte ihm Luft verschafft. Endlich ein Entschluss, vielleicht der Anfang einer neuen Phase. Eine Brise der Erleichterung, der Heiterkeit schien ihn zu tragen.

«Den ganzen Weg lang gesungen. Weshalb? Aus wahrer sorgloser Fröhlichkeit. Ich verspürte keinerlei Wunsch, entsprechend auch keine Leere. Die Munterkeit der Unabhängigkeit beflügelte mich. Pfui über die Melancholie des Herzens und der Fantasie; gut gelaunt und ausgelassen schwimmt es sich besser auf der Oberfläche des Lebens. Bei der Rückkehr wunderte ich mich über mich selbst: Dieser Bursche, der keine Frau hat und niemals eine Mätresse besass, der auf ein eigenes Heim pfeift und auf politischen oder literarischen Ehrgeiz, der von nichts als Träumen und Schäumen lebt, kam mir drollig vor. Was zum Deibel will er, hat er vor? Er hat nichts vor. Er lässt sich leben.»

JUNI

Im Zeichen der Venus

Ein Monsieur Ducoud hatte am Pfingstsamstag den alten Maler Hornung und Amiel auf ein höchst merkwürdiges Schauspiel aufmerksam gemacht. Um zwei Uhr nachmittags, bei strahlendem Sonnenschein, zeigte sich der Planet Venus am Himmel, dicht neben einer dünnen und blassen Mondsichel. Am darauffolgenden Donnerstag, diesmal am späten Abend, beim Spazieren in der *Prairie*, bewunderten Marie Favre und der Autor das Dreigestirn Venus, Phoebus und Jupiter, auch hier hatte sich Venus «ganz herrlich abgesetzt».

Kleine Winke und Vorbedeutungen lassen sich im Rückblick allzu leicht zusammenklammern mit ihrem Eintreffen, ihrer Erfüllung; Amiel hat das beim Durchlesen des Tagebuchs öfters getan. Einige Tage nach Pfingsten lud er eine kleine Reisegruppe zu einer Rundfahrt ein: alte Freunde aus Heidelberger Tagen, Grossmutter und Enkelin der Familie Weber, mit ihnen Emma Dreyer, eine Hamburger Freundin der Enkelin, «grösser als Lina, sehr hübsch». Der Tag liess sich herrlich an, mit einem gemeinsamen Bummel im *Jardin anglais*, unter strahlender Sonne. Es folgte eine mehrstündige Rundfahrt in der Mietkutsche. Beim Sonnenuntergang dann Flanieren beim alten Leuchtturm; Amiel wird aus seinem gereimten Reiseführer durch Genf zitiert haben. Jedenfalls fühlte er sich stolz und glücklich, stolz auf seine Heimat, nahm die Ausrufe des Entzückens gelassen entgegen: «Die Überlegenheit dieser Landschaft über Hamburg oder Heidelberg ist unbestritten.»

Die hübsche Hamburgerin («Hals wie ein Schwan, schönes Haar») gab ihrem Entzücken so lebhaft Ausdruck, dass Amiel seinen Empfindungen kaum zu trauen wagte. War wirklich *er* gemeint? Hatte sich Emma Dreyer erst norddeutsch-kühl und unnahbar gegeben, so nahm sie nun das Rütteln der Kutsche zum Vorwand, sich bei jedem «himmlisch!» oder «herrlich!» an den Autor zu pressen, seinen Arm an sich zu ziehen, ja sie nutzte den Schutz ihrer Krinoline dazu, Knöchel oder Füsschen verstohlen gegen seine Stiefel zu reiben. *Sous-crinolinement* habe sie ihre weiblichen Waffen an ihm erprobt, notierte der Autor später, leicht spöttisch. Im Augenblick aber fühlte er sich ebenso verblüfft wie geschmeichelt. Denn Demoiselle Dreyer begnügte sich nicht mit Füsschenspielen, sondern brachte mehrmals eine ihrer Freundinnen ins Gespräch, die von Amiels *Penseroso* schwärme und bereits einige Gedichte ins Deutsche übersetzt habe. Kurz, hier zeigte sich eine gut zwanzig Jahre jüngere Frau so begeistert, einem leibhaftigen Dichter gegenüber zu sitzen, dass sie ihre angeborene Trockenheit vergass und sich im wahren Sinn des Worts ins Gebiet des Eros vortastete.

Und Amiel? Er begnügte sich vorerst mit dankbarer Neugierde und befriedigter Eitelkeit; allzu verwirrlich schienen ihm die Signale, die von der hübschen Hamburgerin mit dem Schwanenhals ausgingen. Immerhin, «in meinem Alter hält man sich etwas darauf zugut, wenn man gefällt, denn dies sind die letzten Nachzügler, und die jungen Mädchen werden mich bald unter die Alten einstufen, denen man weder Blicke noch Winke mehr schenkt. Ich hüte mich also wohlweislich davor, den Abschätzigen zu spielen und danke innerlich all jenen, die mir die Ehre erweisen, vor mir zu erröten, denn das ist eine Art Tribut, mit der ich nicht mehr rechnete.»

Die kleine Reisegruppe dampft am nächsten Morgen mit der *Aigle II* los – dem Schiff, das noch vor wenigen Wochen der unselige John Perrier für seine glücklose Kaperfahrt behändigt hat. Über Lina oder Emma im Journal keine weiteren Nachrichten mehr, trotzdem wird das kleine Techtelmechtel in der Mietkutsche Amiel noch länger beschäftigen, als ihm lieb ist. Dass er noch am gleichen Tag den Architekten Johann Bachofen antrifft und von ihm den Ratschlag erhält, jetzt endlich loszulegen und zu heiraten, am besten eine Deutsche, passt nur allzu gut. In der Nacht auf Dienstag, den 11. Juni hat Genf wieder eine Feuersbrunst zu beklagen, der Flammenschein steigt rötlich hinter den Türmen von Saint-Pierre auf. Diesmal trifft es eine Reihe alter Häuser unter den Tranchées de Rive; Amiel und Franki machen sich gemeinsam auf, so wie schon Ende Januar. Sie kehren um drei Uhr früh ins Haus zurück; Amiel kann nicht einschlafen, rätselt einmal mehr über die Natur der Versuchung: «Ohne dass das Herz oder die Phantasie beteiligt sind, erwacht die Lust auf Liebe ganz von allein, angestachelt durch das Verlangen, durch einen Wink des Geschlechts.»

Das wollüstige Schauern, die elektrisch flackernden Ströme der Begierde. Er weiss, sie sind «ausgelöst durch das Füsschentasten und die diversen Tätscheleien der schlanken Brünette aus Hamburg». Eine Frau, die keinerlei Herzensströme auslöste, nur einen rötlichen Flammenschein. Aber: Wie befreit er sich davon?

Den Teufel mit Beelzebub austreiben. Wieder einmal nimmt sich Amiel seinen Ovid vor, die saftigsten Stellen aus *Amores* und *Ars amatoria*. Steht er das gleichmütig durch, so zieht er dem Kutschenflirt vielleicht den Stachel. Wie vorauszusehen geht die Rechnung nicht auf. «Die Fantasien nahmen ihren Lauf, und die Natur verlangte ihr Recht.»

Die elektrische Unruhe, das Kribbeln färben auch sein Treffen mit Marie Favre ein, am Abend nach der verheerenden Ovid-Lektüre. Es scheint, dass man sich so nahe ist wie noch nie: geflüsterte Geständnisse der delikatesten Art, weibliche Heimlichkeiten; beide spüren, dass sie eine Grenze überschritten haben, und dies nicht nur in Worten. Es kommt zu heftigen Zärtlichkeiten, *caresses passionnées*, bis schliesslich Marie zur Zurückhaltung mahnt. Aber auch Amiel zeigt sich beherrscht. «Ruhig, erleichtert, im ästhetischen Zustand, vollkommen nüchtern und meiner selbst Meister», will er sich aus der Umarmung gezogen haben. Ja es scheint ihm, «dass die Wirklichkeit nichts ist im Vergleich zu dem, was die Einbildungskraft aus ihr macht, dass der Widerstand gegen die Begierde den ganzen Wert der Begierde selbst ausmacht». Ein plötzlicher heftiger Regen trägt weiter dazu bei, das Paar abzukühlen, man flüchtet in den Schutz der Bäume. Beim

Nachhausekommen ist der Autor überzeugt, er sei nun endgültig über die wollüstige Verwirrung hinweg, die mit der Kutschenepisode begann.

Zwei Tage später ist er sich da nicht mehr so sicher. Wieso ist er im Park, im grünen Versteck mit Marie, nicht aufs Ganze gegangen? Nimmt eine junge, leidenschaftliche Frau den weiten Weg zu einer einsamen und dunklen Ecke in der Prairie auf sich, bietet sie zärtliche Geständnisse und glutvolle Küsse an, um dann unberührt den Heimweg anzutreten, als respektable Frau? Hatte er selbst, der kühle Dom Mariano, zu wenig Kühnheit an den Tag gelegt? War er begriffsstutzig und naiv, begriff er nicht, dass die geflüsterte oder gemurmelte Zurückweisung zum Spiel gehörte, dass die Frau niemals eingestand, was sie wollte und zurückstiess, was sie begehrte? «Hier ist die Unerfahrenheit wahrhaft genierlich. Der natürliche Trieb, die Ungewissheit über die eigentliche Meinung der Worte, die Delikatesse des Herzens, der gesunde Menschenverstand und das Gefühl des Lächerlichen bekämpfen sich gegenseitig und richten ein wahres Chaos an. Diese stürmischen gemischten Zustände sind für die psychologische Untersuchung bestimmt sehr aufschlussreich, aber sehr genierlich für das Vorgehen. Bei der Frau gibt es nicht einfach nur Kälte oder vollständige Hingabe.»

So wie mancher Mann, der auf ein stürmisches Rendezvous zurückblickt, ist er verwirrt. Welcher Stimme soll er denn folgen? Die eine ruft: «Zupacken!», «Keine Selbstsucht!» die andere; höchste Zeit, die Frage wie so oft systematisch anzupacken, Feder in der Hand. Was feststeht: Es wäre keine Verführung im Spiel, keine Bestechung, kein Betrug, keine Gewalt, keine Hinterhältigkeit, kein Ausnützen. «Aber die Wollust, selbst auf gegenseitigem Einverständnis beruhend, auf einer gemeinsamen, moralisch unbedenklichen Anziehung, selbst als freiwillige Hingabe heisst, ausserhalb der Ehe vollzogen, in kanonischer Hinsicht noch immer Sünde des Fleisches oder Unzucht.» Zugegeben, es ist fraglich, ob die Vereinigung tatsächlich schlechter sei als die Qualen des beidseitigen einsamen Verlangens. Aber unzweifelhaft sind «die strenge Reinheit und das gegenseitige Fernhalten von der Versuchung vorzuziehen».

Der Zwiespalt ist vorläufig entschärft, im schlimmsten Fall bleibt noch die Lösung, die Sokrates als die einzig passende empfand: die Flucht.

Ein Schatten habe über ihnen beiden gehangen, meint die hellsichtige Louise, während der ganzen letzten Woche. Und Amiel hätte, aufs Neue erstaunt über ihre Gabe des zweiten Gesichts, antworten mögen: Ja, der Schatten der Wollust, um dann zu versichern, die Wolke habe sich nun endgültig verzogen.

Tatsächlich, Louise Wyder ist zurück, hat sich im wahren Sinn des Worts in Erinnerung gerufen mit einem Auftritt, der sich ihrem Freund für immer einprägt. «Unter den schattigen Bäumen der Bastions kam Lsw. mir entgegen wie einst auf den Wiesen von Jaman; sie trug das KLEID DER GLÜCKLICHEN TAGE mit den lila Blüten (…) und das spitzenbesetzte runde Hütchen; sie erschien mir wie das Wahrzeichen der Treue.» Was sich an diesem sonnigen sommerlichen Mittwochmorgen unter den alten Mauern der Stadt abspielt, trifft ihn mit der Macht einer Erscheinung, einer Epiphanie. Bilder stürzen über ihn herein: der unbeschwerte Urlaubssommer vor sechs Jahren, die blauen Tage von Glion und Jaman, eine junge englische Miss auf der Gartenbank vor einem Schloss, Blumenstrauss in der Hand, ein blondgelockter Dreijähriger, der sich auf der Wiese tummelt, der Margeriten und Klatschmohn pflückt – könnte so eine gemeinsame Zukunft aussehen? «Einen Augenblick lang schienen mir die Vögel nur für uns zu singen, die Bäume und Wiesen für uns zu flüstern und zu blühen.» Aber er bleibt einmal mehr stumm: «Ich war zutiefst aufgewühlt, aber ich liess mir nichts anmerken.»

Venus, Jupiter, Phoebus. Die Liebe, die Macht, die Erinnerung. Wenn Louise das Treffen in den Bastions mit einem gewissen Bedacht vorbereitete, den Rock und das Sommerhütchen von einst ganz bewusst aus dem Schrank holte und zur Abrundung den reizenden blondlockigen Neffen zum Spaziergang aufbot, so ist die kleine Inszenierung hervorragend gelungen. Starke Gefühle sind bei Amiel, dem Liebhaber des Perfekts, seit je mit Vergangenheit verknüpft, ja sie wachsen erst im Zurückblicken, wie er mehrmals beteuert: *«J'ai l'émotion rétrospective.»* Gefühl und Erinnerung verstärken sich gegenseitig, so als finde eine innere Multiplikation statt: die Definition der Nostalgie. Oder als wandle sich das Gefühl unter dem Druck vieler Schichten von Vergangenheit zur flüssigen Masse, die bisweilen durch ein Bohrloch austritt, fontänengleich: die Definition der Neurose.

So gesehen bedeutet Amiels heftige Aufwallung beim unerwarteten Auftritt im Park den Höhepunkt seiner Beziehung zu Louise Wyder, wie sich noch zeigen wird; das lila Kleid kann wieder im Schrank verschwinden. In eben diesen Tagen kommt es zur leidenschaftlichen Begegnung mit Marie Favre; «es ist augenscheinlich, dass ich alle neuen Erfahrungen zur gleichen Zeit machen soll». Eine Herausforderung; Henri-Frédéric geht sie an, indem er erstmals die beiden ... wie soll er sie nennen? ... einander gegenüberstellt. «Zwei Personen bringen mir ihre Zuneigung entgegen, ohne voneinander zu wissen. Die eine hat erklärt, sie wolle nur eine Freundin sein, der anderen habe ich erklärt, nur ein Bruder sein zu wollen.» Das beruhigt ihn. Es würde ihn aber noch mehr beruhigen, wenn die beiden Personen je übereinander Bescheid wüssten, ebenso über seine Haltung im jeweiligen Fall.

Und eine Heirat? Heirat mit Wyder? Der Haupteinwand: keine Mitgift, und da sich Amiel seiner Stellung an der Akademie keineswegs sicher fühlt, muss eine Zukünftige so viel mitbringen, wie dort seine Besoldung ausmacht. Kommt hinzu: «ein bisschen, vor allem, das Ungenügen ihrer intellektuellen Kultur». Heirat mit Favre? «Sie hat alle Tugenden für die Ehe und jegliches moralische Recht darauf.» Aber auch hier gilt: kein eigenes Vermögen, und auch bei Marie «fehlt die wünschbare Bildung für die Frau eines Akademikers».

Der Juni war traditionsgemäss der Monat der Festlichkeiten. Im Juli und August zogen sich die «guten» Genfer Familien in ihre Sommerhäuser auf der Campagne oder zum Kuraufenthalt in der Höhe zurück; der September galt wettermässig bereits als unzuverlässig. Gleich am ersten Juni feierte die Stadt den Jahrestag ihrer

Befreiung durch eidgenössische Truppen im Jahre 1814. Zum grossen Bankett, ausgerichtet durch die Zofingia, sollte dieses Jahr der Autor des berühmten *Roulez, tambours!* ein Festgedicht beisteuern. Eine vor Monaten schon getroffene Vereinbarung, aber wie nicht anders zu erwarten schob Amiel die Aufgabe bis zum letzten Augenblick heraus. Seine Verse mit dem Titel *Les noces d'or* konnten erst am Morgen des Feiertags vervielfältigt werden; immerhin trug er sie schliesslich mit einigem Erfolg vor, Hunderte von Zuhörern applaudierten. Ein weiterer Grossanlass begann am 10. Juni; hier eröffneten die Stadtbehörden mit viel Pomp das Kantonale Schützenfest (eine Folge dieser Festtage: Amiels Begegnung mit der ängstlichen Kupplerin im Park). Die letzte Juniwoche brachte die Promotionsfeiern an Gymnasien und Musikhochschulen; hier begleitete Onkel Henri traditionsgemäss die Neffen Jules und Henri.

Vom Schützenfest haben sich Stiche und Fotografien erhalten, sie zeigen Eröffnungsfeier und Ball: die Herren in Gehrock und Zylinder, dazwischen unübersehbar die Damen in bunten, bauschigen, glockenartig fallenden Röcken, die jede Trägerin einzeln freizustellen scheinen. An den anderen Anlässen: gleiches Bild, gleiche Farben, Gehrock und Glockenröcke.

Die Krinoline. Wenn dieses Kleidungsstück hier ebenfalls freigestellt werden soll, so einesteils wegen dem *sous crinoline* abgehaltenen Füsschenspiel der schwanenhalsigen Emma Dreyer, aber auch wegen dem besonders gehässigen Seitenhieb, den Amiel der neuen Moderichtung widmet. Am ersten Samstag des Schützenfests findet sich ein längerer Eintrag über den *jupon-cage*, offenbar noch unter dem Eindruck der Eröffnungsfeier formuliert. Unter all den «neueren und neusten Ungeheuerlichkeiten der Mode», so Amiel, sei der Käfigrock am meisten zu beklagen. Die weibliche Figur, die nach fliessenden Formen verlange, werde hier mit einem tonnen- oder fassförmigen Unding verunstaltet. Da wo die Einbildungskraft flüchtige Linien und wallende Falten verlange, werde eine starre Kontur vorgetäuscht. Das ungefüge glockenähnliche Baumeln des Stoffkäfigs entkleide die Frau, statt sie zu bekleiden. Denn der durch den Käfig geschaffene Freiraum betone geradezu die Nacktheit der darunterliegenden Hüften und Beine; «die Frau, ihres Mysteriums beraubt, verliert ihre Poesie».

Kaum 300 Kilometer entfernt, in Zürich, brachte ein Gelehrter namens Friedrich Theodor Vischer in eben diesen Wochen ganz ähnliche Gedanken zu Papier. Die Stadt, in der sich Amiel einst so wohl fühlte, hatte den Süddeutschen wenige Jahre zuvor als Professor der Ästhetik an ihre Universität berufen; Amiels Lektürenotizen nennen mehrmals die Beiträge oder Bücher des Kollegen. Auch Vischer hielt die Krinoline für ein Unding, ja für baren Unsinn – nachzulesen in den 1861 veröffentlichten «Kritischen Gedanken über die jetzige Mode». Glaubte wirklich jemand ernsthaft, so fragte Vischer, die abstrakte Glockenform täusche über die weiblichen Rundungen hinweg und sei somit höchst sittlich? Wer so argumentierte, der fiel einem der einfachsten Paradoxe der Mode zum Opfer: «Der Contrast ist es, der reizt, die Entstellung, welche über die wahre Gestalt, über die Naturgeheimnisse mit geschärfter Neugier nachzudenken nöthigt.» Ganz abgesehen von der erotischen Komponente gebe es einen direkten politischen Bezug zwischen dieser raumfressenden Reifrockmode und der überall in Europa grassierenden Gier nach Kolonien in Übersee. Das Gegenstück zur Unterwerfungs- und Besetzungspolitik der französischen, der belgischen oder niederländischen Regierung war dieser Rock, der sich «ebenso breit und hohl ausspannte», dieses Kleid, «das auf den ersten Blick schon ruft: alle Hagel, Kreuz-Stock-Schwere-Noth, Bomben-Element noch einmal, ich bin da, ich brauche Platz für zwei, vier, sechs!»

Aber nistete sich die Weltgeschichte denn so schnell in Schneiderateliers und Modehäusern ein? Liessen sich Landkarten so schnell und leicht in Schnittmuster übersetzen? Was Vischer nur antönt: Die Krinoline war die Antwort der Mode auf neue Technologien in der Textilwelt. Die Einführung des mechanischen Webstuhls hatte die Stoffpreise jäh abstürzen lassen; gefragt war jetzt ein Modetrend, der wahre Textilfluten verlangte. Seit Beginn der 1850er Jahre exportierten die Vereinigten Staaten die Nähmaschine; mit ihr liessen sich die Stofflagen mit wenig Aufwand zu den Plissées, Volées und Volants bündeln, welche die neue Mode verlangte. Denn der mit Drahtreifen verstärkte Unterrock, die eigentliche *crinoline*, bildete bloss eine Art neutraler Mittelschicht. Darunter und darüber trug die Frau der Zeit weitere Röcke aus Flanell, Mull, Gaze; erst am Schluss wurde das Ganze zusammengefasst mit dem eigentlichen Kleid. Die Krinoline half mit, Unterleib und Beine in einem Gekräusel aus geschürztem, gerafftem und gefächertem Krepp, Gaze oder Musselin gleichsam zu neutralisieren; die eigentliche Person begann erst oberhalb der Taille.

Was Amiel wie Vischer ausser ärgerlichen Eindrücken mitbekamen, waren ebenso ärgerliche Komplikationen des täglichen Lebens. Das Ein- und Aussteigen der Damen bei Omnibus, Kutsche oder Bahn – eine ärgerliche Geduldprobe. Die Tisch- und Sitzordnung bei Einladungen, selbst in der familiären Runde – eine ärgerliche Rechenaufgabe, oft nur zu lösen mit dem Aufstellen eines zusätzlichen Kindertisches. Die Damen selbst schafften es nur mit Mühe, ein Kind an der Hand zu halten oder gar auf dem Fussboden mit ihm zu spielen; jeder Gang ins *cabinet* brauchte umständliche Vorbereitungen.

Ärger, Komplikationen, noch viel schlimmer: lebensgefährliche Unfälle. Das kompakte Stoffgekräusel fing leicht Feuer, stand innert weniger Sekunden in Flammen. Amiel selbst hat im vergangenen November an einem Ball in Lancy eine fürchterliche Szene miterlebt. Kaum ist die erste Tanzrunde vorüber, entsteht ein Tumult; ein Feuerball schlägt hoch, er hört spitze Schreie. Das Kleid einer jungen Dame steht in hellen Flammen, diese «steckt eine zweite in Brand, diese wiederum eine dritte, jene eine vierte; die leichten Stoffe entflammten so schnell wie Weingeist oder Phosphor, und der Todesschrecken der Opfer machte aus ihnen wahre Brandsätze für die hilfreichen Gefährtinnen. Endlich liess sich die Katastrophe auf vier von ihnen beschränken; indem einige Herren die Stoffschichten wegrissen und die am Boden liegenden Unglücklichen mit den erstbesten Lumpen bedeckten, erstickten sie schliesslich das Feuer.» Es stellte sich heraus, dass das erste Opfer beim Tanzen mit wehendem Rock ein Stück glühende Kohle aus dem Kamin gefegt hatte. Dieses verfing sich in den

Stoffmassen; Bewegung und Luftzug liessen sofort die Flammen ausbrechen.

Die Opfer wurden mit Brandwunden an Beinen, Rumpf und Armen im oberen Stockwerk hingebettet; der Hausherr, ein Arzt, traf die ersten Massnahmen. Wie schwer die Verbrennungen waren, erwähnt Amiels Bericht nicht. Stattdessen spekuliert er darüber, dass die engen Westen, weissen Handschuhe und Galafräcke der Herren dem Heldentum entschieden abträglich seien; allzu gross sei die Gefahr, sich in diesem Aufzug der Lächerlichkeit auszusetzen. Ob er selbst helfend eingriff, bleibt zu bezweifeln. Mit seinen schlechten Augen nahm er erst nur einen stechend hellen Lichtball wahr; bis er die Eindrücke entziffert hatte, waren schon die ersten Helfer am Werk.

Ganz allgemein veränderte die Krinolinenmode den Normabstand zwischen Mann und Frau noch einmal zu seinen Ungunsten: die Gesichter noch verschwommener, ihr Ausdruck noch mühsamer zu lesen.

Der 16. Juni, an dem Amiel sein missbilligendes Urteil über den *jupon-cage* notiert, fordert eine ganze Reihe weiterer Stellungnahmen. Bei der Morgentoilette entdeckt er im Spiegel die ersten grauen Schläfenhaare, hört er bereits «die letzten Glockenschläge der Jugend» verklingen. Wie beinahe zu erwarten mildert er den Schlag mit einem literarischen Zitat, entnommen aus dem eigenen Werk, dem *Penseroso*.

Un jour l'enfant s'éveille	Eines Tages wacht das Kind auf
avec des cheveux blancs...	mit Haaren altersweiss.
Hélas, comme un ruisseau	Ach! So wie einen Fluss
j'ai vu couler ma vie.	sah ich mein Leben hinrauschen.

Der gleiche Tag bringt eine gelungene Vorlesung und damit eine weitere Standortbestimmung. Gleich drei Studenten warten am Ausgang mit Fragen auf ihren Dozenten. Amiel hat im Verlauf der Lektion eine eigene Übersetzung aus Goethes Werk zitiert, Fausts Naturbekenntnis aus der Gartenszene mit Gretchen. Auch wenn sich seine Übertragung in französische Alexandriner aus heutiger Sicht so steif wie geschwollen liest – auf die Studenten wirkte sie elektrisierend; durchschlagender Erfolg.

Weshalb denn, so fragt er sich, nicht auf diese Weise fortfahren? «Wollte ich mich auf französische Manier mit rednerischem Schwung interessant machen, so sehe ich genau, wie ich es anstellen müsste. Aber im Allgemeinen verzichte ich mit ebenso viel Nachdruck darauf zu gefallen, wie andere danach streben.» Was ihm gegen den Strich geht: sein Thema auszuschmücken, nur um persönlich zu glänzen, die Zuhörerschaft zu umwerben, ihr den Hof zu machen. Amiels Credo als Lehrer: «Ich will klar sein, aber unpersönlich. Objektiv, ohne mich in Szene zu setzen oder irgendetwas anderes zu kitzeln als die reine Intelligenz der Schüler. Ich sehe auch keinen von ihnen als Individuum. Die Sorge um den Erfolg, der Wunsch zu fesseln, zu bezaubern oder mitzureissen stehen meinen Gewohnheiten und meiner Natur fern. Ich habe Angst vor dem zündenden Schwung, ich verlange bloss Aufmerksamkeit.»

So weit so gut, nur dass Amiel auch dieses aufrichtige Bekenntnis nicht so stehen lassen kann. «Dahinter steckt die Logik meines Instinkts, die falsche Scham vor dem Vergnügen, die stolze und zugleich schüchterne Scham einer Seele, die sich zu erniedrigen glaubt, wenn sie die Blicke der anderen auf sich ziehen will oder die Mittel berechnet, die Erfolg bringen – kurz das krankhafte Widerstreben gegen den Eigennutz in allen seinen Formen. Ich fühle mich wohl, wenn ich gefalle, aber schon der Gedanke daran, dass irgendeine Handlung zu diesem Ergebnis führt, lässt mich sofort die umgekehrte Richtung einschlagen.»

Und liegt denn nicht diese Verweigerung seinem ganzen Leben zu Grunde wie ein schlammiger Bodensatz, in dem jeder unternehmungslustige Schritt steckenbleibt? Wenn er sich nicht verheiratet, wenn er nichts veröffentlicht und die alten Bekanntschaften nicht pflegt, wenn er wichtigen Persönlichkeiten ausweicht – steckt da nicht immer auch seine geheime Scham dahinter, die eigene Laufbahn fördern zu wollen, einen Vorteil für sich anzustreben? «Diese mörderische Gleichgültigkeit, dieser tödliche

Wahn, diese instinktive Verschwörung gegen meinen eigenen Vorteil sind letztlich auf meinen Hochmut zurückzuführen. Zu meinen ältesten Lastern gehört diese *Scham vor dem Verlangen*, die Furcht vor dem Sich-Gemeinmachen, die Abneigung gegen den persönlichen Vorteil.» Und hängt all dies nicht wiederum zusammen mit seinem Abscheu vor allem Kommerz, vor Händlern, Krämern, Geldverleihern, auf die er herabsieht wie irgendein blaublütiger Herzog oder Lord – auch wenn er sich deswegen die bittersten Vorwürfe macht? «Ich bin eine schrecklich aristokratische Seele, voll von angeborenem, geheimem und unüberwindlichem Widerwillen gegen das vulgäre Gemüt und den grobschlächtigen Verstand, den niedrigen Geschmack, das vom Eigennutz geprägte Leben und den kriecherischen Charakter. Glücklicherweise wird dieser Aberwille aufgehoben durch Nachsicht, Menschenliebe und Nachdenken. (...) Denn wer seinen Nächsten liebt, spürt diese Verletzungen des Geschmacks oder Takts, die von ihm ausgehen, kaum mehr – oder er verzeiht sie.»

Dieses Verstehen und Verzeihen gehört zu den Dingen, in denen sich vor allem die Ehefrauen täglich üben müssen. «Denn meist ist der Gatte ein viel weniger feines Geschöpf – weniger beweglich, weniger sauber, elegant, sanftmütig und empfindsam als die Frau. Ich muss oft daran denken, wie viel Abstossendes den Frauen das körperliche und moralische Zusammensein mit manchen von uns Männern bringt, und ich bewundere die Partei, die darunter zu leiden hat. Was müssen sie doch alles schweigend und im Versteckten hinnehmen, selbst vom Mann, der sie liebt: wenn er sich keinen Zwang mehr antut, noch schlimmer wenn er hässlich, ungestalt, schuppig oder übelriechend ist, wie das vielfach der Fall ist. Als Künstler ergreife ich ganz ihre Partei.»

Wenn ich hier ausführlicher als gewöhnlich zitiere, so um einmal zu verfolgen, wie und wohin Amiels *rêveries, plume en main* ihren Lauf nehmen. An diesem Samstag, 16. Juni, an dem sich der Autor um sechs Uhr abends hinsetzte – wahrscheinlich um die Zeit bis zum Souper zu nutzen –, zeichnet sich eine Gedankenfährte ab, bei der wohl nur der Ausgangspunkt feststand:

- Rückblick auf gelungene Vorlesung, Interesse der Schüler dank beschwingtem Zitat aus «Faust»;
- sein Verzicht auf «mitreissenden» Vortrag; lieber nüchtern und klar unterrichten;
- dieser Verzicht als Teil einer allgemeinen «Verweigerung aus Stolz»; jedes Anstreben von Erfolg ist zutiefst verdächtig;
- seine geradezu aristokratischen Vorbehalte gegen erfolgbetontes Denken und Verhalten («Krämerseelen»);
- sein Vorsatz, diese seine Vorurteile durch Menschenliebe und Verständnis zu bekämpfen;
- die Vorstellung, dass zahlreiche Ehefrauen mit unsensiblen und ungepflegten Gatten diesen Kampf täglich zu führen haben.

Insgesamt muss Amiel an diesem Samstag mehr als vier Stunden über seinem Tagebuchheft gesessen haben. Rechnen wir ein wenig, *plume en main*. Die kleine Abhandlung vor dem Souper umfasst über 5000 Zeichen – zwei Seiten eines gedruckten Buchs. Der morgendliche Eintrag mit dem Urteil über den *jupon-cage* ist ebenso lang. Als Klammerteile einige Einträge über das Tagesgeschehen; sehen wir von ihnen ab, so haben wir vor uns lebendige, wohl formulierte Texte, geistreiche Bemerkungen und Schlussfolgerungen (die Krinoline als Blossstellung der Frau, die Verzeihungshaltung der Ehefrauen). Es sind kleine Essays, scharfsinnige Plaudereien; vieles davon könnte ungekürzt so in einer der *Revues* stehen, die Amiel im Café zu Dutzenden konsumierte.

Und weshalb tut sich denn der gleiche Schreiber so schwer, wenn er im *Journal de Genève* über ein Konzert des Kirchenchors berichtet, ja selbst wenn er eine kurze Zeitungsanzeige aufgeben soll? Die Konzertkritik kostet ihn mehrere Stunden, hinterher ist er völlig erschöpft. Bis er die sechs Zeilen der Annonce beieinander hat, fühlt er sich der Altersverblödung nahe; er trampelt so lange auf dem gleichen Satz herum, bis er jedes einzelne Wort unkenntlich gemacht hat und nicht mehr weiss, was es bedeutet.

Amiel: «Sobald beim Schachspiel jemand zuschaut, vergesse ich meine Taktik und werde geschlagen.» Verkrampfung, wenn sich Öffentlichkeit ergibt, und sei es nur in Gestalt eines Zuschauers am Schachtisch. Verkrampfung aus Angst vor dem Sichfestlegen, Sichentblössen, sei es beim Rösselsprung oder bei der Wahl eines Wortes, eines Ausdrucks. Und Verkrampfung, ja Lähmung beim Wiederlesen eines ersten Entwurfs. In eben diesen Tagen setzt sich Amiel spät abends über die – an sich abgeschlossene – Übersetzung aus dem «Faust». Sie ist eine Gefälligkeitsarbeit für die Abhandlung eines flüchtig bekannten Pfarrers, die nur zufällig den Weg in die Schelling-Vorlesung findet, kein Text für irgendeine *Revue*. Trotzdem bleibt der Autor stundenlang hängen. Hier und dort scheint ihm ein Halbvers nicht gelungen, und beim Ausbessern springen ihm weitere Unsicherheiten ins Auge, kurz: «Ich streiche, radiere und ersetze, weil ich schlicht nicht glauben kann, dass der erste Versuch nicht misslungen sei. Mein kleines Talent ist eine Säure, die sich selbst angreift (…); mit vielem Retuschieren, Verschlimmbessern, mehrfachem Streichen und Neu-Einsetzen schaffe ich es immer wieder, alles zu zerstören, was wie Improvisation aussehen könnte.» Und trifft das nicht auf alles andere in seinem Dasein zu? «Die innerliche Analyse ist das Scheidewasser, in dem ich mein Leben auflöse.»

Ein Schreiben von Louise trifft am Mittsommertag ein, genau zwei Wochen nach der Vision im Park, dem Auftritt mit der Robe der glücklichen Tage. «Sie lesen bis auf den Grund meiner Seele», schreibt Louise, «denn es gibt kein Stäubchen, das ich vor Ihnen verstecken möchte. Oft, wenn mein Kopf auf Ihrer Schulter ruht und Ihre Arme mich umfangen, frage ich mich, wie ich zweifeln konnte.»

Drückt sich so eine schwesterliche Freundin aus? Wie wenig die täglichen Aufzeichnungen Amiel dabei helfen, Klarheit in seine Gedanken und Handlungen zu bringen, zeigen die Tage bis zum Monatsende. Sie gehören zu einem grossen Teil Louise Wyder: Briefe und Billets hin und her, ein halbes Dutzend Treffen im Park oder in der Wohnung am Boulevard des Tranches, trauliche Gespräche im Aneinanderkuscheln. Ärgerlich verläuft ein unangekündigter Besuch Amiels in Louises Wohnung. Sie hat offenbar keine Schminke aufgelegt, erscheint ihm ungepflegt, «ärgerliche physische Eindrücke». Amiel notiert die Verwüstungen des Alters, das Schwinden der Reize. Es braucht nur einen schlechten Zahn, faltige Haut, «und dieser alte Lausebengel Cupido ergreift die Flucht». Nur die geschwisterliche Liebe übersteht solche Attacken, da ist sich Amiel sicher – bis am nächsten Morgen, als Louise zufällig im Park auftaucht, den blondgelockten Neffen an der Hand, geschminkt und gepflegt. «Ein Schleierchen sorgte für die richtige Perspektive, und der gute Wille tat den Rest.»

Was gilt jetzt – guter Wille, hingekuschelte Zärtlichkeiten, Geschwisterliebe? Dass Amiel selbst widersprüchliche Signale aussendet, trägt ihm zwei Tage später eine weitere tränenreiche Szene ein. Louise besteht einmal mehr darauf, dass er sich nun endlich ihrer Mutter vorstellt; «das heisst eine stillschweigende Verlobung eingehen, der ich nicht zustimmen kann». Wieder winkt er ab. Louise bricht zusammen, schluchzt herzzerreissend, das Gesicht zwischen den Händen verborgen, überwindet schliesslich ihre Tränen, heldenmütig, «wie jemand, der ein übermenschliches Opfer bringt, der unter Segenssprüchen dem Scheiterhaufen entgegengeht», er fühlt sich ganz klein und mies dagegen. Schreibt nach der Rückkehr an die Nummer 99 ein liebevolles Billet und bittet darum, das ganze Problem um zwei Wochen aufzuschieben, damit er ohne Gefühlsstürme, *sans tiraillement*, eine wichtige Arbeit fertig schreiben kann, «streichen Sie diesen Sonntag einfach!»

Mit den Zweifeln, Skrupeln und Ängsten, die Amiel am Abend nach dem Tränenausbruch festhält, beginnt die letzte Stufe eines qualvollen Ablösungsprozesses. War es denn nicht reine Dummheit, fragt sich Amiel, war es nicht Wahnsinn oder Verbrechen, eine solch tiefe Liebe zurückzuweisen? Rechtfertigten denn die äusserlichen Hindernisse, die Anforderungen der Gesellschaft dieses Opfer – ein Opfer, das Louise das Leben kosten konnte? Oder umgekehrt: Sollte er in dieser unbeirrbaren, durch nichts zu erschütternden Liebe nicht eher einen Fingerzeig Gottes sehen? Und wenn er ihm folgte, wenn er eine Heirat einging – war das dann romantische Verstiegenheit, Verblendung, blinde Missachtung der geltenden Massstäbe? «Hier hätte ich eine Mutter als

Ratgeberin nötig, eine Mutter, der ich alles unterbreiten könnte, meine Skrupel, meine Ernüchterungen, meine zärtlichen Anflüge, und die darüber entscheiden würde, was sich ziemt.»

Une mère qui déciderait sur ce qui convient. In eben diesen Tagen beschloss Amiel, Tante Fauchette in seine Herzensängste einzuweihen. Die Witwe an der Rue de la Monnaie, in deren Haus und Familie der verwaiste Henri-Frédéric die letzten sieben Jahre seiner Jugend zubrachte – sie war die Person, die einer verständnisvollen, einfühlenden Mutter am nächsten kam. Und sie war die letzte Möglichkeit, die seit Monaten fällige Trennung von Louise so weit wie möglich hinauszuschieben.

Wenn die Tageszeitungen den schlechten Nachrichten so viel mehr Platz einräumen als den hoffnungsvollen Meldungen – heisst das, dass Katastrophen den Lauf der Welt bestimmen? Und wie kommt es, dass seit 250 Jahren täglicher Berichterstattung die Welt am Rand des Abgrunds stehenbleibt?

Im Journal überwiegen Selbstkritik, Melancholie und Daseinsleere in einem solchen Ausmass, dass jede zusammenfassende Darstellung ihrerseits Gefahr läuft, Überdruss nicht nur zu transportieren, sondern auch zu erzeugen. Mit ein Grund, das Bild dieses Monats aufzufrischen. Augenblicke der Zufriedenheit, des Wohlgefühls, der Genugtuung finden sich in diesem Juni 1860 durchaus, auch wenn sie durch die schiere Fülle des Selbstzweifels das Dasein von Fussnoten führen. Eine Ehrenrettung:

° Tiefe vaterländische Gefühle am Eidgenössischen Fest (1.6.); es ist ein «brüderlicher Händedruck mit der Schweiz». Gewaltiger Eindruck beim gemeinsamen Singen von *Immortel roi des cieux*, stehend, mit entblösstem Haupt.
° Amiels Gelegenheitsgedicht *Les noces d'or* wird an diesem Fest nicht nur mit Beifall aufgenommen, sondern innert weniger Tage auch vertont und ins Deutsche übersetzt.
° «Erste Kirschen des Jahres. Keine Spur von Kopfweh.» (3.6.)
° «Epiphanie», Louises Auftritt im Park als Verkörperung der Treue und Hingabe (6.6.).

- Ebenfalls im Park (8.6.): «War erfüllt mit einer Hymne von Dankbarkeit und Heiterkeit; das Leben wurde mir leicht.»
- Blasorchester spielt in der Cour Saint-Pierre Melodien aus Boiëldieus *Dame blanche* (gleicher Tag); er singt am Fenster lauthals mit.
- Besuchergruppe aus Deutschland bestaunt das sommerlich sonnige Genf (11.6.), er ist «glücklich und stolz auf (seine) Heimat».
- Bekannter aus Brasilien berichtet, in der kleinen Schweizer Kolonie von Bahia mache Amiels Gedichtband *Penseroso* die Runde (17.6.).
- Freut sich über Spiel und Gelächter von vier kleinen Mädchen im Park (18.6.).
- Preisverleihung an die Neffen Jules und Henri (21.6.); er fühlt in der Zuschauermenge den «sanften Stolz» der Eltern mit.
- Anerkennung durch seine Studenten macht ihn «dankbar und glücklich» (23.6.).
- Gleicher Tag: fängt zusammen mit Neffen ein Glühwürmchen.
- Beschliesst den Abend (28.6.) mit einem Krug Münchner Bier in Gartenrestaurant; «ein guter Tag».

So als wolle die Natur die erste Hälfte des Jahres mit einem informellen Feuerwerk beschliessen, brach am frühen Morgen des 28. Juni ein elektrischer Sturm über die Stadt herein, wie ihn Genf seit Menschengedenken nicht erlebt hatte. Amiel, der in der schwülheissen Nacht noch keinen Schlaf gefunden und sich auf dem Laken hin und her gewälzt hatte «wie ein Kotelett auf dem Grill», verfolgte das Schauspiel vom Fenster der Nummer 99 aus, auf dem Schoss die für gewöhnlich keineswegs zutrauliche Hauskatze Zoé, die sich, «verwirrt und stumm», zu ihm geflüchtet hatte. Ganze Salven von Blitzen, Blitzbündel, Blitzglocken, Blitzdome hüllten die Stadt ein, während Donnerschläge die Häuser erschütterten «wie explodierende Pulvertürme in einer vom Feind eingenommenen Stadt». Im Norden begann der Himmel grünlich zu leuchten, im Westen färbte er sich lila, davor die Türme von Saint-Pierre «wie die Ruinen einer toten Stadt»; selbst die vom Nordturm flatternde eidgenössische Fahne erschien vor dem flammenzuckenden Hintergrund schwarz wie eine Piratenfahne, «schwarz wie die Trauerfahne eines vom Himmelsfeuer zerstörten Babylon».

Vierzig Minuten dauerte die Entladung; auf über zehntausend Blitze kam Amiel in seiner Berechnung. Am nächsten Morgen erging er sich unter dem vom Gewitter reingefegten Himmel der Bastions und setzte beim Nachhausekommen eine Tabelle mit möglichen Naturkatastrophen auf, geordnet nach ihrer Zerstörungskraft. Auf dieser Skala nahmen nächtliche Gewitter über einer Stadt den eher überraschenden sechsten Platz ein; eine entsprechende Skala persönlicher Katastrophen fehlt.

JULI

Elektrisches Knistern

*W*as ist ein Kuss? Im Rückblick auf die leidenschaftliche Szene mit Marie Favre vom vergangenen Monat und mit der Aussicht auf ein weiteres Treffen an diesem Wochenende setzte sich Amiel am ersten Freitag des Monats hin, um das Thema auf seine Weise zu erörtern – halb poetisch, halb philosophisch. Wenn der Mund das menschliche Organ war, das dem Essen, dem Atmen und dem Sprechen diente, so musste der Kuss zu diesen drei Dingen in irgendeinem Verhältnis stehen: vielleicht als Nahrung der Liebe, als Austausch der Seelen oder als stummes Wort. Der Kuss bedeutete, dass die Liebenden auf jegliche andere Speise verzichten und sich hinfort nur noch voneinander nähren wollten; auch wenn diese Nahrung nicht sättigte, so wuchs sie doch immer aufs Neue nach. Wer küsste, hörte tausend Dinge aufs Mal, geflüstert in einem einzigen Atemzug, in einem einzigen Aufschwung der Leidenschaft.

«Ein Kuss», schrieb Amiel, früh um acht, «ist demnach eine ganze Rede, aber auf einen chaotischen und rätselhaften Zustand zurückgeführt, in einem einzigen wirren Seufzer verdichtet und in einem Atemzug weitergegeben, von Lippenpaar zu Lippenpaar. Umgekehrt wäre die Rede ein mit Hilfe des analytischen Denkens weiterentwickelter, artikulierter und vergeistigter Kuss.»

Führt das irgendwohin? fragt sich Amiel weiter. Was will die Liebe mit einer solchen Rede schon anstellen? Nichts; sie findet sie unendlich viel blasser und verschwommener als den Kuss; dieser steht in seiner unwiderruflichen Bestimmtheit und seinem klaren Nachdruck weit über allen Nuancen des Stils. Und da die Liebe die Entfernung zwischen zwei Wesen aufhebt, ist das Wort nicht ihre Sache, denn das Wort schafft Distanz, ist Distanz. Der Blick –

ja! «Der Blick kann eine elektrische Verbindung herstellen, als ein gleichsam leuchtender Kuss.»

Die kleine Abhandlung entstand als Reaktion auf ein Schreiben von Marie Favre. Tatsächlich, Mionette hatte sich zurückgemeldet, drei Wochen nach der verstörenden Szene in der Prairie. Amiel hatte sie bereits verloren geglaubt: «Es scheint, ich habe ihre Freundschaft abgetötet, indem ich mich besonders schlau zeigen wollte.» Er schrieb umgehend zurück: das kuriose dreisprachige Billet im Telegrammstil, das wir bereits kennen *(gardarsi dagli indiscreti)*. Man einigte sich auf Samstagabend.

Indiscreti? Welche Neugierigen auch immer hinter ihm oder ihr herspionierten – bei diesem Treffen ging die Gefahr ganz eindeutig von den beiden Beteiligten selbst aus. «Zum ersten Mal die elektrische Anziehung der Sinne empfunden», notierte Amiel hinterher, «aber wir sind ihr noch einmal entronnen: welch gefährliches Spiel, die Schlange umschlingt einen doch blitzschnell. An Rousseau bei der Venezianerin gedacht und in der Phantasie die irren Trunkenheiten und düsteren Traurigkeiten des fleischlichen Besitzes durchgemacht. (...) Madame de Warens hat ihre Rolle noch einmal vertagt, was für sie und für mich besser ist. Trotz aller Entschuldigungsgründe – wir hätten es beide bereut.»

Ganz als müsste sich Amiels kleiner Diskurs über den Kuss an der Wirklichkeit bewähren, kam es demnach zu Zärtlichkeiten, noch leidenschaftlicheren als beim letzten Treffen. Und ganz wie damals beugten sich beide Beteiligten schliesslich der Vernunft, zogen einen unsichtbaren Strich; es folgte ein ausführliches Gespräch. Marie berichtete über die ihr am nächsten Stehenden, über ihre Liebe zu den Eltern, zum Bruder und dem kleinen Franz. Als Gegenleistung zur Ausleihe von Amiels Tagebuchheft im Mai brachte Mionette diesmal ihr eigenes *Journal intime* über die Wochen im Mai und Juni mit; schliesslich gemeinsamer friedlicher Heimweg im Mondlicht.

Und wie schon im März gab es auch jetzt ein rundes Datum zu begehen. Genau ein Jahr zuvor, am 7. Juli 1859, hatte Amiel an einem schwülheissen Abend ein sehr freimütiges Gedicht für Marie kopiert und es ihr überbracht. In den unverhüllt persönlichen Versen beklagte der Poet seine sexuelle Unerfahrenheit und sehnte die Einweihung in die körperliche Liebe durch eine verwandte Seele herbei.

De l'amour enivrante flamme
Je ne te connais qu'à demi;
Jamais sur le sein d'une femme
Mon front de rêveur n'a dormi.
   Veux-tu me dire adieu, jeunesse,
   Sans qu'un jour au moins la beauté
   Oubliant tout pour la tendresse
   entre mes bras ait palpité?

Ich kenne sie doch nur zur Hälfte,
der Liebe alles verzehrende Glut, noch nie auf der Brust eines Weibes
hat die Stirne des Träumers geruht.
   Sagst du ade mir, oh Jugend,
   ohne dass nur eine einzige Nacht
   die Schönheit, vergessend die Tugend,
   in meinen Armen hätt' verbracht?

Dass Mionette damals diese und zwei weitere Strophen von ähnlicher Tonlage in seinem Beisein las und offensichtlich guthiess, jedenfalls nicht entrüstet zurückwies, hatte den Autor in einige Verwirrung gestürzt. Bedeutete Mionettes Wohlwollen, dass sie selbst dem so dichterisch beklagten Mangel abhelfen wollte? Mit einem Tag Verspätung hatte er auf handfestere Art versucht, sich Gewissheit zu verschaffen, war aber mit unverbindlichen Zärtlichkeiten zurückgewiesen worden (wir kennen bereits den enttäuscht klingenden Eintrag von damals: «Man offeriert nur das Blätterwerk, aber nicht die Blume»). Der Zwiespalt mündete in die freundschaftliche Übereinkunft, man würde in Zukunft die verfänglichen Situationen meiden, die den Funken zur alles verzehrenden Glut entfachen könnten.

Dass Mionette ähnliche Sehnsüchte und Begehrlichkeiten empfindet wie er selbst, zeigen nicht nur die leidenschaftlichen Szenen im Sommer 1860. In freimütigster Weise spricht auch ihr Tagebuch von ihnen. Amiel verschlingt die Seiten noch am gleichen Abend. Er ist gerührt, sein Beschützerinstinkt erwacht: «Indem ich bis ins Geheimste dieses weiblichen Lebens eindrang und seine Erschütterungen miterlebte, seine Gefühle und die Anfechtungen der Natur ebenso wie die Gegenwehr durch den Willen, fand ich sehr schnell wieder in die Rolle des mitfühlenden Beschützers zurück und spürte die Uneigennützigkeit zurückkehren. Sich mir voller Vertrauen auszuliefern, ist das sicherste Mittel, die selbstsüchtige Begehrlichkeit zu ersticken und die ritterliche Grossmut zu erwecken, die in mir steckt.»

Der Auftakt zu einem verwirrlichen Eintrag; wir sollten beim Lesen gleichsam einen Fuss vor den anderen setzen. Wir lesen Amiels Tagebuchnotizen vom 9. Juli; sie fassen Eindrücke und Empfindungen bei der Lektüre von Maries *Journal intime* zusammen. In den von ihr erfassten Wochen hat Marie viel Zeit mit der Lektüre von Amiels Leihgabe verbracht, dem genannten Heft 23. Auch sie hält ihre Leseeindrücke fest und erlaubt so dem Autor, auf Umwegen zum eigenen Heft zurückzugelangen und dessen Auswirkungen zu verfolgen.

Wie beinahe zu erwarten konzentriert sich Amiel auf die Stellen, die ihn selbst betreffen. *Er* ist «der Mittel- und Ausgangspunkt ihres intimen Sinnierens», ihrer Urteile über Männer, *er* ist das Schutzschild gegen vulgäre Gedanken und der Sammelpunkt inniger Gefühle. «Ein Wort, ein Kärtchen, ein Freundschaftszeichen von meiner Seite, ein zufälliges Treffen, nur schon mein Anblick auf der Strasse machen sie glücklich. Und trotzdem erwartet man nichts, das darüber hinausführt, man macht sich auf meine Verheiratung gefasst, man wünscht mir Glück, man betet für mich.» Und mit einer gewissen Erleichterung liest Amiel schwarz auf weiss nach, dass auch Marie bei ihren Küssen jenes elektrische Prickeln empfindet, jenes stürmische Knistern und Trunkensein, das er selbst durchmacht. «Unsagbare Freude, Mischung von Bestürzung und Rausch», hat sie nach der leidenschaftlichen

Joseph Hornungs Bleistiftporträt (1852) fängt Amiels nach innen gekehrten Blick auf unvergleichliche Weise ein. Amiel: «Habe gespürt, dass das Auge ein subjektiver Himmel ist, in dem sich die Wolken, die Blitze, alle Veränderungen der Atmosphäre abspielen ganz wie draussen.»

I

Amiel als Vierzigjähriger. Die langjährige Freundin Camilla Charbonnier sah ihn mit ihrer auf Email gemalten Miniatur (1862) als schüchternen Beau. Die Porträts des Fotografen Sébastien Straub (1861) erhielten in Amiels Verwandten- und Bekanntenkreis phantasievolle Titel; man sah ihn wechselweise als «Staatsmann» oder als «Verschwörer».

Marie Favre (1830–1887) wandte sich 1859 brieflich an Amiel. Die ersten anonymen Schreiben der aus einfachsten Verhältnissen stammenden unehelichen Tochter einer Glätterin überzeugten den Autor, er habe es mit einer Dame aus der gebildeten Bürgerschicht zu tun. Als «Philine» wurde sie zur Vertrauten seiner mittleren Lebensjahre.

Mutter, Schwester, Patenkind. Ausser Louise Wyder, von der sich kein Porträt beibringen liess, bestimmten drei Frauen Amiels Leben am nachhaltigsten: die früh verstorbene Mutter Caroline Amiel-Brandt (1802–1832), die Schwester Fanny Guillermet-Amiel (1823–1901, hier in modischer Krinoline) und die inoffizielle Patentochter Berthe Vadier (1836–1921), die den Autor in seinen letzten Lebensjahren betreute.

Kirchgänger auf dem Platz vor der Kathedrale Saint-Pierre. Die um 1855 entstandene Lithographie von Antonio Fontanesi zeigt, dass er zur Zeit Amiels noch mit Bäumen bestanden ist. Im Hintergrund die Häuserzeile mit dem Wohnhaus der Familie Guillermet.

V

Weitere Schauplätze aus Fontanesis «Genfer Intérieurs»: die zur Rhoneinsel führende Brücke mit Marktständen und Schuhputzern, weiter die auf dem ehemaligen Schanzengebiet entstandene Promenade des Bastions, Amiels bevorzugtes Ziel für den Morgenspaziergang.

Antonio Fontanesi zeigt die Treille, den an die Bastions angrenzenden Park, als verwinkeltes Paradies von alten Mauern, Strauchwerk und Bäumen (Ausschnitt Lithographie um 1855). Viele Treffen Amiels mit Louise Wyder spielten sich hier ab, zu Füssen der alten Stadtmauer.

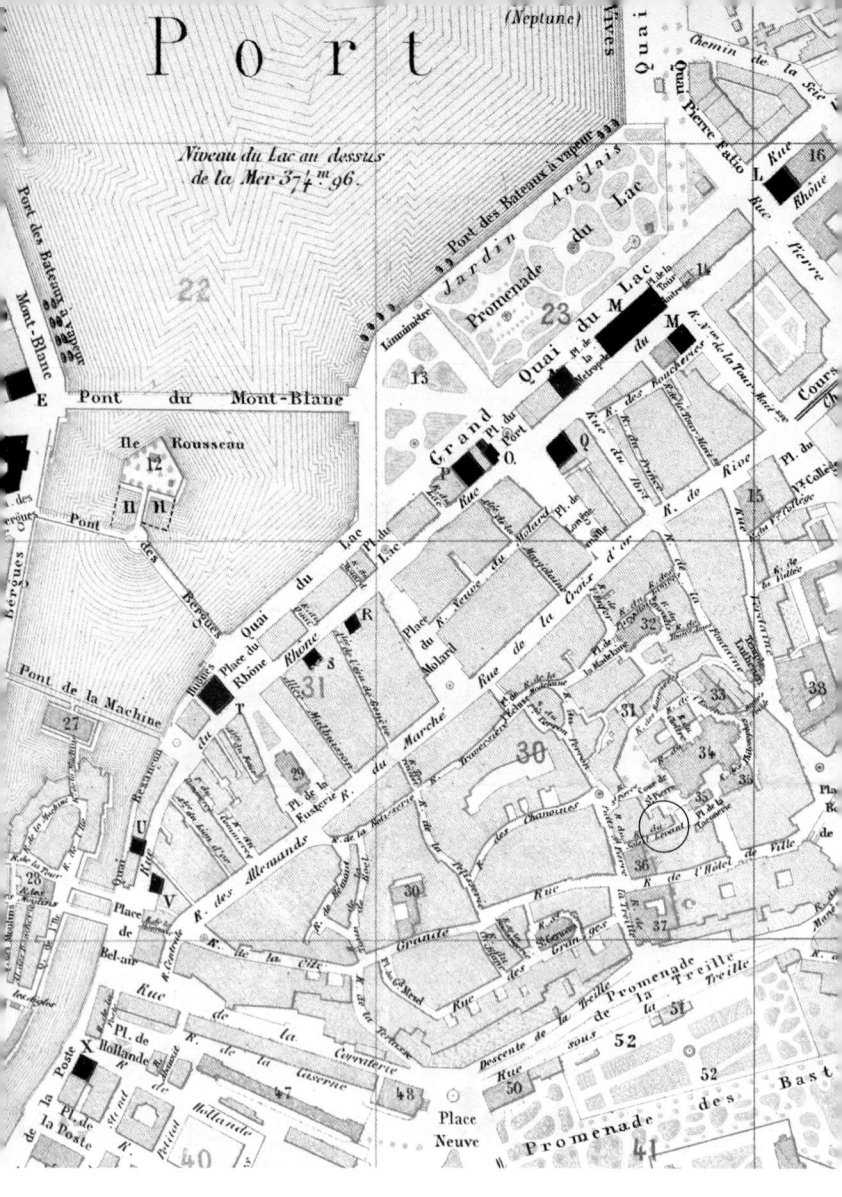

Stadtplan des Genfer Stadtzentrums um 1870. Die Kathedrale Saint-Pierre (34) besetzt den höchsten Punkt der Altstadt; die Quai- und Promenadenanlagen entlang der Rhone und am Seeufer sind in den Jahren seit der Jahrhundertmitte entstanden.

VIII

Begegnung vom 13. Juni festgehalten – an Intensität nur noch übertroffen durch ihre Empfindungen bei der Lektüre des ausgeborgten Hefts: «Ich kann mich an keinen einzigen Augenblick meines Lebens erinnern, der den Zauber dieser letzten drei Abende aufwog, die ich allein mit diesen Seiten verbrachte.»

Trotz solcher zwei- und dreifacher Spiegelungen dringt einiges durch vom Alltag Mionettes. Wiederholt bedauert sie das abstumpfende Leben der Nur-Hausfrau. Sie selbst ist zumindest teilzeitlich im Berufsleben tätig, dort aber hat sie mit Vorurteilen gegenüber der geschiedenen Frau zu kämpfen. Mionette liebt ihre Eltern, ihren Bruder und den kleinen Franz, aber als Tochter, als Schwester und als Mutter muss sie immer wieder ihren Hang zur Ungeduld und Reizbarkeit unterdrücken. Diese Neigung verstärkt sich zur Zeit ihrer Monatsregel, die – so Marie – ein Drittel des weiblichen Lebens beherrscht. Oft hat sie begehrliche Träume und kämpft gegen die Versuchungen des Fleisches an. Zwar gibt es durchaus Männer, die sie umwerben; einen Monsieur A. und einen Monsieur D. musste sie abweisen. Auch bei einem weiteren Anwärter muss sie sich eingestehen, dass es kein Abwägen gibt, dass ihr Herz ganz an *ihm* hängt.

Ah, lui! Beim Zusammensein mit *ihm* ist alles gut. *Seine* Worte: gewählt, gereift, erhellend. *Seine* Küsse, *seine* Briefe, *seine* Sorgen, die sie wegzaubern möchte. Noch nie wagte sie zu fragen, was *er* von ihr hält, wie er auskommen kann mit dem bescheidenen Beitrag, den sie ans Gespräch leistet. Und dann natürlich: *sein* Tagebuch, dieser ausgeborgte *trésor*, diese freimütige Offenheit über die sexuelle Anziehung, über *seine* Skrupel, die Grossmut den Frauen gegenüber, die *ihn* begehren. Nur ganz leise Zweifel an *seiner* Berufung zum Dichter: «Seine Seele ist vielleicht noch mehr wert als seine Schriften»; vielleicht hat ihm Gott seine vielfältigen Gaben eher im Hinblick auf ein intellektuelles, ein philosophisches Werk verliehen. Aber auch einige Fehleinschätzungen, über die selbst dieser hingerissene Leser nur den Kopf schütteln kann. Für Mionette steckt hinter dem Dichter und Denker der innere *Er*, der alles von seiner Warte aus leitet, der sein Leben und seine Fähigkeiten beherrscht und einsetzt.

Venus, Jupiter, Phoebus. «Ein bisschen Regen, Blitze, einige Donnerschläge beenden den Tag», notierte Amiel nach dieser kuriosen Reise hinter das eigene Spiegelbild. Natürlich war er sich bewusst, dass Mionettes Worte nur sehr bedingt als spontaner Niederschlag des Tags gewertet werden konnten, dass M. mit dem Ausborgen von A.s Heft 23 eine Gegenverpflichtung eingegangen war, wenn auch eine unausgesprochene, dass A. mithin für einmal nicht sich selbst, sondern M. beim Schreiben über die Schulter schaute, ja dass die ganze Austauschprozedur einem anhaltenden inneren Dialog diente, der M. schliesslich in die Rolle der öfters zitierten Madame de Warens drängen würde: grosszügige Einweihung des Unerfahrenen durch die Erfahrene, keine gegenseitige Verpflichtung.

Wie so oft bei Amiel müssen wir zwei sich widersprechende Wahrheiten nebeneinander stehen lassen. In der folgenden Nacht wälzte er sich erneut schlaflos auf dem Laken, «heimgesucht von Mf. und Madame de Warens», schlug in einem innerlichen Terminkalender nach und rätselte, ob es wohl nach seiner Rückkehr von der bevorstehenden Urlaubsreise, genauer: «um den 26. dazu kommen könnte». Vor dem Einschlafen rollte Amiel die innerliche Debatte von Beginn weg auf, mass erneut die Entfernung «zwischen dem einstigen Punkt, der ernsten Enthaltung und strikten Rechtschaffenheit und dem anderen, dem Sich-gehen-Lassen, dem natürlichen Instinkt».

Der Juli stellt jedes Jahr eine Art Niemandsland dar. Die Vorlesungen gehen mit der ersten Woche zu Ende, dann lässt die Akademie den Studenten drei Wochen Zeit für die Vorbereitung auf die Schlussprüfungen. Eine längere Reise liegt für die Dozenten nicht drin. Amiel hat sich vorgenommen, als Erstes die Vorlesungsnotizen zu ordnen und zu ergänzen, dann eine Urlaubswoche am Genfersee anzuhängen, an einem Ökonomenkongress in Lausanne teilzunehmen und sich für die Prüfungen der letzten Juliwoche in Genf zurückzumelden. Der 26., wie gesehen, ist als möglicher Termin für die «Einweihung» vorgemerkt.

Wie bei Amiel nicht anders zu erwarten: Die Rechnung geht nur zum kleinsten Teil auf. Zuerst gilt es, das Semesterende innerlich zu bewältigen, nämlich die Tatsache, dass seine Dozentenkollegen eine ordentliche Sommerplanung vorweisen, dass auch Fanny und Franki nach Les Ombrages übersiedeln werden. Er selbst ist dort nicht ohne weiteres willkommen; vieles deutet darauf hin, dass die Guillermets die Ferien im Landhaus immer auch als Urlaub von Onkel Henri empfinden, als Auszeit vom Zusammenleben mit dem Junggesellen, dem immer etwas unbequemen Eigenbrötler.

Kommt hinzu, dass der Monatsbeginn wieder einmal ein rundes Datum darstellt. Die erste Jahreshälfte vorbei, eine Zwischenbilanz fällig – so wie das Henri-Frédéric von Henri Amiel her kennt, dem rührigen, dem emsigen, dem stets tätigen Vater. Am Tag zuvor hat Amiel *fils* die Schwestern zur jährlichen Preisverleihung ans Konservatorium begleitet. So wie jedes Mal ein rührendes Kinderfest: Neffe Jules erhielt einen Preis überreicht, Neffe Henri eine Auszeichnung. Die kleinen Mädchen sangen, eine Flötenspielerin wurde geehrt: «Ich war versucht, all die kleinen Mädchen zu küssen, und ich liebte das ganze weibliche Geschlecht. Unsere Schlingel wurden hinterher in den Zirkus geführt.»

Und er selbst? Wer hält Preise und Ehrenmeldungen für ihn bereit, was hat er in diesen sechs Monaten an Auszeichnungen verdient? Nach dem kleinen Fest begleitet er Fanny nach Hause, ein hübscher Spaziergang unter den Linden der Bastion. Aber Amiel bleibt wortkarg, fühlt die Melancholie der toten Jahre, der verflossenen Monate, der vergeudeten Tage, der unwiderruflich verflossenen Zeit: Man dreht sich um, es ist Mittag, man dreht sich zurück, es ist Abend.

Wir kennen die Melodie, bloss die Tonart wechselt jeweils. «So verfliegen unsere Tage wie mit Schwingen des Adlers», gefolgt von den üblichen Klagen: nichts gewagt, nichts geleistet, die Zeit vertändelt, den Schwung verloren. Doch was uns heute erscheint als Mittlebenskrise eines begabten, aber unentschlossenen Autors, ist im Effekt eine Altersklage. Amiel ist zu diesem Zeitpunkt knapp 39-jährig und steht damit definitiv vor dem letzten Drittel seines Lebens; wer damals 30 Jahre zählte, hatte statistisch gesehen die Mitte des Lebens erreicht. Entsprechend früh beginnen politische oder künstlerische Karrieren. Der erste schweizerische Bundesrat – die Landesregierung – tritt mit einem Durchschnittsalter von unter 40 an. Baudelaire, Flaubert, Dostojewski, die ganz grossen Autoren der Zeit, so wie Amiel im Jahre 1821 geboren, haben ihre ersten Meisterwerke veröffentlicht. Der etwas ältere Charles Dickens hat im jetzigen Alter Amiels eine ganze Romanserie mit einem Schlüsselwerk gekrönt – mit dem autobiografischen *David Copperfield*, den Amiel so sehr liebt.

Aber ganz hoffnungslos ist die Lage noch nicht; das Eckdatum markiert vielleicht auch den Weg in eine tätige Zukunft. Etwas dergleichen liegt in der Luft an diesem 1. Juli, auf dem energischen Marsch nach Pressy, wo Amiel bei den Marcillacs eingeladen ist. Die Sonne blendet, er setzt die Brille mit den Spezialgläsern auf, *mes lunettes rose-fumée*; er sieht die Welt durch die rosa Brille. Dazu passt, dass im Garten der Villa Leonillina 18 schwer erziehbare Burschen sein *Roulez, tambours!* singen, wie er eintrifft; ob die Freunde diesen Empfang so inszeniert haben, bleibt unklar.

Immerhin hat er sich den Weg zum tätigen Leben nicht zugeschaufelt, hat er sich alles offen gehalten. «Du hast zwar keinen messbaren Ehrgeiz», notiert er an diesem Tag, «aber dein Ehrgeiz kennt noch keine Grenzen. Du verfolgst nichts Besonderes, aber du hast noch auf nichts verzichtet. Immerhin willst du nicht resignieren, nicht auf Rabatt leben oder dich aus Vorsicht einschränken, aus gesundem Menschenverstand einlenken.» Wenn er dieses letzte Lebensdrittel konsequent nutzt, schaut noch ein handfestes *œuvre* heraus. Er rechnet diese Möglichkeit immer wieder durch: «Ist ein Buch einmal unterwegs, schriebe man bloss sechs Seiten im Tag und dies 25 Tage im Monat, so hätte man 450 Seiten zu Ende des Quartals, also einen Band, und zwei Bände nach einem Semester. Gut, auch wenn man neun Monate für die Vorbereitung und drei Monate für die Redaktion erlaubt, so kann man doch alle Jahre seinen Band abliefern und hätte nach zehn Jahren ein gewisses Gewicht, hätte gesagt, was man zu sagen hat, hätte seine Ruhe verdient, hätte der Welt seine Visitenkarte hinterlassen, bevor man sich verabschiedet.»

Und bis zum 40. Geburtstag muss auch der eigene Haushalt Wirklichkeit werden. Selbst hier bleibt genügend Zeit, wenn er nur jetzt endlich die Brautschau energisch vorantreibt. Dies soll nun definitiv sein letzter Feriensommer als Junggeselle werden. Vielleicht wird ja ab morgen mit frischen Karten und nach neuen Regeln weitergespielt, jedenfalls singt Amiel auf dem ganzen nächtlichen Rückmarsch von Pressy zur Cour de Saint-Pierre aus voller Kehle, dies im Schein eines prächtigen Vollmonds, *avec une pleine lune superbe.*

Bei der Vorstellung, das Leben könnte fast ohne unser Dazutun eine neue Gangart einschalten, handelt es sich oft um einen Einschlafgedanken. Vielleicht, so besagt seine allgemeine Richtung, fehle ja zur richtigen Einstellung, zur neuen Gelassenheit nur eine Kleinigkeit, und dieser Knickpunkt liesse sich schlafenderweise überwinden, gleichsam bei niedriger Drehzahl. Wir würden erwachen und dem Alltag mit einer neuen Selbstverständlichkeit begegnen. Und diese schüfe Platz für die Dinge, die wir schon immer anpacken wollten – ein Gefühl, vergleichbar dem Selbstvertrauen nach der Rückkehr von den Ferien an den Arbeitsplatz. Die alten und ungelösten Aufgaben erscheinen unter neuer Perspektive, viele Probleme haben sich während der Abwesenheit von selbst erledigt.

Amiel kannte beides. Schon nach einer einzigen Urlaubswoche packte er den Alltag mit ungleich grösserem Vertrauen an als vor der Abreise, fühlte er sich elastisch, frisch, den Herausforderungen gewachsen. Auch eine Nacht voll tiefen und ruhigen Schlafs zeigte erstaunliche Wirkungen. Die Mitternachtseinträge sprechen noch von Verzweiflung und Sinnlosigkeit; die erste Notiz am Morgen lobt die Morgensonne, das Zwitschern der Vögel, die von irgendwoher zuströmende neue Zuversicht. Und manchmal notierte Amiel dann den Traum oder die Träume dieser Nacht – vielleicht waren ja diese nächtlichen Bilder für den wundersamen Wandel verantwortlich, vielleicht leistete der Traum stellvertretend die Arbeit, die dem Träumer im Wachzustand schwer oder unmöglich fiel. «Der Traum braucht einen Ursprung, eine besondere Gelegenheit», resümierte er begeistert, «dann antwortet er direkt auf Einwände, die der Träumer bei kaltblütiger Erwägung gemacht hätte (...); er bringt eine neuartige Kombination, indem er *erfindet* und nicht einfach *reproduziert*.»

Im Juli geht das Journal mehrmals auf Träume ein – ein Zufall? Zum Beispiel hat Grossmutter Guillermet vom Tod eines Enkelkinds geträumt; Amiel hofft, es handle sich nicht um eine Vorahnung, sondern um einen gleichsam leeren Traum. In der Nacht danach träumt er seinen eigenen Traum. Marie Favre schwebt durch den Prairie-Park, nein ... treibt sich dort herum, mit wollüstigen Gesten und aufreizendem Gehabe, das Ganze erscheint ausschweifend und lasterhaft, wie eine Szene bei Rabelais. Am Morgen macht sich die Familie über den Träumer lustig; es scheint, dass er um fünf Uhr früh im Schlaf laut gesungen hat. Amiel lacht mit: «Ich tauge ganz bestimmt nicht zu einer Verschwörung oder zum Vertuschen eines Verbrechens. Der Schlaf würde mich verraten – vorausgesetzt, ich könnte vor Gewissensbissen überhaupt schlafen.»

Die Träume. Henri-Frédéric liebt und fürchtet sie zugleich. Er notiert sie über die Jahre und Jahrzehnte hinweg, als junger Student und als Sterbender. Mit 47 wird er ein Traumdossier anlegen, das rasch wächst, mit Traumstellen aus dem Tagebuch und Zitaten aus den Klassikern. Im März 1868 wird er mit Hilfe dieser Notizen eine einzige öffentliche Vorlesung halten, kurioserweise in Anwesenheit von *tout Genève*: vor Rektoren und Dozenten der Hochschule, einem grossen Teil der Ärzteschaft; sogar Henri Dufour, einst Oberbefehlshaber der Schweizer Streitkräfte, ist mit unter den Zuhörern. Natürlich plant Amiel ein grösseres Werk, natürlich wird dieses Werk nie erscheinen.

Oft schmunzelt er über die Träumerei, so wie im Abschnitt über das Ausplaudern im Schlaf. Zusammen ergeben die Traumstellen des Journals eine fantastische Zweitbiografie – manchmal zärtlich oder wollüstig, manchmal voller Todesgefahren, abenteuerlicher Fluchtversuche, wüster Schlägereien. Im Traum übersteht Amiel mehr Gefahren als der flüchtige Doktor Kimble und die drei Musketiere zusammen; er scheint sie zu geniessen.

1849 Er gerät in einen Massenaufstand mit wildem Schusswechsel. Sein Widersacher ist sein ehemaliger Turnlehrer, ein Mann namens Link. «Ich lag fast einen Tag lang im Todeskampf mit gespaltenem Schädel, zertrümmertem Kiefer und gebrochenem Bein – das schmerzhafte Ergebnis eines roten Massakers, das sich in Genf durch Verrat ergeben hatte. Es war Link, der mich so zugerichtet hatte.»

1850 Sara Cherbuliez drängt ihn, sich endlich zu seiner Liebe zu bekennen. «Eine, an die ich dieser Tage häufig dachte, erstickte mich beinahe in ihren Armen und flüsterte mir dabei ins Ohr: ‹Nur Mut, frage meinen Vater, und du wirst sehen!›»

1850 Er wird zum Tode verurteilt wegen unbeabsichtigten Totschlags *(homicide involontaire)*. Er erlebt alle Vorbereitungen zur Hinrichtung mit und erwacht erst kurz vor dem Schafott. «Gerichtssitzung, Richter, Urteil (auf meine Brust geschrieben), Besuche in meinem Gefängnis, fromme Lektüre usw., nichts wurde dabei ausgelassen.»

1850 «An einem grossartigen Mahl in adliger Gesellschaft, zu dem ich als Schriftsteller geladen war, beleidigten mich meine beiden Nachbarn, wobei sie es auf eine ehrenrührige Antwort abgesehen hatten, die zum Duell mit Waffen ihrer Wahl führen würde. Es folgte eine lärmige Szene; ich rief mit lauter Stimme die Versammlung an, um die zwei vorlauten Kerle zu beschämen. Anschliessend überreichte ich ihnen meine Karte für ein Duell mit Hammerschlägen – eine Waffe, in deren Handhabung wir alle gleichermassen ungeübt wären.»

1850 Er verliebt sich und spielt als Minister eine wichtige Rolle in der Bundeshauptstadt Bern. «Ungefähr lief es so ab: erster Akt, erwachende Liebe, zweiter Akt, ausgewachsene Liebe (NB: die Heldinnen waren zwei verschiedene Personen); dritter Akt, politisches und gesellschaftliches Leben. – Ich hatte verschiedene verschwiegene Treffen in Salons, machte Ausflüge in die Berge, ich hörte Vorlesungen, ich war Präsident des Bundesrats und hielt eine prächtige, versöhnliche und viel beklatschte Antrittsrede.»

1851 Sara Cherbuliez lässt ihn nicht los. «Es gibt jemanden, der mich heftig verfolgt, viel zu heftig in meinen Träumen der letzten Zeit. Diese Jemand – sollte sie für mich unentbehrlich werden?»

1856 Er begegnet einem Geschwisterpaar von genialen Anlagen, zwei Wesen von höchster Geistigkeit, dabei beide von blendender Schönheit. Im Bunde mit den beiden erwachen seine besten Anlagen zum Leben: «Auf diesen höchsten Gipfeln der Menschlichkeit fühlte ich mich wahrhaftig, aufrichtig und stark, ich gab mich hin, ich lieferte mich aus, ich war glücklich. Ich fand meine Mitte, ein Ziel, eine Stütze, ein Interesse.»

1861 Victor Cherbuliez, brillanter Romancier und Bruder Saras, bricht während einer Vorlesung auf dem Katheder zusammen. «Ich war es, der ihn aufhob, worauf eine Szene fremdartiger und leidenschaftlicher Ergüsse *(effusions)* folgte. Indem er zur Besinnung kam, küsste er mich innig auf den Mund, und während er sich wie verliebt an mich schmiegte, sagte er: ‹Ist es nicht so, dass du immer nur mich geliebt hast?›»

1863 «Stark geträumt heute Nacht, von Sara Cherbuliez und ihrem Bruder; ich fand nicht aus dieser Familie heraus, mit der ich mich vor zwölf Jahren hätte vereinigen sollen.»

1868 Im Jahr der Traumvorlesung zahlreiche Traumskizzen im Journal, mehrere davon mit dem Motiv des Überladenseins. «Ich war irgendwo unterwegs mit schwer beladenen Armen voller Mappen, Klamotten, Überziehern, Schärpen usw. wie am Tag des Umzugs, aber was mich besonders ärgerte, war der Umstand, dass ich jeweils nach zehn Schritten Halt machen musste, weil einer der Gegenstände wegrutschte und auf der Strasse liegenblieb. Unmöglich, alles beisammenzuhalten. Nachdem ich mich schweissgebadet auf eine Bank auf der Terrasse de la Corraterie gesetzt hatte, gesellte sich eine Frau, die ich nicht kannte, zu mir und bemächtigte sich meiner Brieftasche und aller darin befindlichen Wertsachen, während sie mich gleichzeitig bat, sie zu küssen. Sie spürte, wie erschöpft ich war und gab vor, sich für mich zu interessieren, während sie mich kaltblütig ausraubte, mitten auf der Strasse. Vor lauter Entrüstung erwachte ich.»

1868 In einem Versammlungssaal gehen hochdekorierte Greise und grauhaarige Würdenträger mit Fäusten und wüsten Schimpfereien aufeinander los, dies unter den Augen entsetzter Studenten. «Einer von ihnen – ich selbst, so scheint mir – klettert auf einen Tisch und setzt dem hässlichen Streit ein Ende, indem er die Jugend anfeuert und die Ahnen schwungvoll hochleben lässt.»

Das menschliche Herz hat einen dreifachen Boden; im Traum spiegelt sich der Wellenschlag des bewussten Lebens auf der Decke der Einbildungskraft. Wenn Amiel in solchen Bildern die Tücken und Spiele des Unbewussten beschrieb, fand er sich ganz in seinem Element. Hier wurden die nüchternen Traum-Telegramme zitiert; in vielen Fällen hängt der Träumer aber durchaus eine Erklärung an, eine Nutzanwendung. In der Episode mit dem Hammerduell etwa sieht Amiel einen Hinweis auf die eigene Hilflosigkeit gegenüber gezielter Missgunst und Übelwollen von aussen. Wie soll er sich verteidigen, mit welcher Waffe? Und weshalb nicht eine Waffe, mit der kein Gegner gerechnet hat? Im Fall der diebischen Passantin: «Der erste Teil des Traums drückt den psychologischen Tatbestand aus, dass ich es nicht fertigbringe, alle meine Gedanken *aufs Mal* zu versammeln, was mir das Schreiben einer Abhandlung so schwierig und das Ziehen eines Schlusses so mühsam macht. Der zweite Teil bedeutet vielleicht, dass ich wegen meines weichen Herzens von den Frauen ausgebeutet werde oder werden könnte, wovor mich bereits der Phrenologe L. warnte, den ich mit 19 konsultierte.»

Und wenn er als Bundespräsident die feindlichen Lager mit einer mitreissenden Rede versöhnt – hat das zu tun mit der Zeitungslektüre des vergangenen Tages? In den meisten seiner Träume, so stellt er fest, findet sich ein aktueller Kern aus dem bewussten Leben, hinzu kommen weitere Alltagseinzelheiten, aber bunt zusammengewürfelt, vergröbert und verzerrt; er staunt über unvertraute Bilder, hervorgerufen über das Prinzip des Gegensatzes. Die Elemente, so scheint ihm, werden verbunden auf spielerische, manchmal lächerliche Weise, die Phantasie schleicht sich auf den riesengrossen Jahrmarkt der Erinnerung und spielt hier nach Herzenslust mit allem, was sie vorfindet. Sie verknüpft, verwebt und verflicht die herumhängenden Zipfel, lässt sie ausfransen, veredelt die Alltagsgewebe zum prächtigen Teppich, den sich der Träumer umhängen darf: In diesen Kleidern spricht und handelt er ungleich besser und edler, als er das in Wirklichkeit je zustande bringt …

Das sind, wohlverstanden, wiederum Amiels eigene Bilder. Der Traum als Laterna magica: erinnerte Bilder auf die flatternde Leinwand der Gegenwart projiziert. Der Traum als tänzelnde Punschflamme: Kaum hat sich der Blick eingestellt, flackert sie woanders auf. Ist der Träumer für seine Träume verantwortlich? Ja, meint Amiel, «es gibt hier keine Entschuldigung, und die Tugend der Keuschheit erstreckt sich nicht nur über die Taten, sondern auch über die Reinheit der Einbildungskraft». Und nicht zu vergessen: der Traum als der grosse Reinemacher, die Heilung durch den Schlaf. Man legt sich zu Bett mit Ärger oder Sorgen; am Morgen hat sich der Traum «zwischen das Ich des Vortags und dasjenige von heute geschoben», ein Neustart ist möglich.

Ermunterten ihn die Freunde, am Traumdossier zu feilen, eine «Psychologie der Träume» zu erarbeiten? Es gab den Donnerstagklub, ein Quintett von Literaten und Gelehrten wie Scherer und Lecoultre oder dem Freund und Pädagogen Charles Heim; während Jahren traf sich der *cercle des penseurs* im Sommer zur wöchentlichen Wanderung auf den Salève. Zumindest liessen sich die Freunde anstecken, zumindest bei einer Wanderung war der Traum Hauptthema. War es wirklich so, wurde gefragt, «dass wir im Traum immer erwachen, bevor dies in der Wirklichkeit geschieht, und dass die Traumleistung immer hinter einem Nebel verborgen bleibt? Weshalb sind wir so oft überrascht vom Einfallsreichtum und der unerwarteten Schlagfertigkeit mancher unserer Reden im Traum? Sind diese Worte die unseren oder sind sie eingeflüstert? – Eine zukünftige Wissenschaft wird es vielleicht erklären.»

Einen Einflüsterer, der genau die richtigen Worte fand, hätte sich Amiel für den Umgang mit Louise Wyder gewünscht. Ende Juni hatte er sich eine Auszeit von zwei Wochen ausbedungen, und da am 15. eine kleine Urlaubsreise beginnen sollte, hatte er im Prinzip einen ganzen Monat für eine Bestandesaufnahme freigeräumt. Die stürmische Begegnung mit Marie, die Erfahrung der «elektrischen Anziehung» im Park und ihre Folgen belegten indes bereits das erste Viertel der Frist. Es blieb gerade noch Zeit für einen Abschiedsspaziergang mit Louise, bezeichnenderweise an einen Aussichtspunkt mit dem Namen *Au bout du monde*. Erneut tränenreiche Szenen, von ihrer Seite die Bitte, «sie doch sterben zu lassen». Seit zwei Wochen weint Louise ununterbrochen, ist jetzt zur Auswanderung entschlossen, will Mutter, Schwester und Neffen zurücklassen, vor allem «jegliche Verbindung zu mir abbrechen, um ihren unerträglich gewordenen Qualen ein Ende zu machen».

So wie oft schob Amiel auch diesmal jede klare Entscheidung hinaus, verabschiedete sich mit dem Versprechen, aus dem Urlaub zu schreiben, packte nach der Rückkehr an die Nummer 99 aber endlich die schon mehrmals zugesicherte Konsultation von Tante Fanchette an. Was an die zur Kur weilende Ziehmutter und Vertraute abging, war schon eher ein Dossier als ein ratsuchender Brief: Amiel legte sechs Schreiben von Louise bei, mit unkenntlich gemachter Unterschrift, dazu einen 16-seitigen Auszug aus seinen *Délibérations matrimoniales*. Am Morgen des 13. ersuchte er Louises Arzt brieflich um eine Einschätzung ihres Gesundheitszustands, erhielt tatsächlich noch am gleichen Abend eine Art medizinischen Rapports von Dr. Jacques Seiler. Jawohl, die Lungenaffektion von Demoiselle Wyder war vollständig ausgeheilt, einer Eheschliessung und Mutterschaft stand nichts im Wege, allerdings werde sich die Patientin auch in Zukunft vor

Überanstrengung hüten müssen: keine ausgedehnte Lektüre, kein Singen.

Ob dieses eigenartige Unbedenklichkeitszeugnis dem Paket an Tante Fanchette beigelegt wurde, bleibt unklar. Amiel steigerte sich in eine geradezu fiebrige Korrespondenzwut hinein, gab zusammen mit dem Dossier einen vieldeutigen Brief an Louise zur Post und doppelte am nächsten Tag mit einem weiteren Schreiben nach. Es rechtfertigte den Schritt des Ratsuchens und machte weitere Entscheidungen von Fanchettes Antwort abhängig. «Die Zukunft, selbst die unmittelbare, gehört uns nicht», begann der erste, vieldeutige Brief. Er dankte der Freundin für die langjährige Zuneigung und Hilfestellung und warnte sie einmal mehr vor dem Absender und seiner Unberechenbarkeit: «Verzeihen Sie, liebe Empfindsame, aber ich habe in mir zwei oder drei *moi*, die sich gegenseitig kaum kennen.» Wenn er, Amiel, in den nächsten Tagen unerreichbar bleibe, so trage er doch das Bild der kleinen Fee auf den Wiesen von Jaman mit sich. «Ah, wären Sie doch da oben!»

Louise hatte jahrelange Übung in der Kunst, aus widersprüchlichen Signalen herauszulesen, was ihr willkommen war. Und wenn sich in ihrem Fritz mehrere Personen verbargen, so kannte sie doch das wahre Ich: «*Oui*, Fritz, ich will dieser Jemand sein, den Sie brauchen», heisst es in ihrer Antwort. «Dieses *moi*, von dem Sie nichts wissen, ist jenes, das ich liebe, jenes, das seit dem Alter von zehn Jahren ohne Eltern, ohne Freunde aufwuchs. Ich habe aus meinen Gedanken jede Vorstellung von einer Trennung und ihren Folgen verbannt. Ich habe Ihnen mein Schicksal und mein Leben anvertraut; Sie sollen über uns entscheiden.»

Louises Briefchen traf Mitte Juli, am Tag der Abreise ein. Die Auszeit war zur Hälfte verstrichen, die Dinge hatten sich noch weiter kompliziert.

Louise Wyder blieb allein zu Hause zurück, liess ihre Auswanderungspläne fürs Erste auf sich beruhen. Ohnehin war ihr Alltag so dicht bepackt, dass für derartige Kraftakte kaum Raum blieb: Versorgen des Haushalts mit der kränkelnden Mutter, Stunden erteilen, die eigenen Kleider selbst nähen, dazu das Nörgeln der Mutter, die ihre Tochter «etabliert» wissen wollte, ob in einer Ehe oder einer sicheren Anstellung.

Das kleine Porträt, das Amiel von diesem Lebensumfeld skizziert, rückt uns die alltägliche Louise Wyder zum ersten Mal etwas näher. Einkaufen, Kochen, Besorgen der Wäsche, Stundengeben. Die meisten Einkäufe erledigt sie zu Fuss, nur für grössere Distanzen steigt sie in einen der Pferdeomnibusse, die an der Place Neuve abgehen. Eingekauft wird am Markt auf der Place du Molard: die Feigen, die getrockneten Aprikosen, wenn ein Besuch des Freundes bevorsteht, die Orangen, die einzeln verkauft werden. Macht Louise Besorgungen in einem Ladengeschäft, so feilscht sie meist um den Preis; viele Waren sind nicht angeschrieben, und der Preis richtet sich nach der Grösse des gekauften Postens. Für manche Lebensmittel wartet sie auf den Rundgang des Strassenhändlers. Fische werden fast täglich angeboten, von einer Frau mit lauter Stimme, die Felchen und Weissfische in einem Korb mitträgt, unter einer weissen Serviette. *Sérasses*, Frischkäse bietet ein Mann an, der vor Mittag durch die Strassen zieht und ein schmales, langes Brett auf der Schulter balanciert. Darauf präsentiert sind die in zwei Enzianblätter gewickelten Portionen, und auch hier richtet sich der Preis nach der Grösse des Verkaufspostens. Brot wird zu festen Preisen verkauft, ebenso Petrol. Die neuartige Petrollampe ist eben aufgekommen, an Stelle des ewig russenden, ewig flackernden Rapsöllämpchens. Ein Segen für die auf Reinlichkeit bedachte Louise: kein Hantieren mehr mit der Schraubfeder, kein Dochtputzen, dafür klares, gleichmässiges, freundliches Licht!

Und weshalb erfahren wir aus den zehntausenden Seiten des Journals sonst nie etwas über diese Dinge? Wenn Amiel ein Ladengeschäft erwähnt, so bestenfalls die Buchhandlungen Suès oder Georg; nur einmal wird in diesem Jahr der Kauf einer Statuette festgehalten, eines Kaminaufsatzes für Fanny. Der Gang zum Schneider, der Kauf eines Huts sind für Amiel ein Graus; für diesen Mann gehören alle Pflichten des praktischen Lebens in eine untergeordnete Kategorie, in eine leider unumgängliche Sphäre mit dem Etikett «Schade um die Zeit». Das Kofferpacken vor einer Reise wird bis zum letzten Augenblick aufgeschoben: mit dem Ergebnis, dass es am Urlaubsort an Wäsche oder Strümpfen mangelt. Um Hemden, Anzüge, die unvermeidlichen Handschuhe und die Krawatten kümmern sich die Schwestern – besser: ihre Wäscherinnen –, aber ihre Hinweise, dies und jenes sei neu anzuschaffen, bleiben meist unbeachtet, sodass Amiel auch jetzt wieder keine leichte Kleidung findet, sobald die ersten heissen Tage anbrechen.

Schade um die Zeit – für Amiel gilt dieses Motto nicht mehr, wenn es um die Besuche bei den Freunden geht. Die Wege in der Innenstadt werden ohnehin zu Fuss zurückgelegt. Aber viele Treffpunkte liegen ausserhalb. Zur Villa Leonillina mit der Freundin Esther Guinet und den Marcillacs sind es rund sechs Kilometer – anderthalbstündige Märsche, über die das Tagebuch kaum je ein Wort verliert. Am letzten Juliwochenende nimmt er für einen Besuch den Omnibus nach Lancy (Place Neuve ab 17 Uhr), marschiert weiter nach Onex (anderthalb Kilometer) und tritt noch am gleichen Abend den Rückweg an den Petershof zu Fuss an. Eine kräftige Marschstunde, natürlich keinerlei Strassenbeleuchtung bis zur Stadtgrenze, bloss ab und zu von Wolken unterbrochenes Mondlicht. Auch nach dem elf Kilometer entfernten Cartigny, zum Landhaus von Fanny und Franki, bricht er zusammen mit den Neffen oft zu Fuss auf.

Wer ihm zu Hause die schlammverspritzten Schuhe bürstet, wer ihm das Souper aufträgt, wenn Schwester und Schwager im Landhaus bleiben, wer ihm das Brennholz für den Kamin in die Mansarde schleppt – dergleichen gehört für ihn zur Infrastruktur des Selbstverständlichen, zu einer Wirklichkeit zweiten Ranges. Dass Louise Einkäufe tätigt, den Korb nach Hause schleppt, ihre Kleider bügelt und für die Mutter Abendessen kocht, lässt sich wohl nicht vermeiden, wird von ihm mit einer Mischung aus Staunen und Belustigung vermerkt. Aber bringt eine Unterhaltung über diese Dinge irgendeinen Zuwachs an Erkenntnis?

Viele Monate später wird er Louise in einem Hintergarten des Montbrillant-Quartiers antreffen; sie hängt Wäsche auf die Leine.

Das Tagebuch berichtet darüber, als handle es sich um eine Szene aus einer Parallelwelt; natürlich hütet er sich, die Wäscherin anzusprechen.

Von Amiel während der Auseinandersetzung um eine mögliche Zukunft mit Louise Wyder notiert: Weshalb kann er eigentlich nirgends klipp und klar nachlesen, was ihn in einer Ehe erwartet? Die Philosophen Fichte und Schleiermacher, bei denen er die Kapitel über das Verhältnis zwischen den Geschlechtern nachschlägt, speisen den Leser mit Allgemeinheiten ab. «Es ist erstaunlich, wie ungenügend die wesentlichen Dinge des Lebens von den Theoretikern und Moralisten erhellt werden. Die Romanautoren sind da um einiges wahrhaftiger. Aber auch der Roman belehrt uns nur ungenügend über die Dinge, die in der Wirklichkeit am meisten Platz einnehmen. Und so muss sich denn jedermann alleine vortasten, von vorne beginnen und mühsam selbst entdecken, was er dann doch nicht weitergeben darf. Deshalb verzeichnet auch die Kunst des Lebens, die praktische Weisheit, kaum irgendwelche Fortschritte. Die Beziehungen zwischen Mann und Frau bilden die Achse des privaten Lebens, aber dank einer Art weltweiter Verschwörung sind sie immer noch in die Dunkelheit des Unwissens gehüllt. Die Liebe erscheint überall nur im Rohzustand beschrieben, die fatale Unwissenheit und Zufälligkeit sind um nichts vermindert worden. Aus der Erfahrung wird keinerlei Kapital geschlagen, der Freund hilft dem Freund nicht, die Eltern sind dem Sohn von keinerlei Nutzen. Die Kunst des Lebens zu zweit wird, so wie zu Beginn des Jahrhunderts, nur verhüllt und bruchstückartig überliefert. Wenn in dieser Geheimniskrämerei wenigstens eine Chance für den Erfolg oder das Glück stecken würde … aber nein! Die Fallen, Fussangeln und Stolpersteine der dunklen Route werden von den Vorreitern sorgfältig für die Nachkommenden zugedeckt. Man hört nichts als verallgemeinernde Verwünschungen oder vage Lobpreisungen; nichts Nützliches, Positives, Genaues, Nachprüfbares. – Ist es Scham oder Hinterhältigkeit? Unvermögen oder böser Wille? Weshalb nur immer diese überlieferten moralischen oder frommen Phrasen statt der echten

Wahrheit, den ewigen Gesetzen? Ist die Wahrheit denn so hässlich, so erschreckend, so traurig, dass die Illusion oder der Irrtum immer noch vorzuziehen sind?»

Die Sommerfrische. Sie führt Amiel ins Wallis, ins Rhonetal, das er noch nicht kennt und offensichtlich auch nicht näher kennen lernen will. Seine Urteile über Sion und St-Maurice, vom 16. Juli an in ein besonderes Heft notiert, klingen durchwegs abschätzig, missgelaunt. Eine Folge davon, dass er die Reise kaum vorbereitet, den Koffer im letzten Augenblick gepackt hat? In Sion, dem Etappenort des ersten Tages, hält er «tausend unangenehme Eindrücke» fest. Die Grölerei auf der Strasse lässt ihn erst um Mitternacht einschlafen, Hufeklappern und Peitschenknallen wecken ihn um vier Uhr früh. Beim ersten Morgenlicht ein schlechtgelaunter Rundgang durch das an sich schmucke Städtchen, er sieht nichts als Schmutz, Verwahrlosung, karge Landschaften. Gleich anschliessend notiert er: «Nachlässigkeit, Zerfall, Schlaffheit, Elend, Unwissenheit, Unsauberkeit.» Die Leute, die er beim Frühstück anspricht, verstehen ihn nur mit Mühe, er muss jeden Satz wiederholen. Und das Zimmermädchen, eine Hiesige, war noch nie auf einem der Schlösser, die hier wie ein Mahnmal an glanzvollere Zeiten über der Stadt ragen. *Décidément*, dieses Wallis mit seiner Zweisprachigkeit scheint ihm ein Zwitter durch und durch – eher noch Savoyen als Schweiz, wenn auch mit einem gewissen republikanischen Bodensatz. In der Art heutiger Touristen, die sich im Drittweltland vor bedrängenden Bildern schützen, schiebt er die Schuld auf die Einheimischen: Schlamperei, Korruption. «Das ganze Wallis macht den Eindruck eines Landes, das aus lauter Faulheit arm bleibt, unkultiviert und träge, trotz seiner Weinberge, seiner Bergwerke, seiner Steinbrüche und Thermalquellen.»

Was zum Teufel hat ihn nur hierhergeführt, was sucht er hier? Ein hartes und unangenehmes Licht setzt ihm zu; in ganz Sion finden sich keine Schattenplätze, keine Ruhebänke. Noch am gleichen Tag nimmt er den Zug nach St-Maurice, ärgert sich erneut: nicht einmal eine Ruhebank für die wartenden Passagiere! Vollends verschnupft ist er nach der Ankunft in Bex: Seinen Sitz im

Abteil der Postkutsche hat ein Mann aus dem Piemont belegt, seinen im Voraus reservierten Sitz! Und dieser Passagier darf ungestraft behaupten, er habe für die ganze Fahrt gebucht: kein Postillon, der für Recht und Ordnung sorgt! Seufzend vor Erleichterung trifft Amiel abends in der Pension *Rosen* in Ollon ein, zurück in seinem geliebten Waadtland.

Erst Tage später legt er sich darüber Rechenschaft ab, dass er den Ärger, den er im Wallis empfand, wohl selbst mitgebracht hat, zusammen mit der eigenen Unordnung, Zerfahrenheit, Nachlässigkeit, Schlaffheit. Aber da ist er bereits in Villars, hat eine Pension mit grossem Speisesaal für fünfzig Gäste bezogen und teilt die Mahlzeiten mit einer bunt gemischten Gesellschaft. Engländer an beiden Enden der Tafel, weiter sieben junge Schottinnen, die alte Lieder singen und mit unbedeckten Schultern an der Tafel erscheinen, dann aber bald abreisen, übrigens ohne jede Begleitung, «ohne Tutor oder Chaperonne. Sie erhellten das ganze Haus – junge Mädchen, fröhlich und hübsch, mit offenem Lachen und unschuldigem Blick, mit Namen wie Anderson oder MacDonald, die mich mitten in die Welt von Walter Scott zurückversetzten. Sie tummelten sich auf der Wiese und auf der Schaukel; vier waren blond und drei brünett»; er bedauert ihre Abreise.

Anders als heutige Reisende, die sich gerne die Illusion der Ausschliesslichkeit bewahren, freut sich Amiel über die Genfer Ehepaare an der Tafel. Vom 20. Juli an bleibt das Wetter neblig und regnerisch, sodass man sich in den Gesellschaftsräumen näher kommt. Es wird Schach gespielt, man verfasst zusammen Gedichte, trägt die eine oder andere Dichtung vor; Amiel beispielsweise hat einigen Erfolg mit seinen Fabeln von La Fontaine. Bei all dem fühlt er sich, wie erwähnt, zerfahren und schlaff. Der ewige Nieselregen lässt sein Haar dünn und pampig aussehen, wofür er sich geniert, zudem wartet er sehnlichst auf einen Brief – auf *den* Brief aus Brides, mit dem Tante Fanchette ihn womöglich aus seiner Ratlosigkeit erlöst. «Eine vage Traurigkeit hat mir zusammen mit dem garstigen Wetter den Aufenthalt verdorben», notiert er bei der Abreise. Kommt hinzu, dass ihm der junge Hausknecht den Griff seines Regenschirms zerbrochen und das Etui mit den

Schreibutensilien verlegt hat. Vielleicht gilt die Niedergeschlagenheit aber auch dem Treffen, das er mit der Rückreise verbinden will. Auf den 26. hat er sich in Rolle mit Louise Wyder verabredet; er wird ihr ohne Tante Fanchettes Rückendeckung gegenübertreten müssen.

Schotten und Engländer in der Pension von Villars, die schöne Vampirin aus Marseille, der Amiel auf dem Léman-Dampfer *Italie* begegnet, der junge Russe mit gelbem Backenbart auf dem Zug nach St-Maurice: Wir hätten gerne mehr darüber gehört, weshalb und seit wann die östliche Uferregion des Léman so viele Gäste aus aller Welt anzieht. Amiels Notizen gehen mit keinem Wort darauf ein, bloss im Journal wettert er über die Landschaftszerstörung, die der moderne Verkehr gebracht hat: «Die Bauten für die Eisenbahn haben die schönste Gegend der Welt zerstört, das gesegnete Dreieck von Obstgärten und Uferpartien, das sich von La Veraye nach Clarens erstreckt, ein wahres Paradies auf Erden. Es ist zum Ärgern und Verzweifeln.»

In der Tat macht der 1852 begonnene Bahnbau die Region innert weniger Jahre zum internationalen Urlaubsziel für Erholungs- und Zerstreuungssuchende. Pensionen und Grandhotels schiessen aus dem Boden, rund um Montreux und Vevey zählt man jetzt rund zweihundert Beherbergungsstätten. Kleine Winzergemeinden wie Clarens oder Chernex steigen auf zu Kurorten; ihre Hauptangebote sind die «tonische» Luft, die milden Temperaturen und die Traubenkuren, die die Gäste gleichsam vor Ort durchführen. Aus dem Appenzell reisen Ziegenhirten mit kleinen Herden her und bieten während der Sommermonate die angeblich besonders bekömmliche frische Ziegenmolke an. Vor allem aber hat jedes dieser Urlaubsziele sein eigenes Klima. Nach dem etwas höher gelegenen Villars reist man, «um die frische Alpenluft zu athmen und sich an dem grünen Schmuck der Berge zu ergötzen», Chernex mit seiner «alle Erwartungen übertreffenden Aussicht» liegt zwischen Rebbergen und Weiden und hat deshalb «eine milde und doch frischere und tonischere Luft» als etwa Vevey und Montreux. Hier, wo «viele Russen und preussischer

Adel» verkehren, müssen sich Kuraufenthalter vor den Morgen- und Abendwinden hüten und deshalb zu diesen Tageszeiten in geschützten Räumen verbleiben. Dagegen profitiert Vevey, angeblich wie in einem Amphitheater liegend, davon, dass sich Wasser- und Lufttemperatur gegenseitig auspegeln. Im Sommer «erfrischt sich die Luft auf Kosten des Wassers», im Winter gibt der Léman Wärme ab, was zur ganzjährigen «Weichheit der Luft» beiträgt.

Amiel konnte sich über all diese feinen Unterschiede im Detail orientieren – über die Kurort-Topografie der Schweiz gab damals ein hochaktueller Report Auskunft. 1860 veröffentlichte der Zürcher Arzt Conrad Meyer-Ahrens eine mehrhundertseitige Aufstellung der Heilquellen und Kurorte des Landes, ergänzt mit Tabellen zu Klima, Luftfeuchtigkeit oder Zusammensetzung der Thermalwasser. Die Schweiz hat klimatische Kurorte und solche für Erdbeerkuren, sie hat über tausend grössere Mineralquellen und unzählige Pensionen, die Ziegen-, Kuh- oder Eselsmolken anbieten. Der Führer von Meyer-Ahrens gibt Auskunft über die Pensionspreise in Clarens oder Ollon; drei bis fünf Franken kosten pro Person Übernachtung und Mahlzeiten, eine Vierzimmerwohnung mit Bedientenkammer ist für 150 Francs im Monat zu haben. Meyer-Ahrens weiss Bescheid über den Ablauf der Traubenkur im nahen Aigle: Der Kurist beginnt mit einer Tagesration von 6 Pfund und steigert allmählich auf 12 Pfund; immerhin rät Meyer-Ahrens, die Schalen auszuspucken, da diese ein Sechstel des Gesamtgewichts ausmachen. Bei der Milchkur auf Rigi-Scheidegg gibt es nichts auszuspucken; der Gast beginnt frühmorgens mit 3–4 Tassen und trachtet danach, das Tagespensum von mindestens 16 Tassen zu erreichen. Will er die Molken- oder Milchkur mit dem «Einathmen von Kuhstalluft» ergänzen, braucht er sich die Schuhe nicht in einem wirklichen Stall zu beschmutzen. Meyer-Ahrens nennt manche Pensionen im Berggebiet, die frischen Kuhmist und ein Jauchefass in einem ansonsten reinlichen Nebenraum deponieren, hier werden die als nervenstärkend geltenden Ammoniakdünste dosiert eingeatmet, während genau bemessener Zeit.

Meyer-Ahrens musste seinen Kurortführer bereits 1867 in erweiterter Fassung neu auflegen. Angehörige der wohlhabenden

Bürgerschicht achteten peinlich auf ihre Gesundheit, neigten zur Hypochondrie, probierten im einen Jahr die Erdbeer- und im nächsten die Kaltwasserkur aus, so wie Amiel, den wir unter den Käufern des Werks vermuten.

Der Teufelskreis wird zur immer enger drehenden Spirale, wenn zwei ungleich empfindende Partner ihre ohnehin seltenen Treffen mit Vorwürfen und Rechtfertigungen zubringen. Wo der eine diskret auf die Uhr schaut, scheint dem anderen die Zeit viel zu schnell abzuspulen; noch ist bloss der kleinste Teil der im Vorfeld sich stauenden Gedanken und Empfindungen geäussert worden, und auch das in unvollkommener Form. Dass Amiel auf den Vorschlag Louises einging, seine Rückfahrt in Rolle für einen ausgedehnten Spaziergang mit ihr zu unterbrechen, mochte mit seinen ewigen Ängsten zu tun haben, irgendein Bekannter könnte ihn in Begleitung einer Frau überraschen, die ihm selbst als unpassend erschien. In Rolle bestand diese Gefahr kaum, zudem liess sich die Begegnung zeitlich auf sechs Stunden einschränken. Dass Louise zurückblieb, während Fritz den frühen Abendzug nach Genf nehmen würde, war gleichsam gesetzt, dies wegen der in der Akademie anstehenden Prüfungen vom folgenden Tag. Zwar ging die Rechnung an diesem Nachmittag des 26. nicht auf; Amiel verpasste den vorgesehenen Zug und sah sich in der genierlichen Lage, drei weitere, nicht eingeplante Stunden des Zusammenseins mit Anstand zu überbrücken.

Am Gewicht, das dieser Verlängerung in Louises demütigem Briefchen vom nächsten Montag zukommt, zeigt sich wieder, wie ungleich Geben und Nehmen in dieser Beziehung verteilt sind. Es ist Fritz, der ihr «wertvolle Stunden widmet», der ihr «seine Zeit schenkt». Louise ist zerknirscht, dass sie nicht nachdrücklich genug auf die bevorstehende Abfahrt des Zugs hinwies, dass sie ohne Absicht drei Stunden beanspruchte, die bei Amiels Vorbereitung aufs Examen fehlten. «Aber oh, wie musste ich dafür zahlen!» – nämlich mit Stunden und Tagen der Panik, in denen sich Louise ausmalte, Fritz habe sich über die verspätete Heimkehr dermassen geärgert, dass er auf jedes weitere Treffen verzichte, oder aber er habe die abzunehmenden Prüfungen wegen mangelnder Vorbereitung auf irgendeine Art verpatzt. Jedenfalls blieb sie ihm in den betreffenden Stunden nah, war «in Gedanken und mit meinen Gebeten bei Ihnen und versuchte so, meinen Fehler zu büssen».

Nicht ganz so zerknirscht die Schlusswendung des Briefchens. Beim Gespräch unter dem Kirschbaum von Rolle habe Fritz beiläufig angemerkt: «Sonntag, das ist dann, wenn ich Sie sehe.» Das töne zwar hübsch und freundlich, meint Louise, füge sich aber nur allzu deutlich zu einem kleinen Aphorismus aus dem *Penseroso:* «Die beschränkte Frau ist der Sonntag des Gelehrten.» Was sie, Louise, denn jetzt damit anfangen solle?

Amiel steckte die Verspätung übrigens ziemlich gelassen weg und rapportierte der Freundin seinerseits nach Examen und anschliessendem Notenkonvent, er fühle sich nun dank dem Urlaub so gestärkt und gefestigt, dass die ganze Plackerei und die frostige Miene mancher Kollegen an ihm abgeglitten seien «wie Regen auf dem Gefieder des Schwans». Immerhin habe sich während der Abwesenheit viel Post angesammelt, «tausend Dinge, die mich erwarteten». Ein kleiner Fingerzeig des Vielbeschäftigten; er wird widerlegt durch den Eintrag im Journal: Tatsächlich fanden sich bei der Rückkehr bloss einige Zeitungen, Prospekte und belanglose Briefe in der Post.

Was die ganzen Erörterungen über verpasste Züge, verlorene oder geschenkte Stunden, aufgehäufte Post, Gelehrtensonntage und Notenkonvente nur unvollständig überdecken: Die Gespräche in Rolle streiften zwar ein Dutzend Themen, vermieden aber in jahrelang geübter Fertigkeit des Ausweichens das eine, das zentrale, das von Louise mit Herzklopfen erwartete Thema. Wie stand es nun um Fritz und Louise, wie lautete der Rat von Tante Fanchette?

Kann die anhaltende Bewunderung, ja Anbetung durch eine Person des anderen Geschlechts abstumpfend wirken oder zur Selbstüberschätzung verleiten? Auf Amiel, der sich gerne als Beichtvater für verwirrte oder ratsuchende weibliche Wesen sieht, müssen die

Begegnungen des letzten Wochenendes im Juli ernüchternd wirken, vielleicht auch heilsam. Der Notenkonvent ist abgehakt, Louise Wyder mit einem Briefchen beruhigt, das für ein paar Tage vorhalten sollte, es bleibt Zeit für Besuche im Landhaus der Schwester und bei befreundeten Nachbarn. Sowohl in Onex wie in Cartigny trifft Amiel dabei auf unverheiratete Frauen, die für sein besonderes Angebot der Einfühlung und der Teilnahme wenig Bedarf zeigen oder aber solche Gaben auf ihrer Anspruchsebene als selbstverständlich voraussetzen. Amiel hat noch am Sonntag Miniaturporträts von Demoiselle Wessel und den beiden Schwägerinnen Rochette skizziert. Was ihn fasziniert, ist der Gegensatz zum fraglosen Respekt, den ihm eine Marie Favre entgegenbringt, ganz zu schweigen von der schwärmerischen Ergebenheit einer Louise Wyder. Die Frage scheint ihm berechtigt: Hat er es sich in diesen letzten Monaten zu leicht gemacht, ist er ganz einfach verwöhnt? Zeigen ihm diese jungen Frauen in der Provinz, dass er bei seiner Brautsuche auf einem ganz anderen Niveau ansetzen muss?

Amélie Wessel zuerst. Sie ist die Schwägerin von Pasteur Viguet in Cartigny; man stattet der Familie nach dem Gottesdienst eine Visite ab. Eine hübsche, gutgebaute junge Frau, die einen kompakten und soliden Eindruck macht. Amiel hat bei einer Gelegenheit mit ihr den Botenwagen von Cartigny nach Genf geteilt, sie dann an einem Ball wiedergetroffen; beide Male gefiel sie ihm ausnehmend gut. Amélie und Amiel: möglich, dass er beiläufig mit den beiden Namen jonglierte. Mademoiselle Wessels Eltern sind gestorben, ihre Brüder lassen sie offenbar im Stich, die Schwester und Pfarrfrau in der etwas isolierten Landgemeinde ist ihre einzige Stütze. Das erweckt seine Anteilnahme, sein Mitgefühl.

Ganz offensichtlich gibt es dafür bei Amélie kaum Bedarf, sie begegnet Amiel eher schnippisch: «etwas Spitzes, Eckiges, das an Spottsucht und Groll denken lässt». Oder soll er eher von reizbarer Selbstgefälligkeit sprechen, von Gefühlskälte? «Kälte? ziehe ich zurück. Selbstbeherrschung und umsichtige Zurückhaltung, dazu unerfüllter Ehrgeiz und die Gewohnheit, seine Wünsche zurückzustellen – das genügt durchaus, Ausdruck und Haltung dieser wenig mitteilsamen, aber eleganten jungen Frau zu erklären.» Und weshalb fühlt er sich mit ihr denn nicht mehr wohl? «Vielleicht, weil sie mir den Eindruck von Unabhängigkeit hinterlässt? Oder in ihrer Würde etwas Hinterhältiges steckt? Auch nicht; ich habe den Schlüssel zu dieser Natur wieder verloren und würde mich eigentlich gerne mit ihr beschäftigen.»

Dazu kommt es aber nicht, erst muss Amiel über die Begegnung mit Eugénie Rochette und ihrer Schwägerin Adélaïde hinwegkommen, denen er am Montag einen Besuch abstattet. Auch sie wohnen auf dem Land, haben aber keineswegs auf die Begegnung mit einem gebildeten und umgänglichen Städter im besten Mannesalter gewartet. Besonders Fräulein Adélaïde gibt ihm zu verstehen, dass sie vor jeder Art von Abhängigkeit zurückscheut, ihr eigenes Leben leben will, als Frau von Welt. Die Mittel dazu sind vorhanden, die beiden Schwestern sind in Onex unter der Obhut ihres Vaters aufgewachsen, «französische Protestantinnen mit Genfer Lackierung».

Hat Amiel mit irgendeiner Geste verraten, dass er Adélaïde als mögliche zukünftige Lebenspartnerin mustert? Wenn ja, ist die Aussicht auf eine Verbindung keineswegs verlockend. «Italien, in Salons und Ateliers brillieren, davon träumt sie. Der Ehemann würde nur den Vorwand bilden.» Und anders als die empfindsamen Genferinnen seines Zirkels hält Adélaïde nichts von Einfühlsamkeit, will sie sich in niemandes Seele versetzen, schon gar nicht in die eines Mannes. «Was mir vorzuherrschen scheint, ist eine gewisse Ungeduld gegenüber dem männlichen Geschlecht und eine geheime Zurückweisung seiner anmassenden Vorherrschaft. (…) Man gefällt sich sehr darin, diese hässlichen, bärtigen Geschöpfe zurechtzuweisen, die sich Autorität und Herrschaft in allen menschlichen Belangen anmassen. Ohnehin findet man sie langweilig, vulgär, platt, unhöflich und sogar ein wenig lächerlich in ihrer Anmassung. – All dies errate ich nur, denn wir haben über nichts dergleichen gesprochen, aber ich habe den Eindruck, dass mir Mlle. Rochette zu verstehen gibt, man müsse sich viel mehr Mühe geben, um ihr zu gefallen, man müsse höflicher, einfallsreicher, geistvoller und galanter sein als unsere Ehegatten, man möge bitteschön mit ihr rechnen, mit ihren Ideen, ihren Ansprüchen, ihren Feinheiten und ihren Vorlieben. Ganz bestimmt verurteilt sie in Bausch und Bogen die Ungeniertheit unserer Männer und die anspruchslose Zufriedenheit unserer Frauen.»

Zwei unabhängige Frauen in zwei Tagen, ohne Geziertheit, ohne Schwärmerei. Was soll er davon halten, während dem nächtlichen Fussmarsch auf der dunklen Landstrasse? In vielen Dingen kann er nur beifällig nicken, vor allem was die männliche Aufgeblasenheit und den Drang nach Freiheit betrifft. Aber sonst? Wo bleibt das Streben nach dem Guten? Wo die Zärtlichkeit? Oder muss sich eine Frau ihre Unabhängigkeit durch den Verzicht auf diese Werte erkaufen?

AUGUST

Ausweichen auf die Seite

𝓔in Dokument der Feigheit: Amiel diktiert Louise Wyder die Voraussetzungen, unter denen man sich am *bal militaire* vom 4. August gemeinsam zeigen wird. Immerhin handelt es sich um den gesellschaftlichen Höhepunkt des Jahres, immerhin wird sich *tout Genève* einfinden, wenn die abziehenden Bundestruppen mit Glanz verabschiedet werden, sodass die viertausend Plätze im improvisierten Ballsaal im Palais Electoral in Kürze vergeben sind. Kurz, wenn Amiel denn schon die Billets für Madame und Mademoiselle Wyder ergattert, hat man sich seinen Anweisungen zu fügen.

Am Tisch der Wyders wird sich Amiel nur vorübergehend niederlassen, soviel fürs Erste. Weiter soll Louise das gegenseitige Vorstellen so gestalten, dass ihre Beziehung auf alle Beteiligten und Aussenstehenden so unverfänglich wie oberflächlich wirkt. Entsprechend verteilen Amiels Instruktionen die Rollen, entsprechend legen sie mögliche Einstiege in die Konversation fest: «Ich stelle einen alten Bekannten aus Berlin dar, dem man noch einen Tanz schuldig ist und von dem man seither oft erzählt hat, bin übrigens auch ein Bekannter des Schwiegersohns Paul Privat, jedenfalls etwas in der Art, das beide Seiten zufrieden stellt und auch für die neugierigen Ohren an den benachbarten Tischen passt. Lässt sich die Sache gut an, werde ich mehrere Male am Abend an Ihre Seite zurückkommen können. – Da die Eintrittskarten Ihrem bescheidenen Diener zu verdanken sind, wäre das ein passender Einstieg für das Gespräch und für die gegenseitige Vorstellung, ohne dass man dieses heikle Thema überbeanspruchen sollte. Meine Cousine hat zwar auf den Abend verzichtet, aber ich werde vielen Damen meiner Bekanntschaft meine Aufwartung machen müssen. Sie erlauben mir also, auf der Hut zu bleiben und Ihnen im mondänen Rahmen der herzlichen Höflichkeit zu begegnen. Das bin ich Ihnen und mir schuldig. Ihr feines Taktgefühl wird mir hier nicht widersprechen.»

Wie Louise Wyder den Ball unter solch demütigenden Umständen erlebt, lässt sich nur erahnen. Das Journal widmet dem Fest hingegen eine umständliche Beschreibung; Louise und ihr kleiner Zirkel nehmen darin eine bescheidene Ecke ein. Erstaunlicherweise fühlt sich Amiel fast von Beginn weg wohl, mitgerissen vom Überschwang vaterländischer Einigkeit: Genf beweist den verhassten französischen Nachbarn, dass die Krise um Savoyen die Solidarität mit den eidgenössischen Kantonen nur noch verstärkt hat. Die vorübergehend stationierten Truppen aus Zürich und Bern ziehen ab als zuverlässige, zu allem entschlossene Bündnispartner. Und dies hier ist der Höhepunkt eines dreitägigen Abschiedsfests in einer beflaggten und bewimpelten Stadt; im ebenfalls mit Fahnen geschmückten Ballsaal dominieren zwar die Uniformen, aber die Springbrunnen, das Blumenmeer und die rot- und blauseidenen Ballroben der Damen geben dem Ganzen einen angenehm zivilen Anstrich. Das Orchester spielt auf einer bekränzten Galerie, den Tanzboden haben die Veranstalter mit Meersalz bestreut, sodass sich der aufgewirbelte Staub schneller setzt; dazu trägt die Luft einen ferienhaften Hauch von Tang und Meer.

Ja, die Damen ... «Einige hübsche Kätzchen und schöne Augen gesehen», notiert Amiel am nächsten Morgen, «prächtige Kleider, einige reizende Köpfe, einige originelle Haartrachten, und trotz der niedergeschlagenen Stimmung, in der ich ankam, und einigen körperlichen Schmerzen (drückende Schuhe, dreimal traten mir Tänzer auf die Zehen, sieben Stunden auf den Beinen), fühlte ich mich wohl.» Keine Rede davon, dass er sich zwingen muss, die geschuldeten «Aufwartungen» zu machen. Er tanzt der Reihe nach mit Madame Pictet, der liebenswürdigen Ferienbekanntschaft vom letzten Jahr, mit Josephine Fol, die ihn einst als Saint-Gontran verehrte und schwärmerische Briefe schrieb, mit der Jugendfreundin Louise Hornung, die beim Tanzen noch brillant zu plaudern weiss, mit Marie Favre, die mit Bruder und Eltern gekommen ist und keinerlei Anweisungen oder Verhaltensmassregeln braucht, um sie beide vor Klatsch und Verdächtigungen zu schützen. Er fühlt sich als galanter, geistvoller Gesellschafter, beflügelt von den Blicken bewundernder Frauen, «vom schmeichelnden Lächeln, das mir von ihnen zuteil wurde. Zu gefallen, geliebt oder wenigstens begehrt zu werden, befeuert und erweitert die Lebenslust.»

Und Louise, die vorerst alle Tänzer abweist, bis er selbst sie aufs Parkett geführt hat? Das Journal lobt ihr hübsches Kleid mit dem Spitzenbesatz und dem Schulterband aus blauer Seide, den niedlichen Hals und die hübsch geschwungenen Schultern, die schönen Augen und das schöne Haar. Daneben aber … «typisch englische Unbeholfenheit beim Gehen, das Gesicht müde und ohne Frische». Was ihren kleinen Kreis betrifft – Mutter, Schwester und Schwager –, so sieht Amiel alle seine Vorbehalte bestätigt: «Ärgerlicher, jedenfalls wenig anziehender Eindruck, was Ästhetik, Eleganz und Ansehen betrifft. Ehrliches, solides Milieu, aber entmutigend.» Immerhin begleitet er anschliessend Mutter und Tochter Wyder nach Hause. Die Uhr zeigt da bereits gegen vier, an der Garderobe haben sich die Gäste gestaut.

Aber nicht dieses müde, kleine Gesicht schwebt ihm vor, wie er sich gegen fünf Uhr an der Cour de Saint-Pierre schlafen legt. Unvergesslicher, zärtlicher Höhepunkt des Balls sind die Tanzrunden mit Amélie Pictet, der Gattin des erfolgreichen Juristen, die ihn, Amiel, mit so offenem Blick mustert und sich noch freundlicher und liebenswürdiger als gewöhnlich zeigt. «Ich musste mich gewaltig zurückhalten, um ihr nicht einen poetischen Kuss aufzudrücken, so charmant schmiegte sie sich mit Wangen und Schultern an mich. Sie ist so sehr Frau, so sanft und anziehend, mit der Anmut eines Hermelins, so flauschig in ihren kleinsten Gesten, so empfänglich für die mindeste Aufmerksamkeit, dass es ein wahres Vergnügen ist, sie zu beschützen, sie plaudern zu hören. Ich sah sie, wie sie sich selbstvergessen und keuchend in der Hitze des Tanzes an meinen Arm hängte und sich ins Gewühle eines Galopps warf, mit einem Feuer, das mich überraschte. Sie erlaubte mir, was ich kaum anzubieten wagte, mit meinem Foulard ihre hübschen, feuchten, heissen Schultern zu trocknen. Offensichtlich interessiere ich sie, ja ich gebe ihr Rätsel auf.»

Amiel, der kleine, gefährliche Mann, vor dem sich auch Ehegattinnen besser in Acht nahmen? Der kleine Triumph der Ballnacht hielt nicht lange vor. Das Hochgefühl überdauerte knapp die letzten Akkorde des Orchesters; Amiel kehrte verdriesslich an die Nummer 99 zurück. Lag es daran, dass Louise letztlich ihren Willen durchgesetzt hatte, wenn auch unter für sie beschämenden Umständen? Amiel *war* Madame Wyder vorgestellt worden, so wie dies Louise schon seit langer Zeit anstrebte, er hatte mit ihrer Schwester und Schwager Paul Privat an einem Tisch gesessen, auch wenn er sich dabei noch so eindringlich bemühte, den Anschein unverbindlicher Liebenswürdigkeit aufrechtzuerhalten. Und er, nicht Schwager Privat, hatte die Wyders an den Boulevard des Tranches zurück begleitet, er hatte auf der Place Neuve in Glacéhandschuhen, Zylinder und weissem Schal nach einer Mietdroschke gefuchtelt, dies nachdem ihn die überlasteten Garderobieren als einen der letzten Gäste bedient hatten.

Während an der Cour de Saint-Pierre die ersten Spatzen lärmten und Amiel beim Einschlafen an den schweissfeuchten Busen der tanzlustigen Madame Pictet dachte, ging die Stadt bereits die Vorbereitungen für den zweiten Tag der Festlichkeiten an. Genf hatte sich in einen Festsaal unter freiem Himmel verwandelt – unter einem tiefblauen Himmel mit strahlender Sonne, den der Sonntag brachte, zusammen mit einer frischen Brise vom Léman. Nach wenigen Stunden Schlaf machte sich Amiel auf zu einem Besuch bei den Pictets, fand die Partnerin der Ballnacht bereits in festlicher Laune, womöglich noch liebenswürdiger als in der Nacht zuvor. Das Hochgefühl des Vortags kehrte zurück, geradezu andächtig zog Amiel anschliessend mit seiner Familie durch die Gassen, freute sich zusammen mit den Neffen beim Eindunkeln am Flackern der Lampions, an den fröhlichen Gesichtern der Menge. Dies war eine Feier, die alle Unterschiede aufhob; «ich glaube, man muss bis ins Jubiläumsjahr 1835 zurückblättern, bis man ein Fest findet, das die Genfer Familie so allgemein, so herzlich und einmütig gefeiert hat». Bengalisches Feuer, chinesische und venezianische Laternen, Girlanden, Fackeln, mit Gaslicht erleuchtete Arkaden machten Festbühnen aus Gassen und Plätzen, auf der Place Neuve lieferte eine Maschine elektrische Funken, welche die militärische Säule mit ihren Waffen beleuchteten: Genf funkelte, knisterte, strahlte. Spätabends geriet Amiel auf der Place de la Madeleine in ein wahres Volksfest mit Drehorgelspielern, Tanz auf dem Pflaster. Die *mère Fénollan*, eine im Quartier populäre Trödlerin, führte die Polonaise an. «Man hat hier so etwas wie ein Dorf in der Stadt», schrieb Amiel, der kaum 300 Meter von hier entfernt wohnte, «eine Oase der althergebrachten Sitten, wo sich alle kennen, wo man sich gemeinsam vergnügt.» Zum ersten Mal seit langer Zeit, vielleicht zum ersten Mal seit den vaterländischen Stunden des *Roulez, tambours!*, empfand er sich als Teil eines grösseren Ganzen, liess sich auch am nächsten Tag, zum Abschluss der Feierlichkeiten, von der Schlussfeierlichkeit fesseln, rühren, mitreissen: Vom Balkon eines Nachbarn am Petershof sah er staunend auf die 1100 Offiziere herunter, die sich zum Schlussappell versammelten, summte die Melodien der Militärkapelle mit.

Anschliessend Abkühlung, Ernüchterung, vorerst einmal vom Wetter vorgespurt: Kaum waren die Fahnen übergeben, begann es wie aus Kübeln zu giessen, *une pluie à seau*. Amiel und Schwester Laure, bei einer Cousine blockiert, mussten für die Rückkehr eine Droschke mieten, ein ungewohnter Schritt für die geringen Distanzen der Altstadt. Beim Abendessen mit Laure und Schwager Stroehlin kehrte vollends der Alltag zurück. Der Doktor maulte, polterte und schimpfte bei Tisch, in gewohnter Manier: auf die Köchin, auf das Zimmermädchen, indirekt auf seine Gattin. Betretenes Schweigen bei Laure und bei Amiel: «Diese Umgangsart verdirbt mir den Appetit und lässt mich immer wünschen, ich sei anderswo.» Immerhin kam Stroehlin bei seinen Schimpfereien auf einen Punkt, der Amiel aufhorchen liess. Tatsächlich spare man, wenn man unterwegs sei, behauptete der Doktor; im Hotel oder der Pension seien er und Laure für zehn Francs am Tag bestens versorgt. Im eigenen Haushalt mit allen Bedienten komme man unter 10 000 Francs im Jahr nicht weg, auf Reisen könne man mit dieser Summe wie ein kleiner König leben.

10 000 Francs – das war doppelt so viel wie das Einkommen, das Amiel selbst als unverzichtbar festgelegt hatte. Selbst wenn der

maulende Doktor vor lauter schlechter Laune etwas übertrieb, gab er unwissend Tante Fanchette Recht, mit der sich Amiel kurz vor dem *bal militaire* getroffen hatte. Die Zukunftsaussichten mit einer Braut ohne Mitgift oder Rente schienen ihr düster, hatte Fanchette erklärt, aber endgültig darauf festlegen wolle sie sich für den Augenblick nicht.

Die Ballszenen aus einem anderen Blickwinkel: eine reizvolle Sache! Am Mittwoch nach dem grossen Fest traf sich Amiel mit Marie, so wie immer in der Prairie; man kuschelte sich gemeinsam unter Maries grossen Regenschutz. Mionette hatte ihre Monatsregel – so vertraut verkehrte man nachgerade miteinander, dass dergleichen Intimitäten durchaus zur Sprache kamen. Das monatliche *abattement* machte sie nur noch zutraulicher, anschmiegsamer. Amiel spürte deutlicher als je das kleine Mädchen, das in ihr steckte, und das verhätschelt, verwöhnt, umschmeichelt werden wollte. Und traf das nicht überhaupt auf die meisten hiesigen Frauen zu? Dass an die Stelle stürmischer Leidenschaft dieses Bedürfnis nach Umsorgtsein trat, nach zärtlicher Einfühlung und liebevollen Neckereien?

Amiel habe es in der Samstagnacht wohl nicht wahrgenommen, flüsterte Marie unter ihrem *imperméable*, aber seine verschiedenen Tanzpartnerinnen hätten sich gegenseitig sehr wohl ins Auge gefasst und überwacht. So gesehen sei aus dem Ball ein kleiner Kongress der Eifersucht geworden, was diesen einen Tänzer betraf. Auch wenn die Etikette es nicht zuliess, Erkundigungen einzuziehen, habe man sich sehr wohl Gesichter gemerkt und Mutmassungen angestellt.

«Davon hatte ich keine Ahnung», notiert Amiel noch am gleichen Abend, verschämt-belustigt wie jeder Mann, der sich als Hahn im Korb geschildert sieht. «Die Selbstgefälligkeit liegt mir zwar nicht, so glaube ich wenigstens, aber das Zusammentreffen ist doch eigenartig.» Er und Mionette haben ein paar Missverständnisse geklärt, die sich seit dem letzten Treffen vor einem Monat eingeschlichen haben, die alte Traulichkeit hat sich wieder eingestellt. Trotzdem nimmt er bei Marie einen neuen Zug wahr, der ihm nicht sehr gefällt. «Ihr Blick ist nicht offen und sucht nur selten den Blick des Gegenübers. Ist es, weil sie sich lieber sammelt, sich selbst sucht und ihre Eindrücke bündelt, statt sich gegen aussen zu wenden? Wäre es eine neue Gewohnheit, sich undurchdringlich zu geben? So oder so ist dieser Mangel etwas abkühlend.»

Maries Vertraulichkeiten setzen den Schlusspunkt; in das etwas fiebrige Hochgefühl mischen sich am nächsten Morgen die gewohnte Niedergeschlagenheit, die vertrauten Zweifel. So wie viele Schwermütige misstraut Amiel dem unverhofften innerlichen Aufschwung, spürt er bereits die Tage der Niedergeschlagenheit auf sich zukommen, die das finstere Gemüt zum Ausgleich fordert. Vor ihm liegen viele Wochen ohne Pflichten, äusserlich unbeschwert. Aber die schwarzen Falter der Schwermut, wie er sie nennt, flattern mit Vorliebe dort, wo sich eigentlich ein Neubeginn anböte: «Die Herzensbeklemmung kommt zurück, sobald erzwungene Tätigkeiten oder Zerstreuungen fehlen und ich auf meinen natürlichen Zustand zurückgeworfen bin.» Die so oft beklagten Zwänge der Akademie oder der Société, so muss er sich zugeben, sind in Wahrheit eine Stütze. Und so wie er sich vor den langen Ferienwochen fürchtet, fürchtet er sich vor einem strahlend blauen Himmel, vor einem leuchtenden Vollmond – beides erinnert ihn daran, dass er das festliche Wetter, die nächtliche Poesie noch nie mit einer geliebten Person teilen konnte. So gesehen ist ihm garstiges Wetter eigentlich lieber, sogar eine Krankheit wäre ihm willkommen: Wenigstens würde sie eine Entschuldigung dafür liefern, dass es ihm auch dieses Jahr nicht gelingt, ein grösseres Werk anzupacken.

Wiederum ist es ein Gespräch mit Hornung, dem ewig Mahnenden, das die schwarzen Falter ein erstes Mal flattern lässt. Wiederum redet Joseph auf ihn ein, nun endlich seine Energien zu bündeln, einen Rahmen zu finden für die treffenden Einsichten und Urteile, die er im Gespräch so grosszügig verteilt. Aber je länger je mehr schlagen die wohlmeinenden und im Grunde schmeichelhaften Ermahnungen in ihr Gegenteil um. Je fragloser, je selbstverständlicher ihm die Freunde eine bedeutende und gewichtige

Abhandlung zutrauen, desto deutlicher bewusst wird ihm sein Versagen. Je eindringlicher sie ihn ermutigen, desto stärker schmettert ihn die Vorstellung nieder, wie wenig er in seinem Dutzend Jahren als wenig geforderter Dozent aus seinen Gaben gemacht hat.

Wo denn, wie denn soll er einhaken? lautet die Frage, die er in den Tagen nach dem Ball befingert wie das Lorgnon, das er jetzt ständig dabei haben muss und verdriesslich zwischen den Fingern dreht. Das Buch mit den deutschen «Lebensweisheiten», das er dieser Tage überallhin mitschleppt, entpuppt sich keineswegs als aufbauende Lektüre. Vielmehr fordern alle die Maximen, Einsichten und Aphorismen, die ein St. Galler mit Namen Fidel Curti zusammengetragen hat, zu bewusstem Handeln und Lenken, zu Entscheidungen und Weichenstellungen auf – alles Dinge, die er seit Jahren vergeblich von sich verlangt. «Alles was unterteilt und entscheidet», notiert er am 10. August, «gesunder Menschenverstand, Vernunft, Pflicht, praktische Einsicht, das ist in dir wabernde Masse, weich, zweideutig, konfus, und dieser Mangel an Schlüssigkeit wird in dir über die Jahre hinweg noch wachsen, so wie eine Krankheit, die man zwar diagnostiziert hat, die aber weiter um sich greift und schliesslich siegt.» Vier Tage später führt er den inneren Dialog weiter: Könnte denn nicht gerade die seit Jahren verfeinerte Selbstkritik am Ausgang einer Untersuchung stehen, eines grossen psychologischen Werks? Liesse sich nicht nutzbringend beschreiben, was er über die Krankheiten des inneren Menschen weiss, den Willensmangel, die Nervenschwäche, die Selbstkritik, die zur Tatenlosigkeit führen? «Könnte ich nicht andere von diesen Erfahrungen profitieren lassen? Als Moralist und Psychologe, hätte ich da nicht einiges zu sagen?» Nochmals eine Woche später spinnt er den Gedanken weiter, in einer berühmt gewordenen Passage des Journals: «Vielleicht ist die Psychologie deine eigentliche Sache, wo du das Beste leistest, wo du nützlich werden kannst? Hier hast du zumindest nachgeforscht, experimentiert und am Objekt studiert, hier hast du deinen Scharfsinn walten lassen und deine Fähigkeiten gezielt eingesetzt. So wären diese 3749 Seiten ein Lehrstück, das nicht verloren ginge. Hier empfindest du keine allzu ausgeprägte Unterlegenheit gegenüber den Leuten vom Fach, den Pädagogen, Moralisten, Pastoren und Philosophen. Hier kannst du vom Rang der Liebhaberei zum Spezialistentum aufsteigen. Hier bist du viel weniger auf das Gedächtnis angewiesen als bei jedem anderen Studium; deine speziellen und zufälligen Studien können auch so ihren Nutzen erbringen. (...) Du hättest ein Ziel, ohne deine Natur verleugnen zu müssen und gegen deinen Instinkt zu handeln. Deine Individualität bestünde darin, die Individualitäten zu verstehen; du würdest mitmauern am universellen Gebäude und gleichzeitig dir selbst treu bleiben. Du würdest deinem Vaterland dienen, indem du ein Mann würdest.» Und wer konnte wissen, ob nicht diese Arbeit die Ehefrage ganz von selbst ins Lot brächte? Die passende Lebensgefährtin wäre diejenige, die dieses Werk mitdachte, mittrug, mit vertiefte ... «Oh ja! Verfolge diese Linie und halte dieses Gefühl fest, sie sind bestimmt gut, und der Himmel schickt sie.»

Und wie kam es, dass ihm beim Grundriss zu diesem Gedankengebäude immer wieder die weibliche Psyche mit ihren Winkeln und Nischen vor Augen kam? Hatte es damit zu tun, dass sich so viele Frauen von ihm verstanden fühlten? Er errate die Frauen gut, hatte Marie gerühmt, und nicht nur sie; wie kein anderer verstehe er es, sich in sie hineinzuversetzen. Was lag da näher als eine psychologische Phänomenologie der Frau, vielleicht als Auftakt zu einer allgemeineren Darstellung? Er selbst sei weder Romancier noch Stückeschreiber, heisst es in einer weiteren Gedankenskizze; es verstand sich von selbst, dass er das Problem als Wissenschaftler, als Psychologe angehen würde. Ein Haupthindernis stellte sich: «Die Frau posiert immer, vor anderen Frauen und vor den Männern, weniger oder mehr, ohne es zu wollen; man muss sich dieser beständigen Fehlerquelle immer bewusst sein. Und welche Vielzahl an Quervergleichen und rückblickenden Kontrollen braucht es da nicht, um die Unterschiede zu untersuchen! Im Übrigen habe ich keine feste Methode», fährt er fort, so als sei die Arbeit bereits ernsthaft angepackt, «und keine eingefahrenen Gewohnheiten, als tastend vorzudringen, bis das Resultat für mich schlüssig wird, das heisst bis alle Details in einer Einheit aufgehen, in der genetischen und organischen Einheit.» Und als gelte es, nun mit dem Sammeln von Anschauungsmaterial ernstzumachen, führt der gleiche Eintrag einige Beobachtungen vom Sonntagsdiner in der Leonillina an, mit Abkürzungen, die an eine noch auszuarbeitende Gleichung erinnern: «Dumpfe Abneigung meiner Schwester gegenüber Mlle. J. F., zweifellos aus der gleichen moralischen Ursache wie bei Mlle. A. R. und Mme. C. W. in Villars. Die gebieterischen Naturen verabscheuen sich gegenseitig, so wie bei den Bienenköniginnen zählt man auf jeden Schwarm nur eine, sobald es deren zwei sind, versucht die eine die andere mit mörderischem Pfeil zu durchbohren. Mit meiner Schwester L. ist der Umgang nicht leicht, wir beide vertragen uns erst, seitdem sie ein eigenes Nest hat und die Sorge kennen lernte. Ich nehme an, dass in ihrer Zeit bei den F.s die Launen der beiden Mädchen aufeinanderprallten und bittere Worte gewechselt wurden; seither kennt man sich nicht mehr.»

Und was, wenn ihn diese teilnehmende, aber letztlich distanzierte Haltung ausserhalb des Lebens stellte, ihn zum Skeptiker, ja zum Zyniker machte? Ein warnendes Beispiel bot da die kleine Abendgesellschaft, die Schwager Franki am Wochenende nach dem grossen Ball in der Nummer 99 versammelte. Die Einladung galt einem französischen Apotheker, den jedermann nur Papa Durand nannte und der für ein paar Tage an der Cour de Saint-Pierre zu Gast war. Ihm zu Ehren kamen ein weiterer Apotheker, zwei Ärzte und zwei Pfarrer, ergänzt durch ein paar Studenten, *pour faire foule*. Amiel hatte, zum ersten Mal in seinem Leben, einen Wodka getrunken, der ihm gar nicht bekam, auch stiegen ihm die schweren Bordeaux und Burgunder zu Kopf, die Franki auffahren liess. Er nahm kaum Teil am Gespräch, notierte aber etwas bestürzt, wie diese Professionellen mit viel Gusto allerlei Anekdotisches zum Besten gaben, in dem Krankheit, Leiden und Tod als Beiläufigkeiten fungierten: «Man war ausgelassen, selbst wenn man von den betrüblichen Seiten des Lebens sprach, von Räudigen und Sterbenden.» Wer beruflich mit den Schattenseiten und Abgründen zu tun hatte, half sich offensichtlich mit Spässchen und Witzchen über diese Dinge hinweg und langte beim

Essen wie beim Trinken kräftig zu. Aber konnte man vom Doktor und vom Pfarrer wirklich verlangen, dass sie durchwegs mit nachdenklicher Miene und weihevollem Ernst durchs Leben gingen? «Jedermann will leben, und zwar aus dem Vollen, und so wird das Gleichgewicht durch den Kontrast hergestellt.»

Ohne dramatische Szene, ohne klärende persönliche Aussprache entscheidet sich in der dritten Augustwoche die Beziehung zu Louise Wyder. Es kommt am Morgen des 12., einem Sonntag, zu einem der vielen Treffen im Botanischen Garten. Als wolle Louise die unvereinbaren Gegensätze wenigstens im Äusseren versöhnen, trägt sie zu einer schwarzen Robe eine leuchtendrote Rose am Hut, im Gespräch gibt sie sich gelassen, ja heiter. Ein Regenguss beendet die Unterhaltung, aber zum ersten Mal seit langer Zeit verabschiedet sich Amiel in bester Laune von ihr: «Auf dem Rückweg war ich fröhlich wie ein Dachs, ich sang eine ganze Stunde lang tausend fantastische, improvisierte Melodien. Woher diese Fröhlichkeit, trotz abscheulichem Wetter?» Er beantwortet sich die Frage gleich selbst: Louise hat offensichtlich eingelenkt, findet sich ab mit seinem beschränkten Angebot einer brüderlichen Zuneigung; es wird zu keinen weiteren tränenüberströmten Szenen kommen. So unerwartet dringt das Gefühl der Freude und Erleichterung auf ihn ein, dass er es noch gleichentags in ein Sonett fasst. Die Verse unter dem Titel *Joie sans cause* finden allerhand poetische Gründe für die plötzliche Leichtigkeit des Herzens: Der Dichter hat am Wunderkraut gerochen, hat nichtsahnend einen Engel gestreift, eine Fee hat ihn beschenkt ... Louise erhält das Sonett per Post am Montag, am gleichen Tag, an dem Amiel das flüchtig begonnene Gespräch mit Tante Fanchette zu Ende führt. Sie gibt ihm das in die Kur nachgesandte Dossier zurück, bekräftigt ihre bereits geäusserte Meinung: Das finanzielle Hindernis steht einer Ehe im Weg. Unüberwindlich.

Am Dienstag darf Neffe Jules, der den besten Lateinaufsatz seiner Klasse geschrieben hat, zur Belohnung in den Zirkus, Onkel Henri begleitet ihn. «Der Neffe amüsierte sich sehr, der Onkel freute sich nur über die Freude des Begleiters.» Amiel fühlt sich unbehaglich; er hat sich zu Hause aus Versehen keine Krawatte umgebunden, was ihn geniert. Zudem sieht er in der weitläufigen Manege trotz Lorgnon die Pferde und die Akrobaten nur verschwommen. Immerhin erkennt er im Publikum die Mätresse von «Papa» Heldenmayer – eine hübsche Witwe, die als Nichte des Pädagogen ausgegeben wird, «eine etwas unordentliche, aber liebenswürdige Frau mit rauer Stimme».

Am Mittwochmorgen erwacht auch Amiel mit rauer Stimme. Er ist in der Nacht schweissgebadet aufgeschreckt, ist in der kühlen Nachtluft auf- und abgegangen und hat sich dabei erkältet. Was ihn so in Hitze gebracht hat, ist die Vorstellung der nur spärlich bekleideten Akrobatinnen, vielleicht auch das Bild der hübschen Witwe, jedenfalls beklagt er erneut eine nächtliche *perte* und die gewohnten Folgen: Mattigkeit, Verstimmung, Selbstanklagen. Und so, in denkbar schlechter Verfassung, trifft er in den Bastions auf Louise. Sie trägt erneut das Kleid aus glücklichen Tagen, hat auch diesmal den blondgelockten Neffen dabei und füttert eine Elster mit Brosamen, und so anziehend wirkt sie in ihrer Sanftheit, dass der Vogel ihr schliesslich aus der Hand pickt. Nur Amiel bleibt ungerührt, unbeteiligt und so störrisch, als habe Louise das kleine Idyll wissentlich inszeniert, samt Elster. «Wenn ich diesen Ausdruck der Geduld, der Liebe und des Verzichts sehe, kommt es mir unmöglich vor, ihre Hoffnungen zu zerstören, und sobald sie nicht mehr da ist, überfällt mich die Unmöglichkeit, einen Schritt zu machen. Meine Furcht, etwas abzuschliessen, mein ewiges krankhaftes Aufschieben werden noch verstärkt durch diese Situation ohne Ausweg.»

Am Donnerstag bricht er die Siegel von drei Bündeln Briefen auf, die in der Schublade lagern: Schreiben von Louise Wyder aus sieben Jahren, auf lila- und rosafarbenem Papier, die Umschläge mit Stempeln, Zeichen und Marken von englischen, schottischen und französischen Postämtern. Von neun Uhr früh bis zehn Uhr abends träumt er über den Briefen, liest einen Grossteil von ihnen nochmals durch und verbrennt die Couverts; im Kamin liegt schliesslich ein stattlicher Haufen Asche. Die Briefe sortiert er nach Datum und packt sie neu zusammen.

Am Freitag geht ein Brief an Louise ab. Ohne von der Lektüre des Vortags zu erzählen, beklagt Amiel die verlorenen Jahre, seine Nachlässigkeit und Apathie, die begangenen Fehler, die allesamt auf seine Willensschwäche zurückzuführen seien. Dass dazu auch die Sorglosigkeit gehört, mit der er Louises Liebe über Jahre hinweg wie eine Art Tribut entgegennahm, wird so nicht ausgesprochen, ist aber deutlich mitgemeint. Jetzt erst sei er, Amiel, aus einem langen Schlummer erwacht und sehe sein Leben von einem moralisch gefestigteren und gesunden Standpunkt. Und in einem geradezu halsbrecherischen logischen Salto fleht er Louise an, ihn in dieser neu gefundenen Haltung zu bestärken – sie, die doch so viel Freude daran finde, Gutes zu wirken, ihm zu helfen.

Begreiflicherweise mag Louise nicht auf diese Bitte eingehen: Sie soll ihren Freund in einer Haltung bestärken, die für sie das Ende aller Zukunftshoffnungen bedeutet? Am Samstag wartet Amiel vergeblich zur gewohnten Zeit in den Bastions, ebenso am Sonntagmorgen, dann am Sonntagnachmittag. Er macht sich ernsthaft Sorgen um Louise, gleichzeitig kommen ihm Zweifel an der eigenen Handlungsweise. Er sieht vor sich das Gespenst der Einsamkeit, und dies wegen eines womöglich verfehlten Entscheids: «So wie ich mich kenne, werde ich erst richtig zu schätzen wissen, was ich verliere, wenn es verloren ist.»

Erst am Mittwoch trifft von Louise eine Sendung mit Übersetzungen aus dem Englischen ein, dazu ein bitteres kleines Briefchen. Zum ersten Mal zeigt Louise die Zähne: «Ich dränge niemandem meine Gesellschaft auf, noch weniger meine Zuneigung; das wissen Sie, Fritz.»

Seit der kleinen Szene mit der Elster ist eine Woche verstrichen. Sie stellt, abgesehen von einem kurzen und unverbindlichen Besuch am Boulevard des Tranches, die letzte Begegnung von Louise und Fritz in diesem Jahr dar, wenn auch noch lange keinen Abschied.

Natürlich lassen sich die Ereignisse und Entwicklungen von Mitte August nicht säuberlich hinter- oder nebeneinander stellen. Vielmehr überlagern und überschichten sie sich. Die dritte

Augustwoche steht keineswegs nur im Zeichen von Louise; Amiel erhält auch eine Sendung Mionettes mit einem hübschen Aquarell und einem Blumenandenken sowie einem Gedicht. Sein Eintrag zum Grundriss einer weiblichen Psychologie fällt auf den gleichen Sonntag, an dem er zweimal vergeblich in den Bastions auf Louise wartet und das kleine Porträt der «Bienenköniginnen» entwirft; am Tag des Zirkusbesuchs mit Jules entwickelt er aus dem Begriff der Hypochondrie heraus die Idee, seine Leiden für andere fruchtbar zu machen. Dass die Dinge sich gerade jetzt zuspitzen, hat damit zu tun, dass er einen weiteren Urlaub antreten wird. Noch dringlicher als im Vormonat empfindet er das Bedürfnis, vor der Abreise reinen Tisch zu machen; wie nicht anders zu erwarten verringert sich auch jetzt wieder die Unordnung auf der einen Seite, während sie auf der anderen wächst.

Die Urlaubswoche in der Pension *Dufour* in Chernex, die er am 25. antritt, unterscheidet sich kaum von der Sommerfrische des vergangenen Monats, sogar das Wetter stellt eine Kopie dar: meist regnerisch, mit wenigen sonnigen Stunden für Spaziergänge. Dann geniesst man die frische, milde, tonische Luft auf gemeinsamen Ausflügen nach Sonzier zum Ziegenmilchtrinken, nach dem Bosquet de Julie und dem Bosquet d'Emilie, beim Himbeerpflücken inmitten ganzer Wolken von Schmetterlingen. Auch die Liste der Pensionäre, die sich zweimal täglich an der Tafel treffen, gleicht derjenigen aus dem Vormonat. Eine Familie de Saussure mit drei erwachsenen Töchtern, die sich im Unterschied zu den fröhlich singenden, blossschultrigen Schottinnen auf lächerliche Weise zieren und aus lauter Furchtsamkeit unnahbar wirken, weiter Madame Pollak aus Berlin, eine wackere, lebensweise Grossmutter, dann eine elegante Dame aus Petersburg. Zudem macht jetzt die gesamte Familie Hornung hier Urlaub: der liebenswürdige Porträtist und Landschaftsmaler Hornung *père* mit Gattin, Sohn Joseph und Tochter Louise. Insgesamt finden sich 33 Gäste zur Table d'hôte ein; dass man sich an regnerischen Tagen gemeinsam die Zeit vertreibt, gehört zum Pensionsknigge.

Und hier brilliert Amiel am zweiten Urlaubsnachmittag mit einem Talent, das ihn offensichtlich selbst überrascht. Jemand hat ihn gebeten, eine Szene aus *La clef d'or* vorzulesen, einer lyrischen Komödie von Octave Feuillet. Er tut das mit so viel Schwung, dass man ihn bittet, gleich das ganze Stück zu rezitieren. Hinterher wird applaudiert; die Berliner Grossmutter vergleicht Amiel mit dem berühmten Vorleser Saint-Aubin am preussischen Königshof («ein Mann, der ein Honorar von 20 000 Francs verlangt»). Madame Thiébaud aus Petersburg zieht Amiel gar dem berühmten Schauspieler Devrient aus Dresden vor. Der Tagebucheintrag, etwas verschreckt von so viel Anerkennung und der Einsicht, dass er hier möglicherweise ein weiteres Talent hat brachliegen lassen: «Es scheint, dass dies eine meiner ausgeprägten Gaben ist.»

Am übernächsten Tag regnet es wieder: gleiches Programm, nur dass Amiel diesmal während dreier Stunden vorliest. Er wählt das Stück *Le Duc Job* von Léon Laya und hat womöglich noch grösseren Erfolg, wird von überall her beglückwünscht; mehrere Gäste gestehen gar, sie seien den Tränen nahe gewesen. Dabei kennt Amiel das Stück nur flüchtig, muss also beim Lesen zahlreiche Rollen *au vol* charakterisieren – aus dem Stand. Der Erfolg bringt ihm die Bekanntschaft mit den Familien am oberen Tischende, den de Saussure und den Pictet-Pictet. Sogar die aus lauter Befangenheit hochnäsigen drei Töchter lassen sich zu einem Gespräch herbei und tauschen am nächsten Tag beim Abschied Küsschen mit Louise Hornung aus, die sie auf vage Weise mit Amiel in Verbindung bringen.

Gerade über die langjährige Freundin und Schwester seines besten Freundes muss sich Amiel zwar weidlich ärgern. Sie setzt ihm mit Wortklaubereien und Sticheleien zu, die nur notdürftig als Neckerei durchgehen können, sie legt ganz allgemein eine pusselige und hinterhältige Empfindlichkeit an den Tag, die ihn in Ungeduld versetzt. «Weshalb zum Teufel führt sie sich so auf?» fragt er sich, «kommt hier die alte Jungfer zum Vorschein? Ist sie schlecht aufgelegt? So oder so läuft es auf einen unangenehmen Mangel an Offenheit hinaus. Ich ziehe den gemütvollen Umgang vor, bei dem man sich nicht nach allen Seiten vorsehen und in Acht nehmen muss. Ihre Eigenliebe ist offensichtlich sehr empfindlich, anspruchsvoll und kitzlig. Ich habe sie im Verdacht, dass sie unbedingt auf meinen Beifall aus ist und sich dauernd so ziert, um ja nicht von einer unvorteilhaften Seite zu erscheinen. Ich bedaure diese ziemlich dumme Taktik – vor allem seitens einer Frau, die so viel Geist und Bildung hat wie sie. Aus lauter Schüchternheit läuft sie Gefahr, aufgeblasen und spöttisch zu erscheinen. Sie schreckt geradezu davor zurück, ihre guten Eigenschaften zu zeigen.» Kommt hinzu, dass sich Louise bei einem Ausflug der Gesellschaft durch unglaubliche Prüderie lächerlich macht, als es eine kleine Mauer zu überklettern gilt. So fürchterlich geziert gibt sie sich beim Versuch, nur ja keine Knöchel oder Unterröcke zu entblössen, «dass die drei anderen Damen nur mit den Schultern zucken können».

Diese Geziertheit, Befangenheit bei jungen Mädchen oder unverheirateten Frauen gibt nicht nur Amiel zu denken. Die lebenskluge Madame Pollak entsetzt sich darüber, wie unfrei sich die Demoiselles in der Pension bewegen. Diese steife Zurückhaltung, die sich als Würde zu tarnen versucht, diese völlig unnötige Prüderie in Gegenwart untadeliger Herren – gibt es denn, so fragt sich Madame Pollak, keine Natürlichkeit und Anmut mehr? Wenn sich eine bald 40-jährige Frau wie eine Pensionatstochter aufführt, wenn diese Backfische und alten Jungfern schlagartig ihren Ausdruck und ihre Haltung ändern, sobald ein Mann den Raum betritt – was ist da in Erziehung und Familienleben falsch gelaufen?

Was ein weniger selbstkritischer Mann ohne grosse Umschweife erraten hätte: Louise Hornung ist in ihn verliebt. Es bleibt auch hier der guten Berliner Grossmama überlassen, ihm die Augen zu öffnen. In einem vertraulichen Gespräch weist sie ihn in delikater Weise auf das «verwundete Herz» hin, das er in Chernex hinterlasse und fordert ihn auf, sich der Situation zu stellen. Weit davon entfernt, irgendeine Genugtuung über die ungewollte Eroberung zu verspüren, bedauert Amiel im Journal die Entwicklung: Jetzt seien es bereits «zwei unglückliche Neigungen, bei denen die Freundschaft in Liebe umschlug. Ist es denn mein Schicksal, unwissend das Leben anderer zu verstören und geliebt zu werden, ohne zu lieben?»

Immerhin, so tröstet er sich, gibt es eine Frau, die ihm keinerlei Bedenken dieser Art einflösst: Marie Favre. Die Beziehung zwischen ihnen, so glaubt er, hat einen Zustand des Gleichgewichts gefunden, eine Mittellösung zwischen strenger Zucht und Hingabe. «Anmut ohne Leidenschaft, der Duft der Rose ohne ihre Dornen», nennt er das. Vor der Abreise nach Chernex hat er zum ersten Mal den Vorschlag gemacht, die zärtlichen Plaudereien von der Prairie in eine weniger luftige Umgebung zu verlegen. Marie, das weiss er, hat zu Hause für sein Fotoporträt einen Platz an der Wand des Wohnzimmers geschaffen. «Sehe ich es wohl einmal an seinem Nagel hängen?» hat sich Amiel erkundigt, fast so delikat wie Madame Pollak, die ihn auf Louise Hornungs verwundetes Herz hinwies.

Zu zweien Malen gab in diesen Wochen die Nachbarnation Frankreich Anlass zu Gedanken und Erörterungen im Journal. Der grosse patriotische Ball im Palais Electoral war eine selbstbewusste Geste der Stadt gewesen: Sie verabschiedete die Bundestruppen, die nach der Aufnahme Savoyens als französisches Staatsgebiet in Genf eingerückt waren. Das Truppenaufgebot sollte allfällige Neigungen Napoleons III. und seiner Minister, die Gebietserweiterung auf Kosten der Schweiz irgendwie abzurunden, im Keim ersticken. Dass Schwager Franki gerade in diesen Tagen einen Franzosen zu Besuch hatte, war natürlich Zufall. «Papa» Durand, Apotheker von Beruf, ein freundlicher und mitteilsamer Rentner mit frischer Gesichtsfarbe und offenem Blick, erkundete die Stadt von frühmorgens bis spätabends und gab beim Souper an der Nummer 99 seine Eindrücke brühwarm an die Gastgeber weiter. Und er liess Amiel zu einer seiner erbitterten Tiraden ansetzen, in denen Frankreich als Hort all der Dinge erscheint, die der Autor verabscheut: Gedankenlosigkeit, Grosssprecherei, intellektueller und charakterlicher Zerfall.

Was Amiel vor allem staunen liess, war die Leichtfertigkeit, mit der Papa Durand in seiner Heimat auf die Teilnahme am öffentlichen Leben verzichtete. Mit unbekümmerter Nachlässigkeit überliess dieser Pariser Krämer die Staatsgeschäfte einer *classe politique*, die angeblich in selbstherrlicher Abgeschiedenheit regierte, ja er schien für seine Miene fideler Resignation sogar noch Beifall zu erwarten. «36 Millionen solcher Menschen wären leichter zu führen als eine Herde Schafe», notierte Amiel erbittert. War Durand nicht so etwas wie der Prototyp des mittelständischen Spiessbürgers, der einem windigen Glücksritter wie Napoleon III. überhaupt den Sprung ins Elysée ermöglicht hatte? «Ich sah in ihm den Typ Prudhomme mit seinen hochtrabenden Gemeinplätzen, seiner zufriedenen Banalität, seiner Dummheit, die sich mit Ergebenheit und falscher Würde schmückt, den Spiessbürger mit seinem Entenhorizont, den gemessenen und zuversichtlichen Philister, den ewigen Gimpel, der auf Worte und Phrasen hereinfällt, ich sah die höfliche, gemütliche, joviale Dummheit, die sich an allem Grossen stösst, ohne es zu begreifen, und nur das Kleine sieht, kurz: das Gegenteil eines Originals, einen Menschen, der nur Echo ist, nur Reflex, nur der Abdruck von etwas anderem.»

Zwei Stunden Unterhaltung mit Menschen dieses Schlages, und man hatte genug. Waren nicht sie es, in ihrer ganzen oberflächlichen Gemütlichkeit, die das Verhängnis Frankreichs ausmachten? Nicht Paris, die unstreitig glänzende, strahlende, vitale Hauptstadt, setzte die Massstäbe, sondern die Massen der Provinzstädte setzten sie. «Welch seichte Mittelmässigkeit, welch gespreizte Eintönigkeit!» Und ausgerechnet dieses Land rühmte sich seiner Freiheitsliebe, seiner überragenden Persönlichkeiten! War es nicht gerade umgekehrt? «Diese Zivilisation unterdrückt die Individualität, die Persönlichkeit wird dadurch fade. Das Herkommen, der Patron, die Mode, die gängige Meinung entscheiden über alles. Das Fehlen jeglichen persönlichen Gewissens, eigenständiger Ideen oder Grundsätze oder Überzeugungen oder eines inneren Zentrums – das macht die Franzosen so leichtfertig, wankelmütig und zur Freiheit untauglich. Es findet sich zu viel Puppenhaftes bei ihnen, böser ausgedrückt zuviel Wetterwendisches, Papageienhaftes. Innerlich sind sie leer, sie tragen ihr Gesetz nicht in sich herum. (...) Es gibt nur das Individuum, heisst es in Frankreich, dabei fehlt es in Frankreich an wahren Individualitäten.»

Wenn schon der freundliche Pariser Apotheker einen schriftlichen Hassausbruch dieser Art auslöste – wie stand es da um Amiels Verhältnis zum Nachbarland? Es finden sich im Journal mehrere Passagen von geradezu vitriolischer Schärfe, die Frankreich als Brutstätte einer seelenlosen Massenzivilisation schildern. Die *grande nation* hatte das Erbe der Aufklärung und der Revolution leichtfertig verspielt, hier gefielen sich die Menschen in einer oberflächlichen Vernunfthaltung, die für alles Gemüthafte nur Herablassung oder Verachtung zeigte. Innigkeit und Wahrheitssuche, wie Amiel sie in seinen Studienjahren in Deutschland angetroffen hatte, galten hier als mystische Schwärmerei; für die Bemühungen der Schweiz, Minderheiten einzugliedern, zeigte man spöttisches Mitleid. Zehn Jahre nach den hier geschilderten Ereignissen sollte der preussisch-französische Krieg ausbrechen; Amiel sagte dannzumal nicht nur den Ausgang, sondern auch den Verlauf des Konflikts mit unheimlicher Genauigkeit voraus.

Wie sich am letzten Tag dieses so eigenartig verzettelten Augustmonats zeigt, gehört aber auch das leidenschaftliche Porträt des französischen Spiessbürgers zu einem Plan, den Amiel seit Jahren bearbeitet, auf gewohnt unsystematische Art: die Psychologie der Nationen. Zusammen mit den anderen Genfer Familien reist der Autor am 30. aus der Pension Dufour ab; er verbringt die letzte Urlaubsnacht bei einem Studienkollegen in Jouxtens bei Lausanne. Jean Panchaud ist Landpfarrer der waadtländischen Freikirche; zweimal im Tag findet in diesem Haus eine private Andacht statt, man betet auf den Knien. Beim Abendspaziergang kommen die alten Freunde auf Amiels Anlagen, Möglichkeiten und Pläne zu sprechen. Pasteur Panchaud sähe es gerne, wenn der Freund einen historischen Roman schriebe, etwas in der Art von Charles Kingsleys *Hypatia*: eine spannende Saga, die im spätrömischen Alexandria spielt. Aber Amiel will kein 5. Jahrhundert und keine Frühchristen, ihm schwebt eine gross angelegte Anthropologie vor, und hier würden die einzelnen Nationen in Kollektivporträts erscheinen, abgeleitet aus Skizzen wie derjenigen, die der gute Papa Durand auslöste: die Nationen Europas als grosse Familie, die er mit den Mitteln der Völkerpsychologie analysiert.

Nur dass Freund Panchaud davon nichts wissen will. Muss denn Amiel bei allem, was er anpackt, immer draussen stehen – beobachtend, betrachtend und widerspiegelnd? «Er will, dass ich mich selbst gebe», schreibt Amiel im Kerzenschein, «mit meiner ganzen Person.»

SEPTEMBER

Aufs Ganze gehen

Wodurch und warum gilt ein Mensch als Sonderling? Wenn er sich in einsamen Winkeln von Parks und Gärten mit Frauen trifft, die er bei einer Begegnung an öffentlichem Anlass mit gemessener Höflichkeit abspeist? Wenn er in mondhellen Nächten laut singend durch die Gassen der Altstadt zieht? Keine Frage, dass die Genfer des Jahres 1860 die Sonderbarkeiten des kleinen Professors mit den stets tränenden Augen kopfschüttelnd zur Kenntnis nahmen. Aber als Gesprächsstoff hielten sie wohl nicht lange vor; es gab unter seinen Kollegen zu viele Exzentriker. Vorab die Theologen sorgten oft für Anekdotisches, beispielsweise der Kirchenhistoriker Aimé Herminjard. Herminjard hatte über zwanzig Jahre hinweg Briefe und Lebenszeugnisse französischer Reformatoren gesammelt und in einem Dutzend dicker Bände herausgegeben. Und es hiess von ihm, er habe die Regale seiner Studierklause mit Büchern und Manuskripten so vollgepackt, dass zwischen ihnen und dem ebenfalls hier aufgestellten Ruhebett bloss ein taschentuchbreiter Durchgang blieb. Im vorgerückten Alter, so hiess es weiter, habe Herminjard etwas Zeit für Brautschau und Heirat erübrigt, dann aber die Flitterwochen allein angetreten, um in den Archiven Berns nach Korrespondenzen aus dem 16. Jahrhundert zu fahnden. Die Ehe, wie auch immer, wurde mit zwei Kindern gesegnet. Zwar schwieg sich die Genfer Fama darüber aus, ob sie im schwer zugänglichen Bett zwischen den Reformatorenbriefen gezeugt worden waren; jedenfalls wählte Herminjard *fils* den Pfarrerberuf, während die Tochter einen Pasteur Grilli aus dem Piemont heiratete. Ein weiterer Theologe, ein Gustav Cramer-Sieveking, rauchte nach der Art deutscher Studenten auf den Genfer Strassen seine lange Tonpfeife, was ihn hie und da zu kräftigem Auswurf nötigte. Es hätten, so hiess es, Passanten sich über diese unappetitliche Angewohnheit beschwert, sodass Professor Cramer einen Spucknapf an den Griff seines Spazierstocks befestigen liess. Diesen trug er fortan durch die Strassen und deponierte nun seine Spucke, die er freilich weiterhin weithin hörbar im Rachenschlund sammelte, im halbwegs mit reinlichem Sägemehl gefüllten Behältnis. Weiter bewies der Chemiker Charles Marignac, dass sich auch die Vertreter der Naturwissenschaften durch allerlei Eigenheiten abhoben. Er war ein äusserst schweigsamer Mann, der sich im Alltag mit so wenigen Worten wie möglich behalf, in seinen Vorlesungen allerdings nicht darum herumkam, einige Beredsamkeit zu zeigen. Von Professor Marignac berichtete man sich in Genf, er habe seinen Kammerdiener mit mündlichen Anweisungen so knapp gehalten, dass sich dieser gelegentlich unter die Studenten des Chemiekollegs mischte, um doch wenigstens ab und zu die Stimme seines Herrn zu hören.

Wenn diese kurze Klatschspalte etwas von der Genfer Lust an der *médisance*, an der spöttischen Tratscherei spiegelt, dann aus zwei Gründen. Amiel selbst wird unwillentlich immer wieder mit den Gerüchten konfrontiert, die sein Benehmen auslöst, und er macht sich im September zu einer weiteren Urlaubsreise auf, die ihrerseits Stoff für eine süffige Anekdote liefern könnte.

Steht denn noch immer keine Heirat an? Wie Amiel zu Monatsbeginn von Jouxtens zurückkehrt, findet er auf seinem Bett einen gestrickten Überwurf, eine prächtige, in monatelanger Mühe angefertigte Arbeit von Cousine Brandt. Eigentlich war die Decke als Hochzeitsgeschenk gedacht, nun aber hat Julie sie «aus lauter Verzweiflung über mein hartnäckiges Junggesellentum» schon jetzt in die Mansarde an der Nummer 99 gegeben. Julie mag nicht mehr auf das grosse Datum warten, Julie ist entmutigt von den neusten Gerüchten über ihren anspruchsvollen Cousin. Er gilt als ein Mann «mit der hässlichen Gewohnheit, den Demoiselles den Hof zu machen und sie dann sitzen zu lassen». Dass man Henri-Frédéric neuerdings überall dort antrifft, wo Fräulein Hornung zu finden ist – über dieses Gerücht kann sie nur milde lächeln. Fräulein Hornung kennt sie schon seit zehn Jahren, und schon vor zehn Jahren hörte sie ihren Cousin sein Bedauern darüber aussprechen, dass Fräulein Hornung nicht zehn Jahre jünger sei.

Und weshalb, so fragt sie sich zusammen mit ihrem Cousin, kann die Welt Henri-Frédéric nicht einfach in Ruhe lassen, weshalb heften sich die Gerüchte ausgerechnet an ihn? Zieht die Frauenwelt geschlossen in den Kampf gegen den gemeinsamen Feind, den Junggesellen? «Zweifellos wirke ich wie jemand, der überreif wäre», gesteht Amiel, «der sich aber noch nicht bezaubern oder ermutigen oder festmachen liess. Das stachelt sie auf, das erscheint als Herausforderung an alle und als Chance für jede.» Dabei hofft er eigentlich nicht mehr auf die einzige, die grosse Liebe, «sondern ich begnüge mich mit ihrem Wechselgeld, mit dem Leben in der Zuneigung», so wie er das Louise Wyder begreiflich zu machen versucht, an einem letzten kurzen Besuch bei diesem kurzen Zwischenhalt in Genf. An den Frauen fesseln, berühren und entzücken ihn die Schönheit, die Anmut, die Güte, der Geist, die Leidenschaft, die Sanftmut, die Frömmigkeit. Aber es scheint ihm, diese Tugenden finde er jeweils bloss gesondert vor, in einer einzelnen Person. «Damit mir eine Frau alle anderen Frauen ersetzt, müsste sie beweglich sein wie die Welle und vollkommen wie das Licht.»

Mit der Reise in die Deutschschweiz bündelt Amiel zwei Anlässe zusammen. Am ersten Wochenende des Monats feiert die Universität Basel ihr 400-jähriges Bestehen, zehn Tage später begeht die Schweizerische Gemeinnützige Gesellschaft in Glarus den 50. Jahrestag ihrer Gründung. Wie bei solchen Feiern üblich logieren die Besucher bei privaten Gastgebern, in Basel wird Amiel einem reichen Fabrikanten zugeteilt. Unternehmer Brüstlein, «ein amerikanisierter Elsässer», unterhält zwei Firmen in den USA und residiert in hochherrschaftlichem Stil: reichhaltiger Weinkeller, gepflegte Tafel, selbst der sechs Zentner schwere Kassenschrank im privaten Office ist mit Mahagoni verkleidet. Brüstlein zeigt sich vom Besuch eines leibhaftigen Dichters und Dozenten so angetan, dass

Amiel die Aufmerksamkeiten fast schon peinlich werden. Man öffnet die besten Flaschen, reicht exzellente Zigarren (wobei Amiel so wie immer abwinkt), zum Schreiben teilt man ihm einen eigenen Salon zu. Wie soll er diesen wohlmeinenden Gastgebern bloss klarmachen, dass er hier zum akademischen Fussvolk gehört und sich der Genfer Abordnung als durchaus entbehrlicher Freiwilliger beigesellt hat?

Der Respekt, den ihm Konsul Brüstlein und Gattin erweisen, steht denn auch in bemerkenswertem Gegensatz zu seiner Rolle an der Hauptfeier. Amiel fühlt sich neben den angesehenen Wissenschaftlern und Politikern als Statist, als Aussenseiter, ist froh über die gelegentliche Begegnung mit einem Zofingia-Kollegen aus Studentenzeiten, empfindet schmerzlich seinen Mangel an Erfahrung und Wissen – «kurz, ich bin ernüchtert über die Figur, die ich hier mache, ganz zu schweigen von meinen Haaren, die fallen wie das Laub, und meinen Augen, die mich schmerzen».

Das Souper bei den Brüstleins lässt ihn wieder aufatmen: lebhafte Konversation, vier aufgeweckte Kinder, geschmackvolles Interieur. Besonders angenehm fällt ihm Demoiselle Brüstlein auf. Die zwanzigjährige Cécile blüht vor Jugend und Frische, hat reizende Gesichtszüge, plaudert angeregt und unbefangen mit dem Gast. Während sie, zu seiner Linken sitzend, ihm die Speisen reicht und gleichzeitig, gleichsam stellvertretend für die Mutter, die Kleinen am Tisch im Zaum hält, bewundert er aus dem Augenwinkel ihre schwellenden Formen, ihre Lippen, die ihm wie Knospen scheinen. Eine Mischung aus Neuchâtel und Basel, mit einem Hauch Angelsächsisch, aus gut situiertem Haus ... kommen ihm hier die so oft nachgeführten Tabellen über eine mögliche Zukünftige in den Sinn? Und trägt Demoiselle Brüstlein nicht die gleichen Initialen wie seine Mutter, erschien ihm dieses C. B. nicht schon bei Clotilde Bouvier als Fingerzeig von oben? Die Stadtvilla der Brüstleins liegt gleich gegenüber der Französischen Kirche und hat ein Nebengebäude; das Treppenhaus ist mit Holz verkleidet und stellt einen eigenen Raum dar, nicht eine Erweiterung der Strasse, wie das in Genf üblich ist. All dies hat Stil und Ambiance, ungefähr so stellt er sich den Rahmen für seine Zukunft vor.

Aber die Begegnungen des nächsten Tages ernüchtern ihn wieder. Er besucht einige *compatriotes*, etwa den Französisch-Dozenten Charles Girard, der sich einst so freundlich über den *Penseroso* geäussert hat. Auch der Theologe Cramer-Sieveking ist mit von der Partie, diesmal wohl ohne den speziell gefertigten Spazierstock, da man sich ja im häuslichen Rahmen trifft. Aber Girard hat zu klagen, gesteht dem Autor unter vier Augen, wie fremd und wurzellos er sich hier fühlt: mittelmässige Bezahlung, und dies bei 22 Lektionen die Woche, die Hahnenkämpfe an der Universität, das Klima, die Gesundheit. «Kurz, diese Existenz macht mir etwas Angst und stösst mich ab», notiert Amiel; ohnehin hat dieser Basler Aufenthalt für ihn eher vorläufigen oder versuchsweisen Charakter.

Denn die geheime Mitte der kleinen Rundreise liegt in Neuhausen am Rhein, und hier wiederum ist es die Villa Charlottenfels, die ihn anzieht. Ein märchenhafter Bau hoch über dem Rheinfall; der schwerreiche Uhrenindustrielle Heinrich Moser hat ihn vor zehn Jahren errichten lassen. Amiel kennt sich hier gleichsam über Umwege aus, über Verwandte der aus Holland stammenden Industriellengattin, vor allem aber über ein Porträt; es hängt zu Hause in Genf im Töchterinstitut Maunoir und erinnert dort an die jüngste Tochter des Uhrenmagnaten. Amiel hat bei den Damen Maunoir mit seinen Lektionen begonnen, als Sophie Moser eben gerade ihren Aufenthalt abschloss. In seinen Augen hat man sich auf ärgerliche Weise «verpasst», denn die sympathischen Züge der jungen Moser auf dem Gemälde haben es ihm vom ersten Augenblick an angetan – so blühend und jugendfrisch, aber reifer als beispielsweise bei Demoiselle Brüstlein, hoheitsvoller. Wenn Amiel aufrichtig sein soll, so hat er diese ganze Reise um des Porträts willen angetreten, wegen eines unbekannten und trotzdem vertrauten Gesichts.

Wie kaum anders zu erwarten, geht die Rechnung nicht auf. Zwar empfängt ihn in Neuhausen das Ehepaar Mayu recht herzlich, «vor allem Madame»; die beiden wollen ihn auch auf Charlottenfels einführen. Aber Vater Moser und die jüngste Tochter sind verreist, und dies auf mehrere Tage. Die beiden Mayu geben trotzdem ihr Bestes. Amiel wird mit Mosers Schwiegersöhnen bekannt gemacht, den Messieurs Richard und Neher, und auch hier kann er nur wieder staunen über den respektvollen Empfang, über die vielen Honneurs, die ihm zuteil werden und die so wenig zu schaffen haben mit dem Ansehen, das er zu Hause in Genf geniesst. Ob die Mayus seinen Ruf aufpoliert haben? Oder ob hier der schuldbewusste und ein wenig misstrauische Respekt ins Spiel kommt, den so viele Unternehmer dem Reich der «Bildung», der «Kultur» entgegenbringen?

Jedenfalls führen ihn Messieurs Richard und Neher auf einen ausgedehnten Rundgang durch die Waggonfabrik Neuhausen. Abends speist er mit den Mosers, den Nehers und den Mayus bei den Richards. Man empfängt ihn mit Entschuldigungen über die improvisierte Sommereinrichtung – vielleicht in berechnender Untertreibung, die auf den dieser Familie für gewöhnlich zustehenden Luxus hinweisen soll, vielleicht tatsächlich in der Annahme, der Gast sei von zu Hause her nur das Beste gewohnt. Beschämt hält dieser fest: «Alle diese Leute gaben sich sehr zuvorkommend und gastfreundlich, aber was sie ‹ungezwungen› nennen, ist schlicht prachtvoll. So kam am Abend auf drei Gäste ein Lakai in weissen Handschuhen, dazu Silbergedeck, herrliche samtbezogene Polster!» Und da nun einmal das sympathische Gesicht fehlt, entschliesst er sich, wenigstens das eine und andere über Sophie Moser und ihren Kreis in Erfahrung zu bringen.

Aber ist das denn die Umgebung, die er sucht? Offensichtlich verheiratet Fabrikant Moser seine Töchter wie ein Landesfürst, der seinen Machtkreis erweitert, sich neue Stützpunkte schafft. Richard ist sein Statthalter in Petersburg, Neher betreut eine Filiale in Neapel, was hat da ein Amiel, ein Philosophieprofessor in Genf zu bieten? Und wer sagt ihm, dass sich die sympathische Sophie nicht als verwöhntes Nesthäkchen herausstellt, «für mich der schlechtestmögliche Charakterzug»? Vom Souper mit den behandschuhten Lakaien kehrt Amiel in sein Hotel am Rheinfall zurück, klopft das Federkissen zurecht, von dem er jetzt schon weiss, dass es ihm wollüstige Träume bescheren wird. «Ob die jüngste Tochter als Benjamina erzogen und verzogen wird?» fragt er sich vor dem Einschlafen. «*That is the question.* Und was geht mich das im Grunde an? Wäre ich in dieser kleinen Welt nicht entwurzelt? Und sollte mich ein sympathisches Gesicht den riesigen Unterschied der Vermögen vergessen machen? (...) Die grösstmögliche Unabhängigkeit ist mein Ziel, und dabei hilft das Geld, aber nur in einem gewissen Ausmass. Die Bildung, das Gemüt, die Grundsätze, Fähigkeiten und Gewohnheiten zählen mindestens ebenso viel. Könnte ich denn hier meinen Weg machen, vorausgesetzt, ich wollte es? Von den Damen hatte ich einen sehr günstigen Eindruck, von den Herren sehr viel weniger.»

Durchs Hotelfenster dringt das rötliche Glühen der Werkstätten vom jenseitigen Ufer, wo die Eisenbahnwagen der Messrs. Moser, Richard und Neher entstehen. Die Eisenwerke arbeiten rund um die Uhr, auch jetzt schlägt der Schmiedehammer den Takt zum Dröhnen des Rheinfalls.

Nichts von Nutzen gelesen oder geschrieben, kein Vorhaben zu Ende geführt, vor allem nicht in der dringlichsten aller Angelegenheiten: sich zu etablieren. *La chose pressante était de m'établir, j'ai négligé la question.* Vorwürfe, die sich Amiel am nächsten Tag machte, jetzt bereits in Zürich, abgestiegen im *Schwert* am Ufer der Limmat. Hatte er allen Ernstes gehofft, bei einem kurzen Ausflug nach Neuhausen das Herz einer jungen Frau zu erobern, die er aus so vagem Anlass besuchte? Und mit welchen Worten hätte er denn beim millionenschweren Brautvater um ihre Hand angehalten? Hätte der Oktober dem Kennenlernen und der November den Hochzeitsvorbereitungen gegolten – so wie beim kühnen Manöverplan, den wir bereits kennen? Oder deutet die zunehmend weltfremde Art, in der Amiel seine Brautschau aufzieht, darauf hin, dass er nicht mit einem eigentlichen Erfolg rechnet, dass er darauf zu zählen beginnt, der Erfolg selber werde nach ihm suchen müssen, ausgerechnet nach ihm?

Der Zürcher Aufenthalt bleibt kurz. Noch kürzer machen ihn die knappen und lustlos klingenden Einträge im Tagebuch, wie denn überhaupt die gesamte Rundfahrt so unwirsch und abwesend festgehalten wird, als verdiene die bereits dritte Urlaubsreise dieser Semesterferien keine Zeile mehr als notwendig. Keine Spur mehr vom Enthusiasmus, mit dem Amiel sechs Jahre zuvor, nach der Trennung von Louise, den Aufenthalt in Zürich erlebte. Eine «fleissige und geistvolle Stadt», hiess es damals: «gefällt mir sehr. Alles hier ist lachend, tätig, aufgeklärt, freudvoll; die Häuser tragen die fröhlichsten Farben, überall weht reine Luft, überall Grün in jeder Beziehung; es herrscht Ordnung ohne tote Symmetrie. Hier würde ich gerne leben.»

Diesmal keine Rede von fröhlichem Grün und reiner Luft, vielmehr trifft Amiel so wie in Basel auf entwurzelte Romands, beispielsweise auf Verwandte «seiner» Familie Cherbuliez; auch sie sind nicht glücklich im Deutschschweizer Exil. Zwei der Damen stammen aus gutem Haus, fühlen sich der *grand monde* zugehörig, was im betont republikanischen Zürich nicht gut ankommt. Cherbuliez *père* bewältigt ein ähnliches Pensum wie sein Landsmann Girard in Basel; um durchzukommen, beginnt er die Arbeit jeden Morgen um vier Uhr früh. Am 17. nimmt Amiel die Glatttalbahn nach Rapperswil, zeigt sich enttäuscht vom vielgerühmten Schloss *(son vieux château sans élégance monumentale)*, reist weiter nach Weesen und Glarus, kommt auch zum Treffen der Gemeinnützigen Gesellschaft bei einem privaten Gastgeber unter, nur dass dieses Mal keine Rede sein kann von einem herzlichen Empfang wie bei der Familie Brüstlein. Ein Herr Gerig, Fabrikant, begrüsst ihn mit zugleich trockener und verlegener Miene. Im Wandschrank von Amiels Zimmer haben die Töchter des Hauses ihre Hüte deponiert, den Tee muss er im *Raben* zu sich nehmen, da die Wirtsfamilie keinerlei Anstalten macht, eine Erfrischung zu reichen. Statt eines Salons wie in Basel bleiben ihm für die abendlichen Notizen nur ein Tischchen im Gästezimmer und eine kleine, dünne Kerze. Entsprechend schmerzen ihn am Morgen die Augen, so wie bereits in Basel, so wie in Neuhausen beim Rundgang durch die Kesselschmiede.

Sollen wir einmal mehr Amiels häufige Klagen über schmerzende Augen, über flimmerndes oder trübes Sehen beiseite schieben?

Dürfen wir sie als eine Art Pauschale behandeln, als «gesetzt», etwa so wie das andauernde Klagen einer Grosstante über gichtige Finger oder Magendrücken? Oder ergibt sich irgendein Zusammenhang zwischen trübem, flimmerndem Blick und Amiels Brautschau, die wir für einmal vom praktischen Sinn des Wortes her verstehen sollten? Brille oder Lorgnon, die Amiel bereits nach kurzer Anwendung Augenflimmern verursachen, dürfen wir bei dieser Gleichung aus dem Spiel lassen. Genf war die Stadt der Präzisionsinstrumente, in Genf fanden sich vorzügliche Optiker. Dass der Autor sich ihnen nicht anvertraut, hängt zusammen mit dieser generellen Abscheu vor allen Belangen des praktischen Lebens, diesem «Schade um die Zeit»; so gesehen hat er seine Kurzsichtigkeit selbst gewählt.

«Ich denke darüber nach, wie sehr mir meine schlechten Augen die Dinge verderben, so auch meine Laufbahn als Professor; ich weiss weder die Namen noch die Gesichter der zehn Jahrgänge Studenten, die ich betreut habe; dabei hätte mir eine Reise in den Midi Frankreichs zusammen mit den einstigen Schülern sicher viel bringen können.»

Denkt er darüber nach? Strapaziert er nicht geradezu vorsätzlich ein ohnehin geschwächtes Organ, beim stundenlangen Schreiben im Schein einer mageren Kerze, bei der dumpfen Lektüre im Kaffeehaus, wo er sechs, ja acht Zeitungen und Magazine verschlingt, in rauchiger Luft? So dass er am nächsten Tag blinzelnd auf dem Bahnhof herumstolpert, währenddem die Lokomotive zur Abfahrt pfeift und er den richtigen Schalter verfehlt? «Ich kann keine Fahrkarte bekommen, ich verlange einen Fahrplan, den gibt es nicht mehr, ich schaue auf der grossen Anzeigetafel nach, sie ist jenseits der Reichweite meiner Augen»; der Zug fährt ohne ihn ab.

Der Kurzsichtige, so heisst es, ist auf Nähe angewiesen, und nicht bloss beim Fahrplanlesen. Aber wenn der Blick gar nicht erst nach aussen dringt, wenn er gleichsam sich selbst spiegelt, bereits haltmacht bei den so oft genannten *mouches volantes*? Die kleinen Eintrübungen im Glaskörper des Auges stellen sich über Nacht ein, bleiben dann tagelang, kommen bei jeder Bewegung der Gallerte ins Schwingen. Amiels Blick folgt dem Fliegenschwarm und verursacht ihn gleichzeitig – aber weshalb, wofür? «Habe gespürt, dass das Auge ein subjektiver Himmel ist, in dem sich die Wolken, die Blitze, alle Veränderungen der Atmosphäre abspielen ganz wie draussen. Meine Nervenschwäche erlaubt mir, sie ganz direkt zu fühlen.»

Wer sagt denn, fragt sich Amiel, dass das Auge nur dem Kontakt nach draussen dient? Sind es nicht die inneren Bilder, die zählen, besonders und gerade auf der Brautschau?

Die Gemeinnützige Gesellschaft hatte ihren Tagungsort mit Bedacht gewählt. Der Kanton Glarus gehörte zu den fabrikreichsten Regionen des Landes, ja des Kontinents. Glarner «Kattun», bedrucktes Baumwolltuch, wurde in die ganze Welt exportiert. Das Wasser der Linth, abgeleitet in Dutzende von Fabrikkanälen, lieferte die Energie; die Arbeitskräfte stammten aus der verarmten Bauernschaft. Eine Welt, die Amiel mit Staunen und Bestürzung wahrnahm, als die Tagungsteilnehmer in vierzig Droschken unterschiedlicher Machart über die Landstrasse vom Kantonshauptort Glarus nach Linthal zum grossen Diner rollten. «Durch zehn Dörfer gefahren; nur in einem einzigen fand sich keine Fabrik. Die ganze Bevölkerung stand Spalier. Die Hässlichkeit in allen Spielarten festgestellt: Hässlichkeit des Alters, des Körpers, des Gesichts, der Kleidung. Allgemeiner Eindruck: Diese Bevölkerung führt ein schweres Leben und kämpft mutig, aber ohne Verschnaufpause gegen das Elend. Die Fabriken sind Brutstätten der Bedürftigkeit und der Rachitis. Dabei gibt es keine andere Wahl. Es fehlt an Platz für die Landwirtschaft, es gibt kein Land zum Bestellen.» Und einige Stunden später, auf der Rückfahrt, werden noch einmal die Fabriken vermerkt, der fantastische Anblick der hell erleuchteten Bauten im engen und dunklen Tal, «der einzige lebendige Punkt in jeder Ortschaft».

Der Blick durchs trübe Kutschenfenster blieb für die Tagungsteilnehmer der einzige direkte Kontakt mit den Fabriklern und ihrem Elend. Die hässlichen Gestalten, die da Spalier standen, waren so etwas wie Amiels *mouches volantes*, Eintrübungen des Gesichtsfelds. Das allgemeine Bild, den grösseren Rahmen gewannen die Teilnehmer in den täglichen Sitzungen; hier wurde von acht Uhr früh bis spät in den Nachmittag hinein über grundsätzliche Fragen der Wohlfahrt diskutiert.

«Unsere Pflicht ist es, nützlich zu sein, und zwar nicht gemäss unseren Wünschen, sondern gemäss unseren Kräften», forderte Amiel in einem seiner berühmt gewordenen Aphorismen. Einer der jüngsten Gesellschafter am Glarner Gedenktag hiess Fridolin Schuler. Er war Landarzt im glarnerischen Mollis, eben 28 geworden. Ob er und Amiel sich am Jubiläum persönlich begegneten, bleibt zweifelhaft; ob Schuler so wie Amiel die Hässlichkeit der Fabrikler beklagte, ist nicht überliefert. Anders als Amiel kannte der junge Arzt die Stoffdruckereien nicht nur von einem geführten Rundgang, wie ihn die Gemeinnützige Gesellschaft am Morgen des 19. September in der Firma Brunner anbot. Es waren seine, Schulers, Patienten, die in solchen vielfenstrigen und grau getünchten Bauten ihren 13-Stundentag absolvierten, und es waren ihre Frauen und Kinder, die er in ihren jahrhundertealten, von der Sonne schwarz gebrannten Holzhäusern an den Berghängen besuchte. Dass es für diese entwurzelten Bergler «keine andere Wahl» gab, stand für Schuler keineswegs fest; ebenso wenig mussten für ihn Fabriken notwendigerweise zu «Brutstätten» für Krankheiten und soziales Elend werden. Er sollte die nächsten vierzig Lebensjahre bis zu seinem Tod im Jahre 1903 dem Kampf für menschenwürdige Arbeitsbedingungen in der Industrie widmen. Ob er diese Herausforderung wünschte oder suchte, ist nicht bekannt; dass er sie bestand, ist bezeugt.

Le devoir est d'être utile, non comme on le désire, mais comme on le peut.

Schuler protestierte schon Jahre vor dem Treffen in Glarus gegen die Zustände im Fabrikwesen; er hatte täglich mit ihren gesundheitlichen Folgen zu tun. Die Luft in den Textildruckereien glich einer bunten chemischen Palette, sie enthielt Essig- und Salzsäurepartikel, die aus den Beizelösungen und dem vielfach verwendeten Anilin freigesetzt wurden. Beides bewirkte Ekzeme der Augenlider und Hautausschläge. Die Blutlaugensalze, zur Farbenbereitung verwendet, setzten Blausäuredämpfe frei; diese liessen die Arbeiter immer wieder in Ohnmacht fallen. Arsenhaltiger Staub drang durch die Kleiderstoffe; häufig musste Schuler Entzündungen im Genitalbereich feststellen; bei männlichen Arbeitern schwoll der Hodensack massiv an. Die Dämpfe von arsenhaltigen Säuren führten in der Belegschaft regelrechte Epidemien herbei, mit Erbrechen oder Durchfall oder Lähmungserscheinungen. Die Anilindämpfe bewirkten abstossende Hautschäden, ein nässendes Ekzem; in einzelnen Fällen verloren selbst halbwüchsige Arbeiter ihr gesamtes Kopfhaar.

Obwohl manche Unternehmer massiven Protest einlegten, stieg der junge Arzt wenige Jahre nach dem hier beschriebenen Jubiläumstreffen zum Glarner Fabrikinspektor auf. Schuler hatte nun vermehrt mit Emphysemen und Asthmaanfällen zu tun, beides verursacht vom alles durchdringenden Staub der Baumwollwebereien. In zahlreichen Belegschaften klagte man über Übelkeit: Die Unternehmer setzten zum Schmieren der Maschinen tierische Öle ein, weil diese billiger waren. Anders als bei den mineralischen Ölen begannen die nicht entdeckten Rückstände zu faulen; ganze Fabriksäle rochen penetrant nach toten Ratten. Die Turbinen, auf Höhe des Erdgeschosses oder darunter gelegen, trieben Maschinen an, die durch ihr Stampfen das ganze Gebäude erschütterten. Das führte zu Reizungen des Nervensystems, zu Gebärmuttersenkungen bei den Arbeiterinnen, zu Zittern von Armen und Beinen, zu lästigen Tics und Zuckungen im Gesicht. Auch die robusten Arbeiterinnen oder Arbeiter traten abends mit tränenden Augen, juckender Haut und dröhnendem Trommelfell ihren Heimweg an; über kurz oder lang machte die Fabrik noch die kräftigsten und willigsten Arbeitskräfte, auf die sie doch angewiesen war, zu Invaliden, deren Lebenserwartung zehn Jahre unter derjenigen von Bürgern oder Bauern lag.

Es waren die Aufsätze und Statistiken, die Fridolin Schuler in den folgenden Jahren veröffentlichte, die dem Kanton mit den dunklen und engen Tälern zum fortschrittlichsten Fabrikgesetz des Landes verhalfen. 1867 sollten die Glarner Behörden einschneidende Vorschriften erlassen: Beschränkung der Arbeitszeit auf elf Stunden im Tag, Verbot der Kinderarbeit, Einführung von Sicherheitsmassnahmen. Die Eidgenossenschaft folgte zehn Jahre später mit einem bundesweit gültigen Gesetz; es nahm in vielerlei Hinsicht die Glarner Regelung zum Vorbild.

Le devoir est d'être utile, non comme on le désire, mais comme on le peut.

Zum dritten Mal in diesem Sommer, am 20. September, kam Amiel von einer unbefriedigenden Urlaubsreise zurück. Und einmal mehr wurde er sich seiner peniblen Lage bei den Guillermets bewusst: «Mein hässliches Logis: eng, abhängig, nicht präsentabel; meine Schwester, die statt eines fröhlichen Willkomms zu verstehen gab, dass es sie störte, ein spätes Nachtessen organisieren zu müssen.» Niemand half ihm dabei, den schweren Reisekoffer und die Hutschachtel in die Mansarde hochzutragen; es hiess den nächsten Tag und die Rückkehr des Hausburschen abwarten. «Der Eindruck, hier ein wenig Fremder zu sein, etwas ausserhalb zu stehen, nicht ganz zum heimischen Herd zu gehören, nicht sehr erwünscht zu sein, sondern eher zur Last zu fallen, nur bedingt zu gefallen und eher empfangen als begrüsst zu werden – dieser Eindruck, zwar flüchtig, stimmt traurig. Am glücklichsten war noch Jules, mich wieder zu sehen – gutes kleines Herzchen!» Fürs Wochenende verreiste die Familie wie gewöhnlich ins Landhaus nach Cartigny. Wie gewöhnlich waren es nur die Neffen Jules und Henri, die den Onkel zum Mitkommen einluden; wie gewöhnlich winkte dieser ab. «Wunderbares Wetter. Allein gespiest. Die Arbeit einer Spinne betrachtet.»

Am Montag listete Amiel die Schulden des lästigen Buchhändlers Kessmann auf und blätterte die Revuen durch, die in seiner Abwesenheit eingegangen waren. Die Arbeit einer Spinne, ihre tückischen Netze und ihr Lauern und Zupacken erschienen in ganz anderem Licht, als er sich am Nachmittag in der Buchhandlung Suès neu eingetroffene pikante Fotos und Stiche vorlegen liess. Dass Madame Suès statt des abwesenden Gatten die Präsentation übernahm, erstaunte ihn nur zu Beginn. Das Gespräch streifte schon bald über die vorgelegten erotischen Sujets hinweg. Wie die Buchhändlersfrau selbst mit Kennermiene, wenn auch ohne Blickkontakt, über die üppigen Schönheiten zu referieren wusste, erwies sich als ungleich spannender. «Es ist erheiternd zu sehen, wie die Maske der guten Sitten fällt, auch bei niedergeschlagenen Augen, und wie die natürliche Leichtfertigkeit der Frau die Oberhand gewinnt.» Madame hatte dieses und jenes über die anzüglichen Fotografien beizutragen, Madame wusste den fülligen Modellen nur wenig abzugewinnen – vielleicht, weil sie selbst ausgesprochen mager war? Und versteckte sich hinter dieser Ablehnung womöglich die Aufforderung, sich davon zu überzeugen, dass auch in einer Frau ohne üppigen Busen und Hintern ein sinnliches Feuer loderte? Unter dem Deckmantel eines Kundengesprächs, so schien es diesem Kunden, liess sich die Buchhändlerin zu Fantasien hinreissen, die sie sonst kaum in Worte gefasst hätte. War es nicht augenscheinlich, dass sich die geheimen Wünsche der Frau nur unter Zwang hinter Gesetz, Sitte und gesellschaftlichem Rang duckten? Und dass sich die Spinne aufs Netz wagte, sobald keine Gefahr der Entdeckung, der Schande drohte?

Mit anderen Worten: Madame Suès war einem Abenteuer mit ihm nicht abgeneigt.

Die Frau, so schloss Amiel, nachdem er mit ihr die Alben durchgeblättert hatte, fürchtete sich nicht vor dem Laster, sondern vor der öffentlichen Entblössung. Die Frau war die Spinne, die sich im hintersten Winkel des Netzes versteckte und blitzschnell auf ihre Beute losschoss, wenn sie sich unbeobachtet glaubte. «Nach Geschmack, Temperament und Neigung ist sie erotisch, und im Geheimen kehren ihre Gedanken, solange sie jung ist, immer zum gleichen Gegenstand zurück, zum gleichen Traum, der je nach Feinheit der Person unendlich idealisiert wird, der aber von den Hindu ganz brutal auf das Symbol des Lingam vereinfacht wird.»

Vielleicht mass Amiel einer neckischen Unterhaltung über die Bilder einiger spärlich bekleideten Modelle allzu viel Bedeutung bei, vielleicht war der Gedankensprung zum steinernen Penissymbol der Inder in diesem Fall kaum angebracht. Und womöglich stand im Mittelpunkt der Überlegungen weder eine freizügige Fotografie noch die hagere Madame Suès, sondern Marie Favre. Vor der Abreise nach Basel hatte er sich in der Prairie von ihr verabschiedet, mit leidenschaftlichen und selbstvergessenen Küssen; offensichtlich hatte Marie voller Hingabe in seinen Armen gelegen, zu allem bereit. In der Zwischenzeit war ein Brief von ihr eingetroffen, der sich für das Aufwallen der Gefühle entschuldigte, dabei aber zu verstehen gab, an einem passenderen Schauplatz liesse sich dort anknüpfen, wo man aufgehört hatte.

«Also Sie hätten gerne einmal das Nest der Schwalbe besucht, das möchte ich auch», hiess der Kernsatz dieser Zeilen. Marie war einverstanden, Marie würde Amiel den Platz an der Wand zeigen, wo seine Fotografie hing, würde ihm ein Liebesnest polstern. Dafür brauchte es freilich einen Zeitpunkt, «an dem die Schwalbe einige Tage ganz allein Herrin über ihr Logis ist». Mit anderen Worten: Es hiess abwarten, bis der kleine Franz mit den Grosseltern für einen Tag oder zwei wegfuhr. Im Übrigen hatte sich Marie im Nieselregen des letzten Treffens arg erkältet, musste aber weiterhin ihrer Arbeit im *magasin* nachgehen, über die wir leider nichts Weiteres erfahren.

Amiel war entzückt und setzte gleich nach der Rückkehr einen längeren Brief auf. Für einmal vergass er seine ganze Zurückhaltung. Die Küsse im Park hätten ihn während seiner ganzen Reise verfolgt, als eine Verheissung, die ihn zutiefst berührt habe; selbstverständlich fiel von der missglückten Brautschau im Schloss der Millionärsserbin kein Wort. Marie habe keinerlei Anlass, sich für ihre Gefühle zu entschuldigen; es folgten eine ausführliche Beschreibung seiner Reiseerlebnisse und ein Hinweis auf die dritte Auflage seiner Übersetzung von Schillers «Glocke», weiter Geburtstagswünsche für Marie, die allerdings von einem völlig falschen Datum ausgingen. Dom Mariano wünschte ein Wiedersehen, so schnell wie möglich.

Mionettes Antwort traf nicht ganz so prompt ein. Eine Enttäuschung für Amiel; uns gibt sie immerhin Einblick in das Genfer Postwesen der Zeit. Amiel hatte am 23. geschrieben, einem

Sonntag, Marie ihre Antwort am Montag um 13.00 Uhr aufgegeben. Trotz Feiertag trafen Briefe am Folgetag ein – erstaunlich! Marie schlug ihrerseits ein Treffen am Montagabend vor, rechnete demnach mit Auslieferung bis zum Abend. Die Post bot also mehrere Botengänge im Tag an, die Zustellung erfolgte innerhalb weniger Stunden!

In diesem Fall klappte es damit allerdings nicht; ein ärgerlicher Amiel schrieb am Folgetag zurück: «Dienstag, *10h morgens*. Ihr Billet von gestern (um 13.00 Uhr frankiert) erreicht mich *erst jetzt*. Verfluchte Post, alles neu absprechen. Aber die Verwirrung für mich und der Ärger für Sie sind damit nicht wettgemacht. Ich muss etwa sechsmal beim Tablett in der Küche nachgeschaut haben, ob nichts angekommen sei, denn ich hatte ein wenig Angst vor dem grünen Brief. Diese Verzögerung hat mich enttäuscht, verwirrt und gebeutelt.» Er schlug für den gemeinsamen Spaziergang den Mittwochabend vor, also den Vorabend seines 39. Geburtstags.

Rechnete er dabei mit einer Überraschung der besonderen Art? Lag jetzt, wo man bereits über frei werdende Schwalbennester sprach, die so lange ersehnte Einweihung in der Luft? Jedenfalls brachte Amiel das Thema gleich doppelt ins Spiel: «Sind Sie Herrin über Ihr Logis? – Vielleicht bin ich es in einer Woche über das meine. Sagt Ihnen das nichts?»

Was immer die Begegnung am Mittwochabend zum Fiasko werden liess – es hatte auf irgendeine Weise mit dem bevorstehenden Geburtstag zu tun. So wie manch ein Junggeselle vor und nach ihm fürchtete sich Amiel vor der eckigen Endgültigkeit runder Daten. Dem 39. Geburtstag stand immerhin noch eine Drei voran: der letzte, den man bei grosszügiger Auslegung der Jugend zurechnen durfte. Kam hinzu, dass von Louise Wyder ein prachtvolles Geschenk eintraf, ein bestickter Reisesack, dem man förmlich die dutzende von Arbeitsstunden ansah, die Egeria auf das Anbringen und Verzieren der zahlreichen Laschen und Taschen verwendet hatte. Wie konnte ein Mann dieses Geschenk entgegennehmen, der sich, Feder in der Hand, Mut dazu machte, jetzt aufs Ganze zu gehen – aber mit einer anderen? «Ich habe weder Frau noch Mätresse gehabt», resümierte Amiel ein paar Stunden vor dem Treffen mit Marie, «weder Leidenschaft noch flüchtiges Verhältnis, ich kenne das höchste aller Vergnügen nicht und habe das beste Alter vorbeiziehen lassen: war ich nicht ein Dummkopf? Diese Gedanken bestürmen einen Junggesellen von 39 Jahren in seinem einsamen Zimmer, auf dem Kopfkissen seiner Schlaflosigkeit. Und wenn da eine Freundin ist, sie selbst ein Kind der Liebe, eine junge, zärtliche, feurige Witwe, die in seine Arme sinkt und ihm im Mondschein ins grüne Gebüsch folgt, fragt er sich, ob es nicht absurd sei, sie noch länger gegen sich selbst zu beschützen, sich dem zu verweigern, wovon sie träumt, sich die Wollust zu versagen?»

Marie hatte also als unehelich geborene Tochter nicht das gleiche Anrecht auf ritterliche Zurückhaltung ihres Dom Mariano wie eine junge Frau aus bürgerlichen Kreisen? Der aus heutiger Sicht absurde Gedankengang fand denn auch seine Fortsetzung im Verlauf dieses chaotischen Abends. Offenbar endete er in Verwirrung, Bestürzung und heftigen Worten zwischen Mionette und Mariano; man trennte sich im Unfrieden, beiderseits zutiefst enttäuscht und bestürzt. Noch am gleichen Abend hielt Amiel fest, nun seien innert weniger Stunden gleich drei Beziehungen in die Brüche gegangen. Er selbst hatte eben der langjährigen Freundin Josephine Fol einen harschen Brief geschrieben, offensichtlich beflügelt von einer durchgreifenden Stimmung des Entweder-oder. Auf der Strasse war er Louise Wyder begegnet, Arm in Arm mit einem Mann, zweifellos einem *prétendant*, einem Anwärter auf ihre Hand. Er hatte diesen Anblick, jeglicher Vernunft zum Trotz, als Abfall empfunden, als Verrat.

Was Marie Favre und die Ereignisse dieses Abends anging, so steht jedenfalls fest, dass man weit über Küsse und Umarmungen hinausging. Und offensichtlich war es Marie, die hier die Führung übernahm und den zu allem entschlossenen *prétendant* regelrecht schockierte. Amiel kehrte zutiefst ernüchtert an die Nummer 99 zurück, hielt trotz allem noch schnell schriftlich fest: «Mit X in der Prairie, ich ekelte mich vor der Wollust, und ich habe die Lüge der erotischen Poesie durchschaut, schon die Möglichkeit der Erfüllung hat mir Überdruss bereitet, und ich komme von dieser Erfahrung mit schwerem Herzen und unzufriedenem Gewissen zurück. (...) Ich stelle fest, dass mich die Wirklichkeit vollständig abkühlt – um nicht zu sagen: abschreckt. Der Anblick eines zarten Fussknöchels weckt die Begierde, aber die Moosrose selbst löscht sie ab und verjagt sie.»

Dass die körperliche Liebe hinausging über ein poetisches gegenseitiges Verschmelzen, dass die *rose mousse* der Frau ebenso hitzig pochte wie sein eigenes Verlangen, war Amiel zwar vertraut aus Fantasien und entsprechender Lektüre, bei Balzac oder bei Ovid. Aber die «ungesunden, glitschigen Dünste» dieser Prosa, dieser Verse hatten ihn bereits beim Lesen verschreckt; jetzt erschien ihm das keuchende Tasten ihrer Umarmungen als halbherzige und für beide Seiten erniedrigende Erfahrung. Das Schlimme daran war, «dass mir die Ehe dadurch entzaubert wird und die Frau ihre Poesie verliert – die zwei einzigen Dinge, in die ich noch eine geheime Hoffnung setzte».

Es war Marie Favre, die sich der Situation gewachsen zeigte – einmal mehr. Früh am nächsten Tag traf ein Briefchen von ihr ein; Marie entschuldigte sich für ihre bitteren Worte, für die ganze Szene. Offen bleibt bei diesen Zeilen, ob sich die junge Witwe am Vorabend gegen allzu ungestümes Drängen verteidigte oder ob sie umgekehrt ihren Dom Mariano wegen seiner Zurückhaltung tadelte. Erschrak sie im letzten Augenblick über ihren eigenen Mut, sandte sie widersprüchliche Signale aus? So oder so fand sie jetzt die richtigen Worte: Was immer sich im Park abgespielt hatte, liess sich bereden, solange das gegenseitige Vertrauen bestehen blieb.

«Verzeihen Sie mir, ich war sehr aufgebracht und meine Eindrücke waren allzu verwirrend (...). Jetzt bin ich ruhig und sehe die Situation besser; in meinem Herzen finden sich keinerlei bittere Gedanken mehr, es bleibt nur die ängstliche Trauer, unsere bis anhin so süsse und glückliche Zuneigung abgekühlt zu haben (...). Nach der Verwirrung des ersten Augenblicks sagt mir die Überlegung, dass es früher oder später so kommen musste. Marie kann diesen Tag, diesen ernsten Gedenktag in Ihrem Leben nicht so vorbeigehen lassen, mit dem Schatten einer gegenseitigen Entfremdung über ihm, und sie möchte jegliche Spur einer schlechten Erinnerung tilgen.»

Früher oder später musste es so kommen. Eine gelassene Einsicht, der sich Amiel nicht so recht anschliessen mag. Den Donnerstag, seinen Geburtstag, verbringt er wie meistens zu Hause; ausser der Reisetasche von Louise treffen keinerlei weitere Wünsche oder Geschenke ein. Er empfängt einen Gast, macht selbst einen Besuch, sitzt wieder stundenlang über den Bögen des Tagebuchs. Maries sanfte Worte beruhigen ihn; er hält ihren «bescheidenen und unterwürfigen Brief» mit Genugtuung fest. Vielleicht gelingt es ihm doch noch, die *rose mousse* mit seiner Vorstellung von erfüllter Liebe zu versöhnen? «Über Mittel nachgedacht, der wirklichen Frau in mir die Poesie zurückzugeben und der Natur Genugtuung zu leisten. Ich muss mich ein- für allemal ins Bild setzen über den wahren Wert der Wollust, um so ihren eleganten Zauber zu erfahren oder umgekehrt ihre düstere Lüge zu entlarven – wenigstens was mich betrifft. Bleibe ich der Spielball einer so grundlegenden Ungewissheit, verliere ich zu viel Zeit.»

Was sich im Park abspielte, ist bloss eine halbe Erfahrung, eine *demi-expérience*, und er selbst bleibt eine Art *demi-vierge*, ein beschämender Zustand. Dies die Bilanz am Freitag, der ihn immer noch damit beschäftigt sieht, der Sinnlichkeit ihre Poesie zurückzugeben, *de repoétiser la femme*. Praktisch gesehen ist er immer noch nicht zum Mann geworden – ein lächerlicher alter Hagestolz, in nichts unterschieden von einem alten Mädchen wie Fräulein Hornung, deren zimperliches Getue ihn oft genug geärgert hat. Einmal mehr beschwört er sich selbst, so als schaffe der Abstand vom Ich zum Du das nötige Gefälle, das ihm den Schwung zur Tat verleiht. «Du wirst also, selbst widerstrebend, die Schwelle bei der ersten zwanglosen Gelegenheit überschreiten müssen. Wenn du an Ernsthaftigkeit und Männlichkeit gewinnen willst, musst du heiraten, und vor der Heirat musst du dir Gewissheit verschaffen, um eine fürchterliche Enttäuschung zu vermeiden.»

Der Monat September endet, wie er begonnen hat – mit Unlust und Verdruss, unterlegt vom Nesselfieber sinnlicher Begehrlichkeiten. Der Samstagabend führt Amiel auf einem Spaziergang an den Boulevard des Tranches und vor die Wohnung der Wyders. Im Salon brennt noch Licht, was eigentlich nur eines bedeuten kann: Der *prétendant* am Arm Louises hat ernstgemacht, man feiert im Familienkreis die Verlobung. Und weshalb ist Amiel weit davon entfernt, irgendwelche Erleichterung zu verspüren? Hat er nicht, während Monaten und Jahren, Louise und ihre so bedrohlich dargereichten Gefühle auf Armlänge gehalten? Und zeigen seine Enttäuschung, seine Unruhe nicht allzu deutlich, dass er nur ungern auf den Luxus verzichtet, den ihm dieses Abwehren vorgaukelte?

OKTOBER

Erfahrungen sammeln

Wer kennt nicht das Gefühl der Peinlichkeit, wenn sich dem Nachzügler unter den hämischen Blicken der rechtzeitig eingestiegenen Fahrgäste die Türe der wartenden Strassenbahn trotz mehrmaligem Drücken der entsprechenden Aussentaste nicht mehr öffnet? Bei Amiel: «Wer kennt nicht das Grinsen der Reisenden beim Anblick des Eiligen, der die Abfahrt der Kutsche verpasst?» Die Angst vor der kleinen Demütigung und vor der verlegenen Geste, mit der er sie wegzustecken sucht, scheint Amiel ein Sinnbild für die Situation, in die er selbst bei der Suche nach einer Lebenspartnerin geraten ist. Wer schwitzend und keuchend hinter dem peitschenknallenden Kutscher herrennt, setzt sich dem Spott und der Lächerlichkeit aus – ganz so wie der Mann, der die Freundlichkeit einer charmanten Frau falsch auslegt. Geht er einen Schritt weiter auf der Skala der Vertraulichkeit, fängt er womöglich ein kaltes Lächeln ein, eine schnippische Zurückweisung, unter dem Grinsen der Umstehenden. «Du konntest es nicht ertragen, dich zu täuschen, etwas bereuen zu müssen», resümiert er nach einer verpassten Gelegenheit; «die falsche Scham und die Schüchternheit haben dir den Weg versperrt.» Aber wer auf die Gelegenheit wartet, bei der sich alles in zwangloser Vollkommenheit wie von selbst ergibt, der verpasst und vertagt das Leben. «Heirate doch!» hat ihm Fanny vor einiger Zeit zwischen Tür und Angel geraten, so als brauche es nur ein Fingerschnippen seinerseits.

Er hat es aufgegeben, hinter der wegfahrenden Kutsche herzurennen.

Wie viel noch fehlt bis zum entscheidenden Schritt, wird ihm in eben diesen Herbsttagen bewusst. Das Gespenst einer Ehe, in die er ohne grundlegende sexuelle Erfahrung eintreten würde – und dies wie anzunehmen mit einer jüngeren und womöglich noch unerfahreneren Frau –, dieses Gespenst schreckt ihn nach dem Wochenende mit dem verpatzten Geburtstag mehr denn je. Selbst wenn sich zwanglos, durch einen Glücksfall, eine Verbindung ergäbe, droht in der Brautnacht erneut die Peinlichkeit des Versagens, das Schwert des Erzengels vor dem Eingang zum Paradies. Es bleibt nur eine Möglichkeit. Er muss die erhitzte, verwirrte Situation zwischen Marie und ihm ein für allemal zu seinen Gunsten nutzen, er wird auf dem Liebesbeweis bestehen, auf der «Einweihung». Er hat sie sich als Vertrauter so vieler geflüsterter und gehauchter Geständnisse verdient, er glaubt zu wissen, dass es jetzt nur klare Worte und energisches Beharren braucht.

Der Brief, mit dem er Marie Favre zu Beginn dieses Monats vor die Wahl stellt, hat sich nicht erhalten, dafür aber ihre Antwort. Es ist ein eher flüchtig abgefasstes Billet, ungewohnt bei dieser Frau, die viel auf klare und saubere Schrift gibt, diesmal aber augenscheinlich den nächstliegenden Griffel und das erstbeste Stück Papier zur Hand nimmt. Immerhin bringt das Schreiben etwas Licht in die verworrene Geburtstagsszene im Park: Offensichtlich hat sich Marie erst ihren Gefühlen überlassen, dann aber den immer hitziger werdenden Zärtlichkeiten ein Ende gesetzt.

«Wie Ihr Brief mich schmerzt, mein Freund! Nein, verlangen Sie nichts von mir! Ich flehe Sie an! Wenn ich Ihren Bitten nachgäbe, würde die innerliche Scham die Freude, Sie zu lieben, in mir verdrängen. Sie sagen: ‹Ich kann diese unnatürliche Rolle nicht mehr akzeptieren! Ich brauche mehr und Besseres.› Freund, dieses ‹mehr und besser› wäre böse. – Wollen Sie ernsthaft, dass wir diesen lieben Tag vom 12. März bereuen, diese 18 Monate der so süssen und so vertrauensvollen Freundschaft? Aber nein, all dies kann nur ein flüchtiger Gedankennebel sein, eine augenblickliche Verwirrung der Sinne. (…) Gott wird uns helfen, den Dämon zu besiegen. Bezichtigen Sie Ihre Marie nicht der Härte und der Undankbarkeit, Sie bereiten ihr mit Ihren Vorwürfen zu grossen Kummer. Sie versucht ja nur, Sie vor ihr selbst zu beschützen, das ist alles! Sie rechnet auf Ihre Grosszügigkeit, mehr als auf ihre eigene Stärke!»

Elle compte sur votre générosité plus que sur sa force. Vom abschliessenden Satz nahm Amiel nur den zweiten Teil wahr; Marie gestand ein, dass sie sich auf ihre Widerstandskraft nicht mehr verlassen konnte. So wie in unzähligen ähnlichen Phasen der Bedrängnis flüchtete sich Amiel ans Schreibpult. Montag, Dienstag und Mittwoch, die drei ersten Tage des Monats, galten zum grossen Teil einem brünstigen Gedicht, dem er den Titel «Wollust» gab. Als eine Art Göttin der *volupté* lässt sich in seinen acht Strophen eine vor Leidenschaft glühende Frau über Begehren und Erfüllung aus, über Entsagen und Hingabe. Obwohl keinerlei Möglichkeit bestand, diesen gereimten Brunstschrei je zu veröffentlichen, feilte und polierte Amiel während unzähligen Stunden an den 32 Versen, suchte er bei Ovid und Rabelais neue Wendungen und steigerte sich in einen Zustand nervöser Wortklauberei hinein, sodass er sich schliesslich selbst über die eigene Hartnäckigkeit lustig machte. «Welch verkommene Leidenschaft für das Zwecklose!», notierte er am Mittwoch. «Wenn eine Sache nur unnütz genug ist, dann schaffe ich es, ihr einen verbissenen Kult zu widmen, eine unermüdliche Hingabe. Aber vor der Pflicht, vor dem Notwendigen, dem Ernsthaften und vor allem dem Nützlichen – davor schrecke ich zurück.»

Je brûle et je transis. Ma langue se délie.
Oh! sous le réseau d'or, comme toi prise un jour
Brune Vénus, puissé-je, au gré de ma folie,
Rapprendre en rougissant les rites de l'amour.

Ich glühe und vergehe. Der Brust entflieht ein Stöhnen.
Oh! könnt ich, so wie weiland Venus auch,
Vom goldnen Netz ertappt, dem holden Irrsinn frönen,
Errötend neu erlernen der Liebe süssen Brauch.

So stark brannte sich die Vision einer vor Leidenschaft glühenden Marie Favre ein, dass er als weitere Folge in einen peinlichen Zustand permanenter Erregung geriet. «Beschämende Besessenheit durch vulgäre Brunst», kurz eine Dauererektion, die das Tagebuch als *tentigo penilis* getreulich festhält. Das vor einigen Tagen so leichtfertig herbeizitierte steinerne Lingam der Inder hatte eine unerwartete neue Bedeutung erhalten. Am Donnerstag, auf einem neunstündigen Marsch zum Salève mit den Freunden vom *cercle des penseurs*, glaubte Amiel, er sei «das vertierende, versklavende Joch der Wollust» losgeworden – nur um nach der Heimkehr sogleich ein paar weitere anzügliche Verse zu schmieden, mit einer Bacchantin und einem Satyr als nur vage antikisch verbrämten Hauptfiguren.

Am Freitag langer Spaziergang, mit einem rosa Briefchen von Louise Wyder in der Hand; erneute Zweifel daran, ob er diese unverbrüchliche Liebe nicht leichtfertig verschmäht habe. Erst mit Anbruch der Nacht kam Amiel in die Nummer 99 zurück, hatte den ganzen Tag mit niemandem auch nur ein Wort gewechselt. Den Abend verbrachte er allein; die Familie war für drei Wochen ins Landhaus verreist. Vor kurzem hatte er sich auf die verlockende Freiheit gefreut, vom Salon bis zur Mansarde alle Räume allein zu besetzen, Herr über sein Logis zu sein; schon am Ende der ersten Woche kam ihm dieses Abenteuer schal und dürftig vor. Allein vor dem kalten Loch des Kamins trug er das Gespräch vom Donnerstag in Stichworten nach. Über das Komische hatten die Freunde diskutiert, über das Wunderbare, die Mode, die Übersetzung des Neuen Testaments, über das Papsttum und die bevorstehende Übersiedlung von Edmond Scherer, dem langjährigen Freund, nach Versailles. Er selbst sass allein da, mit einem einzigen Gedanken; für Samstag war ein Treffen mit Marie geplant.

«Was habe ich morgen zu tun?» schliesst der Eintrag. *Qu'ai-je à faire demain?*

Was hier klingt wie eine selbstverordnete Aufgabe, wird – für Amiel – zu einer befreienden Erfahrung. Am Samstagabend macht Marie einen Besuch in der Nummer 99, bleibt ein paar Stunden; es kommt zur ersehnten und gefürchteten Einweihung. Madame de Warens spielt ihre Rolle, und dies offensichtlich mit Anmut und Hingabe. «Wir mussten die Sache abmachen, um in unsere normalen Verhältnisse zurückzukehren», schreibt Amiel, so als hätten sie sich beide tapfer einer etwas lästigen Pflicht unterzogen. «Die hübsche Witwe war wie erwartet, und ich kann mich jetzt noch besser in eine Frau hineinversetzen. Ich habe nur gewonnen dabei.»

C'est tout profit – dieses Fazit haben einige von Amiels Biographen als Ausdruck empörender Herzlosigkeit gewertet. Tatsächlich setzt sich der Autor noch um elf Uhr abends hin und zieht schriftlich eine erste Bilanz. Sie gilt ausschliesslich seinen eigenen Reaktionen, während Marie bereits als «die Frau» schlechthin erscheint: kein Wort über das eben noch in glitschigen Versen gefeierte Modell der aus Leidenschaft Leidenden! «Aber wie soll ich die Erfahrung dieses Abends benennen – enttäuschend? Berauschend? Weder das eine noch das andere. Ich habe zum ersten Mal einen glücklichen Zufall erlebt. Nach all dem, was sich die Phantasie ausmalt oder verspricht, ist es offen gestanden kaum der Rede wert. Es ist so etwas wie ein Eimer frisches Wasser, es hat mir gut getan. Es hat mich abgekühlt, indem es mich aufklärte. Die Wollust selbst steckt zu drei Vierteln oder mehr im Begehren, also in der Vorstellungskraft. Die Poesie taugt unendlich viel mehr als die Wirklichkeit. Aber der springende Punkt der Erfahrung ist im Wesentlichen rationaler Art: Ich kann endlich aus eigener Kenntnis über die Frau mitreden, ohne mir selbst als halber Trottel zu erscheinen, ohne die Unwissenheit oder die falsche Idealisierung, die mich bis heute hinderten. Ich betrachte das ganze Geschlecht mit der Ruhe des Ehemanns, und ich weiss jetzt, wenigstens für mich: Die physische Frau bedeutet beinahe nichts. (…) Die Zuneigung, die Sympathie, die Anhänglichkeit sind das Wesen einer Frau, und ihre letzte Gunst fällt nicht merklich ins Gewicht. Was die Frau betrifft, so hat es mich nicht so viel gelehrt wie erhofft. Letztlich bin ich erschüttert über die relative Bedeutungslosigkeit dieses Vergnügens, um das so viel Lärmens gemacht wird.»

Und auch am nächsten Tag weiss er dem Urteil nichts Neues hinzuzufügen. Er hat seine Grundsätze geopfert und sich dafür einige neue Einsichten gekauft: nichts Welterschütterndes, eher Enttäuschendes. «X ist hübsch und gut gebaut, und trotzdem sagte ich mir: Das ist also alles!» In der Kathedrale auf der anderen Seite des Platzes hört Amiel die Sonntagspredigt; schon vorher ist er Marie ganz zufällig bei einem Spaziergang auf der Treille begegnet, einer strahlenden, anmutigen, lachenden Marie. Was den Mann erschöpft, denkt er, lässt die Frau aufblühen. Liebeslust ist für sie wie Tau. Kann sie sich sicher sein, dass keine Gefahr der Entdeckung, der Schande droht, so jubiliert sie. Die Frau will sich geben, die Frau will genommen sein.

Franchement, c'est peu de chose. Stimmt trotzdem etwas nicht ganz, bei aller Gelassenheit? Der Philosoph, der eine grundlegende Erfahrung gemacht hat, zwar spät im Leben, dafür ohne entwürdigende Umstände, ohne schäbigen Boudoir-Beigeschmack – gibt er sich allzu philosophisch, allzu aufgeräumt? Worüber das Tagebuch schweigt: Amiel schickt an diesem Sonntag drei Briefchen an Marie, lässt sie wohl per Boten hinbringen, denn selbst die Genfer Post liefert an einem Feiertag nicht innerhalb von Stunden aus. Erhalten hat sich das letzte der drei Schreiben, ein besonders unleserliches Billet. Zeilenfall sowie durchgestrichene und überkritzelte Wörter machen einen hysterischen Eindruck, besonders der dringliche Randvermerk *3ème sans rép.*; bereits die dritte Botschaft und keine Antwort! «Vergeblich gewartet, Gelegenheit verpasst, es ist schade, Carina. Wir hätten so gut plaudern können, und ich sehnte mich so, Sie zu sehen. Zweifellos hat Sie mein Billet nicht erreicht, oder Sie sind nachmittags zu Hause geblieben. – Kurz, nach zwei Stunden des Hoffens steige ich in meine Campagne zurück, um mein Nachtessen und mein Bett zu wärmen.» So als habe jemand lange über dem schäbigen Zettel gebrütet, haben Handschweiss oder Tränen die letzten Zeilen verwischt – fänden sich gerade hier die fehlenden Hinweise? «Oh! Wieso sind Sie nicht gekommen? Jeden Augenblick scheint mir, dass es klingeln wird. Ich wäre nicht erstaunt, wenn morgen (…?) und ich werde Ihnen tausend Dinge zeigen am Kaminfeuer. Steigen Sie zwei Treppen hoch und (…?)»

Wenn morgen was geschähe? Und was hätte Marie an der Nummer 99, zwei Treppen hoch, erwartet? Vielleicht ein Freund, der sich zwischen dicken Wörterbüchern verschanzt? Denn Amiel beginnt am gleichen Wochenende mit den Vorbereitungen zur bevorstehenden zehnteiligen und öffentlichen Vorlesung im Stadthaus. Er hat beim Ausflug nach Salève mit den Freunden über mögliche Themen diskutiert. Weshalb nicht eine Serie über das Wesen der Komik? Über das Wunderbare? Über die Mode? Er selbst hat noch etwas über die Unterscheidung von Sprechen und Sprache, von Redensweise und Muttersprache vorgebracht, an letzter Stelle. Bezeichnenderweise legt er sich jetzt auf dieses Thema fest, *Le langage et la langue maternelle;* bereits der Titel schmeckt nach Wortklauberei, nach Spitzfindigkeiten.

Die alte Angst davor, zu glänzen. Der alte Abscheu davor, den Applaus zu suchen, die Massen zu gewinnen.

Am Dienstag befällt ihn eine Art postkoitaler Depression; sie setzt verspätet ein, zieht sich dafür länger hin. Von der Sprachvorlesung schafft er nur gerade die Verteilung des Stoffs auf die zehn Lektionen; bereits die ersten Bücher, die er konsultiert, ermüden ihn ungemein. Niederschmetterndes Gefühl vor der Flüchtigkeit der Tage und der Kürze des Lebens. «Empfinde Abscheu vor jeglichem Unternehmen, vor jeglichem Streben, jeglichem Festlegen.» So leicht und so schnell entmutigt, so schnell bereit, die Zukunft aus den Händen zu geben. «Ich wohne meinem Leben bei, voll von geheimem Mitleid.»

Trotz allem: am Mittwoch die Studien wieder aufgenommen, linguistische Notizen gemacht. Eine Liste verstreuter Gedichte aufgestellt, die sich auf Neujahr zu einem Bändchen versammeln liessen. Mit Marie ein Treffen für den nächsten Abend vereinbart. Er wird ihr doch noch die tausend Dinge vor dem Kaminfeuer zeigen dürfen, vielleicht lässt sich die gemeinsame Erfahrung wiederholen, vertiefen – ist es das, was ihn beflügelt? Die Gläubiger des Buchhändlers Kessmann an der Nummer 99 versammelt, den Beschluss gefasst, den unseligen Betrieb als Kollektiv zu übernehmen. Am Abend Cousine Andrienne und ihre Pensionatsmädchen in die Ménagerie Schmidt begleitet, die Löwen und Tiger bestaunt, den schwarzen Panther, den Eisbären. Die Tiere scheinen ihm gut gehalten, springlebendig, mit glänzendem Fell.

Am nächsten Tag das eigene Fell gepflegt, Haarwasser eingerieben. Einkäufe getätigt. Der Abend ist kalt und düster, auf den Jurahöhen liegt Schnee, also Holz vom Estrich heruntergetragen, ein Feuer entzündet, den Kamin eingeweiht. Die Dachkammer in Ordnung gebracht, eine kleine Mahlzeit vorbereitet – beides eigenhändig, wie er betont. Mionette stellt sich zum kleinen Souper ein, hat trotz des einsetzenden Regens eine Mappe mit ihren Zeichnungen mitgebracht, in Bleistift, Feder und Sepia, «alles sehr hübsch», wie er findet. Er leiht ihr drei Hefte der *Allerley*-Serie aus; sie wird in ihrer schönen Handschrift die Gedichte herauskopieren, die sich für den kleinen Neujahrsband eignen. *Voilà tout*, nach zwei Stunden literarischer Plauderei begleitet er Mionette nach Hause, durch den immer stärker werdenden Regen.

Kleines Fazit im Tagebuch festgehalten. Zufrieden mit dem Samstag, nicht zufrieden mit Donnerstag, also heute. Weil es bei der kleinen Plauderei geblieben ist? Oder doch eher wegen der ärgerlichen kleinen Szene im Treppenhaus? Offenbar treffen die beiden im Herausgehen auf Mitbewohner, «was mir sämtliche Nachteile dieser heimlichen Beziehungen vor Augen führt». Lohnt es sich wirklich, den guten Ruf zweier Menschen so aufs Spiel zu setzen? «Der Überdruss an der Einsamkeit macht einen tollkühn.»

Die Niedergeschlagenheit, die gedrückte Stimmung breiteten sich wie ein missfarbener Ölteppich über den nächsten Tag aus. Einmal mehr fand sich Amiel in jenem Zustand der Gleichgültigkeit, der ihm jede Anstrengung, dem Leben irgendeine sinnvolle Form aufzudrücken, als lächerliche Anmassung erscheinen liess. Die durchgehende Entbehrlichkeit seiner Person liess sich nicht länger leugnen. Nur allzu gut gelungen, schrieb er, seien seine Anstrengungen gewesen, sich von den Nächsten unabhängig zu machen. Und nun hatte diese erste nachhaltige sexuelle Erfahrung auch die Hoffnung auf Liebe und Ehe, auf ein Dasein zu zweit eingetrübt. Wenn das alles war, wie liess sich die zärtliche Leidenschaft am Leben erhalten, auf der doch die Zweisamkeit ruhen sollte?

Erst gegen Abend fand er aus dem Gefühl von Enge und Leere heraus. Stellte diese mutlose Grübelei nicht eine Form krasser

Undankbarkeit dar? Immerhin litt er, Amiel, unter keiner äusseren Not, keiner schwerwiegenden Krankheit; die Familie hatte, so Gott wollte, noch lange keine Trauerfälle zu beklagen. Er hatte eine Frau «erkannt», im biblischen Sinn; auch diese Art der Nähe war ihm jetzt vertraut. Was in diesem Augenblick wie lähmende Gleichgültigkeit auf ihm lastete, konnte morgen schon die Form der Ruhe und Gelassenheit annehmen – die bestmögliche Voraussetzung, endlich seine Studien anzugehen. *Profitons-en!* machte er sich Mut, noch blieb Zeit für ein grösseres Werk. Und kurz vor dem Einschlafen stellte sich die rettende Formel ein: Die Pflicht war das wahre Salz des Lebens. *Le devoir est le seul sel de la vie.* Hier hiess es einhaken: Gutes tun, nützlich sein, Vergnügen bereiten.

Und als hätte die kleine Phrase einen Bremsklotz gelöst, folgte ein arbeitsamer, rundum ausgefüllter Tag, er erhielt im Journal das seltene Prädikat *bonne journée*. Am Linguistikteil der öffentlichen Vorlesung gearbeitet, im Stadthaus die Einzelheiten dafür geregelt, und dies erst noch mit dem unerträglich aufgeblasenen Humbert, der kleinkrämerischen und feindseligen Null, die auch diese Gelegenheit benützte, um sich wichtig zu machen. Beim Notar die Abtretungsurkunde Kessmanns unterzeichnet; Amiel war jetzt Mitbetreiber einer Buchhandlung. Abends das Wohltätigkeitskonzert für die Überschwemmungsopfer im Wallis besucht. In der Reihe hinter ihm sass Marie, mit funkelnden schwarzen Augen, zur Linken Louise Hornung, das komplizierte alte Mädchen; sie gab sich auch an diesem Abend unglaublich geziert und geniert. Am Ausgang des Casinos das Ehepaar Koeckert getroffen, das sich nicht in den prasselnden Regen hinauswagte; Amiel pfiff eine Droschke für die beiden heran. Was war schon dabei? Wer einmal im Schwung war, meisterte auch die kleinen praktischen Dinge des Lebens, beinahe so gut wie der Erstbeste.

Le devoir est le seul sel de la vie. Schon in der äusseren Form erinnert der Satz an die Merksätze und Aphorismen, die Amiels Namen zum Begriff machen sollten. Wir blättern hier vor, wir pflügen rücksichtslos durch die Jahrzehnte, so wie wir das zu Beginn bereits taten: Amiel wurde nach seinem Tod nicht durch sein Tagebuch berühmt, schon gar nicht durch seine Gedichte, sondern durch seine Sentenzen. Grosse Wahrheiten in kleiner Form; sie erschienen in zwei oder drei Zeilen auf der Rückseite eines Kalenderblatts.

«Die Flamme, die erhellt, ist die gleiche Flamme, die zerstört», konnte um 1900 die bürgerliche Hausfrau lesen, wenn sie am Morgen das neue Datum einweihte, das perforierte Blatt vom Kalenderblock abtrennte. Darunter in kleinerer Schrift der Name des Autors, oft eine nähere Kennzeichnung. Genfer Philosoph, Philosoph und Schriftsteller aus Genf, womöglich die Lebensdaten. Einige Kalender hielten zwei, drei Wahrheiten pro Tag bereit. «Was der Mensch am meisten fürchtet, ist das, was ihm zusagt.» *Ce que l'homme redoute le plus, c'est ce que lui convient*, manchmal zweisprachig. «Die Klugheit nützt in allen Dingen und genügt nirgends.» Am berühmtesten wurde, wie gesehen, Amiels Ausspruch *Un paysage quelconque est un état de l'âme* – geliebt vorab von Malern, Schreibern, nachdenklichen Reisenden. Die Landschaft als Seelenzustand.

War es diese Möglichkeit, Gutes zu bewirken, Nützliches zu tun, die ihm an diesem Oktobertag vorschwebte? Knappe, einprägsame Formeln zu finden für die Einsichten, die ihm beim Schreiben zufielen? Im *Penseroso* hatte er Verse mit Aphorismen untermischt, Gedichte mit Prosa. Die Reaktion war zwiespältig ausgefallen; manche Leserinnen tadelten die Ausflüge ins Abstrakte, andere die lyrischen Abschweifungen. Aber wo sonst fand sich Platz für Gedanken, die sich ohne sein Zutun kristallisierten, eine Form fanden? «Die reine Wahrheit», wusste er, «wird von der Menge nicht aufgenommen; sie muss sich durch Ansteckung verbreiten.» *La vérité pure doit se répandre par contagion.*

Wie sollte das gehen?

Der Erste, der sich anstecken liess, war Edmond Scherer, wenige Monate nach Amiels Tod – Scherer vom *cercle des penseurs*, der sich kurz nach der Oktoberwanderung am Salève tatsächlich in Versailles niederliess, in Paris Karriere machte, zum angesehenen Literaten aufstieg. Bekannt geworden ist die Episode, wie ihm ein junger Student aus Genf das Couvert mit Auszügen aus dem Journal überreichte, und wie Senator Scherer, der gefürchtete Literaturkritiker Scherer, der Leitartikler Scherer gelassen abwinkte: «Nehmen Sie diese Papiere nur wieder mit, junger Mann.» Und weiter, als der junge Mann insistierte: «Ich habe Amiel gekannt, ich habe seine Werke gelesen. Nichts ist ihm geglückt. Lassen wir seine Asche ungestört.» Scherer nahm das Couvert und die liinierten Blätter schliesslich entgegen, begann widerwillig zu lesen, stutzte … Scherer liess sich anstecken. Das erste Bändchen der *Fragments d'un Journal intime* erschien noch im gleichen Jahr; Scherer steuerte ein begeistertes Vorwort bei. Die *Fragments* fanden so viele Käufer, dass 1883 ein zweiter Band herauskam. Vier Jahre später war die zweibändige Ausgabe zum fünften Mal nachgedruckt worden; bis 1922 erschienen zehn weitere Auflagen der Auswahl.

Die Wahrheit, die sich nur durch Ansteckung verbreitet. In der Zwischenzeit hatte sie zahlreiche neue Zwischenwirte gefunden. 1885 brachte Mrs. Humphrey Ward eine englische Version heraus. Mrs. Ward war eine streitbare Sozialreformerin und stammte aus Tasmanien, vom anderen Ende der Welt. Sie strich in ihrer Ausgabe grosszügig die Passagen weg, die ihr allzu *introspective and morose* schienen; von den Aphorismen fehlt kein einziger. «Ein Irrtum ist umso gefährlicher, je mehr Anteile an Wahrheit er enthält», hiess hier: *An error is the more dangerous in proportion to the degree of truth which it contains.* Fünf Jahre später wurden die *Fragments* in Moskau auf Russisch veröffentlicht; Leo Tolstoi selbst schrieb, wie gesehen, eine geradezu hymnische Einleitung: «Sein Tagebuch, in dem er ohne an die Form zu denken, einzig mit sich selber sprach, ist voller Leben, Weisheit, Lehrhaftigkeit, Trost, und es wird für immer eines jener besten Bücher bleiben, die uns unverhofft hinterlassen wurden von Menschen wie Marc Aurel, Pascal, Epiktet.» 1891 erschienen in London und New York *Gems from Amiel's Journal*, 1902 kam eine Auswahl mit *Daily Maxims* hinzu, dazwischen in Stockholm *En drömmares dagbok*, Tagebuch eines Träumers: *En villfarelse är farligare ju mer sanning den innehåller.* Und bis 1910 weiter eine tschechische, eine deutsche Auslese. Die Auswahl *Dal giornale intimo* erschien in Mailand: *Più verità contiene un errore, più pericoloso è.*

Heute, wie nicht anders zu erwarten, haben sich Amiels Aussprüche vom Kalenderblatt ins Internet verschoben, erscheinen sie auf Websites mit Titeln wie *Daily wisdoms, Inspirational quotes* oder *Birthday words*. Sie lassen sich abrufen als *Best Amiel sayings*, lassen sich ablegen als Haupttreffer in einer Rangliste der populären Aussprüche. Sollten wir das auch tun? Und wenn ja, sollten wir dabei abstellen auf die Statistik der häufigsten Einträge? Auf den Aha-Effekt oder auf unsere persönlichen Vorlieben? Wir entscheiden uns: von allem ein wenig.

Platz 10 geht an: Amiel über die ideale Ehe. «Die Ehe soll eine gegenseitige, unaufhörliche Erziehung sein», notiert der Schreiber am 31. Mai 1848, in einer seiner endlosen Abhandlungen über den Bund fürs Leben, das Für und Wider. Der Satz wird gerne zitiert in schmuck aufgemachten handlichen Geschenkbändchen, die um 1900 als Verlobungsgeschenke kursieren. Bereits hier ein Übersetzungsproblem: *éducation* heisst auch «Bildung», *infinie* kann genausogut als «grenzenlos, unbegrenzt, endlos» wiedergegeben werden. Ein gegenseitiges Sichbilden, grenzenlos?

9) «Der Mensch, der alles vollkommen klar sehen will, bevor er sich entscheidet, fasst nie einen Entschluss.»

8) «Der Mensch wird nur Mensch durch den Verstand, aber das Herz macht den Menschen.» Hat den Vorteil der simplen, erdverhafteten Weisheit für sich. Bleibt hier aber das letzte Beispiel, in dem *l'homme, l'humanité* als unüberprüfbare Instanz vorkommen.

7) Amiel hat immer wieder versucht, mit Aufforderungen, Ratschlägen und an sich selbst gerichteten Tagesbefehlen neuen Schwung zu gewinnen. Trotzdem fühlen wir uns als Leser mitgemeint, beispielsweise in dieser längeren Passage: «Lass dem Rätselhaften seinen Platz in dir, wühle nicht ständig den ganzen Acker mit dem Pflug der Selbstbefragung um, sondern belasse deinem Herzen eine kleine Ecke Brachland – bereit für irgend-

einen Samen, den die Winde hertragen.» Löst bei all jenen ein Achselzucken aus, die sich nichts unter Selbstbefragung vorstellen können.

6) «Nichts ist erfolgreicher als der Erfolg» stammt tatsächlich aus dem *Journal intime*, auch wenn wir den kleinen Sophismus eher einem amerikanischen Magnaten zuordnen würden *(nothing succeeds like success)*. Der Eindruck täuscht; Amiel hatte am 19. März 1868 einen schlechten Tag, blieb zu Hause und hielt eine kleine Morgenträumerei fest, die vom Hundertsten ins Tausendste führte, von der kleinen Ursache zur grossen Wirkung. Der winzige Schneeball, der eine Lawine auslöst, die ersten 100 Francs, die schwieriger zu verdienen sind als später die erste Million, der zündende Funke, der dem Genie vorbehalten bleibt. Und eben: *Rien ne réussit comme le succès*.

5) Wurde hier schon angemerkt, dass sehr viele Übersetzungen der *Fragments* von Frauen stammen? Fühlten sich Frauen bei Amiel besonders gut aufgehoben? «Eine Frau möchte geliebt werden ohne Warum und Weshalb. Nicht weil sie hübsch ist oder gut, nicht wegen ihres Benehmens, ihrer Anmut oder ihrem Geist, sondern weil sie sie selbst ist. Alles Deuten und Erklären erscheint ihr als Herabminderung, als Unterwerfung ihrer Persönlichkeit unter etwas, das sie beherrscht und misst.» Er notierte diese Sätze am 17. März 1868; er war damals 47-jährig. Mit den Frauen, die er am häufigsten traf, führte er lange Gespräche über die Liebe und ihr Warum und Weshalb.

4) Sah er seine Gefährtinnen als eine Art Gralshüterinnen der Liebe? «In jeder liebenden Frau steckt eine Priesterin aus alter Zeit, eine fromme Wächterin über ein Gefühl, dessen Gegenstand verschwunden ist.» Durchaus möglich, dass langjährige Vertraute wie Marie Favre diesen Satz mit Achselzucken lasen. Der Gegenstand ihrer Liebe hatte sich schon lange verflüchtigt – in den Seiten eines Tagebuchs.

3) Für einen Listenplatz seit langem vorgesehen: «Es gibt keine Heilung für einen Kranken, der sich gesund wähnt.» Amiel selbst neigte zur Hypochondrie, zum *malade imaginaire*. Aber was solls? Heilung gab es auch für ihn nicht.

2) Und unsere persönlichen Vorlieben? Wenn sie nicht zu kurz kommen sollen, müssen wir uns jetzt entscheiden. «Charme ist diejenige Eigenschaft beim anderen, die uns mit uns selbst zufriedener werden lässt.» Kann man es charmanter sagen?

1) Unser letzter – und erster – Lieblingssatz: *Le temps n'est que l'espace entre nos souvenirs.* Amiel notierte ihn am 21. Januar 1866 nach einem Besuch bei der Familie Roux. Das Paar Louise und André Roux war mit ihm weitläufig verwandt; der Hochzeit im Jahre 1840 hatte er als junger Student beigewohnt, hatte damals der Braut gelauscht, wie sie am Flügel sass, spielend und singend. Und an eben diesem alten, bereits etwas schäbigen Flügel sitzen jetzt Mutter und Tochter und singen eine Melodie von Boïeldieu; «die Tasten klapperten und leierten ein wenig, aber die Poesie der Vergangenheit brachte diesen treuen Diener zum Klingen, diesen Vertrauten für alle Schmerzen, diesen Begleiter schlafloser Nächte (…). Ich war unbeschreiblich aufgewühlt». Ein Wurmloch durch die Zeit, zwei Szenen schieben sich übereinander. Die Zeit ist bloss der Raum zwischen unseren Erinnerungen.

Amiel sah sich selbst als Anhängsel. Er war das redensartliche fünfte Rad am Wagen in der Familie Guillermet, er fühlte sich auch in der Akademie bloss geduldet und argwöhnte oft, selbst die Freunde vom *cercle des penseurs* würden ihn bloss aus alter Gewohnheit zu ihren Wanderungen aufbieten. Einigermassen unerwartet und ungeplant führte der dreiwöchige Herbsturlaub von Franki und Fanny nun aber dazu, dass er sich in der weitläufigen Wohnung am Petershof wiederholt in die Rolle des Gastgebers einübte. Ganz abgesehen von den zwei Besuchen Marie Favres, für die er eigenhändig den Kamin eingefeuert und eine kleine Mahlzeit vorbereitet hatte – im Salon der Nummer 99 fanden in kurzer Zeit zwei Sitzungen des Gläubigerkreises Kessmann statt; zu mehreren Malen stellten sich Studenten ein, die über Kursangebot und Prüfungen orientiert sein wollten. Am Dienstag der dritten Woche stand ganz unerwartet Mionette erneut vor der Tür, so als sei ein Besuch bei ihrem Vertrauten die natürlichste Sache der Welt. Fünf Tage, nachdem ihr Amiel seine Hefte übergeben hatte, war bereits ein Grossteil der Gedichte reinlich kopiert, bereit für den Setzer.

Amiel war entzückt, Mionette erschien ihm «überaus reizend und zärtlich».

Ein eigenes Heim, eine Wohnung, in der er nach Belieben schaltete und waltete: Nachgerade erschien ihm diese Möglichkeit nicht mehr als blosse Vision einer weit entfernten Zukunft. Am 14., einem Sonntag, fand er, von einem Spaziergang heimgekehrt, den alten Familiengaul Gentil vor der Nummer 99 angeschirrt. Hausknecht Jean vom Landgut war zurückgekommen, um Wein und Lebensmittel nach Les Ombrages zu bringen. Amiel stieg kurz entschlossen ins offene Cabriolet, überstand schlotternd die Fahrt nach Cartigny und fand sich rechtzeitig zum Souper bei der Familie ein. Auch jetzt ergab sich ein deutlicher Wink in der Wohnfrage: Während die überraschten Neffen den Onkel stürmisch begrüssten, fiel das Willkommen durch Fanny und Franki eher trocken aus; Amiel glaubte sogar einige spitzige kleine Bemerkungen über seine Junggesellenwochen an der Nummer 99 herauszuhören. Hatte sich die ärgerliche kleine Szene im Treppenhaus tatsächlich schon bis nach Les Ombrages herumgesprochen?

Selbst wenn man sich noch nicht in der Schattenregion der Hintergedanken bewegte – kamen nicht vermehrt Signale von Fannys Seite, er möge sich doch endlich selbstständig machen, sie als seine Schwester habe genug damit zu tun, den Alltag der eigenen Familie im Griff zu behalten? «Im Grunde ist das richtig», hielt Amiel am Montag rückblickend fest. «Obwohl ich versuche, mich so unsichtbar wie möglich zu machen und keinerlei Vorhaben oder Vorkehrungen zu stören, spüre ich doch, dass mein Aufenthalt nun lange genug gedauert hat. Zehn Jahre haben den Vorrat an gutem Willen aufgebraucht, und ich sollte auf eigenen Füssen stehen.» Im Übrigen keine weiteren Zeichen des Missfallens an diesem Sonntag; der Onkel wurde eingeladen, die Nacht hier zu verbringen. Am Abend lange Plauderei vor dem Kaminfeuer.

Ein weiterer Besuch an der Cour de Saint-Pierre kündigte sich an; er führte Amiel das Vorläufige seiner Wohnsituation nochmals deutlicher vor Augen. Paul Privat, Louises Schwager, der etwas genierliche Tischnachbar am grossen Militärball, hatte per Brief um eine Unterredung nachgesucht. Der Zweck des Treffens blieb zwar ungenannt, brauchte aber keine weitere Erörterung. Ganz offensichtlich zog Louise Wyder die noch verbliebenen Register und schob jetzt den einzig möglichen Familienabgeordneten vor, dem Amiel von Mann zu Mann Auskunft geben müsste. Wie hätte sich dieses Treffen im gewohnten Hin und Her des Salons abgespielt, vor den Bediensteten, vor Fannys neugierigem Blick? Wie hätte er, Amiel, seine Gründe vorgebracht, wenn jeden Augenblick die Tür aufgehen konnte und Pasteur Guillermet im Zimmer stand?

Zumindest diese zutiefst peinliche Situation liess sich vermeiden; Privat wurde auf den 20. bestellt, den letzten Samstag vor der Rückkehr der Familie. Aber wie ihm begegnen? Wie würde er auftreten? Wie standen überhaupt die Dinge mit Louise?

Wenn Amiel den entscheidenden Abend mit Marie Favre als Befreiung empfand, so war hier mehr oder weniger deutlich auch die Beziehung zu Louise mitgemeint. Den prächtigen Reisesack hatte er mit einem kurzen Schreiben verdankt. Das Billet deutete an, das Geburtstagsgeschenk liesse sich als passende Abschiedsgeste auffassen, als ein *adieu* statt eines *au revoir*. Dies umso eher, als Louise zwar Zettelchen mit guten Wünschen in den zahlreichen Taschen versteckt, aber kein eigentliches Glückwunschschreiben beigelegt hatte. Hiess Reisen nicht immer auch Aufbruch zu neuen Zielen, in vielerlei Hinsicht?

Zwei Wochen nach dem Geburtstag kommen ihm Bedenken, scheint ihm die von weither geholte Deutung selbst doch sehr beliebig. Etwas schäbig scheint ihm zudem, dass er sich bisher davor drückte, über Tante Fanchette und das Ergebnis seiner Konsultation zu berichten, obwohl er seinerzeit den Schritt des Ratsuchens mit so viel Aufwand und Beredsamkeit angekündigt hat. Am 12. Oktober rafft er sich zu einem Brief an Louise auf, der mit einer ganzen Reihe von Selbstbeschuldigungen beginnt – eine Art Sperrfeuer gegen allfällige Vorwürfe, die er gleich selbst formuliert:

Gedankenlosigkeit, Nachlässigkeit, Aufschieben, Rücksichtslosigkeit gegenüber der auf klare Worte wartenden Freundin. Es folgt ein weiteres Dankeschön für die ausnehmend schöne Tasche, was ein zusätzliches Abschweifen erlaubt: Auch der Plaid, in den er sich zum Schreiben gehüllt hat, ist ein Geschenk von Louise und wird entsprechend in Ehren gehalten. Auch von Tante Fanchette wird mit einigen einleitenden Schnörkeln berichtet. Sie liege seit Wochen krank und schwach zu Bett, sodass die Töchter nicht einmal ihn, den Lieblingsneffen, zu ihr vorliessen. Als vermöge der Rapport über den gebrechlichen Zustand der Ratgeberin den Schlag zu dämpfen, folgt endlich Fanchettes Ratschlag. «Man muss von etwas leben können», laute das reiflich überlegte Urteil der Tante, «und das könnt ihr nicht, später noch weniger als jetzt.» Und hastig schiebt Amiel nach, er selbst habe ja schon vor sechs Jahren auf dieses Hindernis hingewiesen, und es bestehe leider immer noch. Praktisch ohne Übergang steuert er auf den Schluss zu – «Was machen Sie so? Wie geht es Ihnen?» –, weist vorsorglich auf die ihm bevorstehenden Verpflichtungen hin: Trauzeuge an der Hochzeit eines Freundes, Vorlesungen vorbereiten, so vieles andere mehr. Und schliesst mit einem pompösen: «Möge Sie der Engel der grossen Herzen schützen und segnen!»

Eine Abschiedszeile, nichts weniger. Aber wenn der Schreiber hofft, mit ihr einen irgendwie harmonischen Schlussakkord gefunden zu haben, so hat ihn jetzt das Ansuchen von Schwager Privat aus diesem Irrtum herausgerissen. Am Vorabend des auf den Samstag angesetzten Treffens präpariert er sich, als stünde ihm ein Kreuzverhör bevor. Er stellt Argumente aus Briefen und Tagebucheinträgen zusammen; die entsprechende Seite im Journal liest sich wie das Eingangsplädoyer, das dem Hohen Gericht die Sachlage erhellen wird. Die Linie, der die Verteidigung folgen wird, ist einfach genug. Wenn er, der Angeklagte, die Möglichkeit einer Ehe nicht schon vor Wochen und Monaten entschieden verneint habe, so aus dem Wunsch heraus, Demoiselle Wyder nicht zu verletzen und sie selbst zur Einsicht kommen zu lassen, für eine solche Verbindung fehlten die nötigen Voraussetzungen. Während er also versucht habe, den Knäuel zu entwirren statt zu durchtrennen – *dénouer au lieu de déchirer* –, habe diese Rücksichtnahme bei der Klägerin immer nur unberechtigte Hoffnungen genährt. Er selbst habe aus den gleichen Gründen darauf verzichtet, eine Ehe mit einer besser passenden Partnerin anzubahnen. Auch Demoiselle Wyder habe zwei mögliche Partien zurückgewiesen. Man stehe sich gegenseitig im Licht, «dieser Zustand muss ein Ende haben».

Leider kommt der so gut vorbereitete Angeklagte nicht zum Zug; Privat verschiebt das Treffen im letzten Augenblick. Ganz offensichtlich hat Louise von dieser Gesandtschaft keine Ahnung, denn am betreffenden Samstag schreibt sie an einem längeren Brief, der wenige Tage später eintrifft. Hat Amiel eine in sich geschlossene Argumentation gewählt, so verlässt sich Louise auf die offene Logik ihrer Gefühle. Das führt zwar zu Widersprüchen, aber auch zu einigen raffinierten und zugleich anrührenden Wendungen: ein Plädoyer des Herzens, das auf jede Rechthaberei verzichtet. Zwei gewiefte Verteidiger stehen sich links und rechts der Schranken gegenüber.

Weit davon entfernt, Amiels Selbstbezichtigungen durch eigene Vorwürfe zu ergänzen, liest Louise aus seinen «kalten Zeilen» nur Eines heraus: Das ist nicht ihr Fritz! Nur die tiefste Niedergeschlagenheit, nur die düstere Selbstaufgabe kann ihn zu dieser Absage verleitet haben. An ihr ist es, ihn wieder aufzurichten; «ein einziger Gedanke beseelt mich: Ihnen zu Hilfe zu eilen, um das Schicksal abzuwenden, das Sie bedroht.» Gewiss, beim Lesen erschien ihr Tante Fanchettes Ratschluss als Todesurteil. Aber war denn nicht anzunehmen, bei allem Respekt vor der *bien chère tante*, dass diese von falschen Voraussetzungen ausging? «Hat sie nicht vielleicht mit einer Ehefrau gerechnet, die sich gewohnt ist, ohne nachzurechnen Geld auszugeben? Davon kann bei mir keine Rede sein.» Fritz habe sie zwar wiederholt dafür gescholten, dass sie sich für Geschenke an ihn in Unkosten gestürzt habe, beispielsweise für den prächtigen Reisesack. Aber eines müsse er wissen: «An diesem Reisesack habe ich alles selbst ausgeführt, was ich vermochte und nur dasjenige hinzugekauft, was ich nicht selbst machen konnte. (…) Lieber Fritz, ich gebe für mich selbst so wenig aus, dass ich mir dieses Vergnügen leisten konnte. In den zweieinhalb Jahren, in denen ich in Genf wohne, habe ich für meine Toilette keine 50 Francs ausgegeben.»

Kurz: Louise will zusammen mit Fritz dem Gespenst ins Auge blicken, das ihre gemeinsame Zukunft bedroht. «Ich will es *in Zahlen* vor mir sehen, will ernsthaft wissen, was ein Haushalt kostet.» Von Freunden hat sie sich entsprechende Budgets besorgt. Sie würden sie gemeinsam durchgehen, Posten für Posten; Louise hat sich den Donnerstagnachmittag freigehalten.

Das verpasste Treffen mit dem leidigen Paul Privat setzt Energien frei. Als sei aus dem Aufschub bereits eine Absage geworden, die ihm diese Konfrontation erspart, geht Amiel die nächste Woche ausgesprochen wach und bissig an. Einige bezeichnende Szenen am Sonntag: Amielsche Miniaturen, wie sie das Journal nur an Sondertagen bringt. Während der Predigt – wieder einmal in Saint-Pierre – sieht er zwei junge Leute vor sich sitzen, offensichtlich Verlobte. Pasteur Cougnier spricht über den Trost für die Beladenen; Amiel schaut dabei dem Pärchen zu. «Sie sangen aus dem gleichen Gesangsbuch und lächelten sich zu, wenn der Pfarrer eine Pause machte; das war *ihr* Trost.» Am gleichen Tag nimmt er für den Rückmarsch von Pressy zur Cour de Saint-Pierre die Zeit: 55 Minuten für die sechs Kilometer, ein erfreulicher Schnitt! Kurz später, beim Besuch in Cousine Andriennes Pensionat, freut er sich über die Begegnung mit drei kleinen Mädchen. Die Kleinen schauen nicht weg, wenn er sie ins Auge fasst, antworten mit selbstbewusstem Blick – *regards espiègles*, wie er das nennt. «Treffen wir uns in vier bis sechs Jahren wieder, dachte ich, dann werden wir schon erröten!», notiert er. Zum Schluss des geselligen Tags begleitet er die lebenslustige Elisa Meyer, eine Neapolitanerin, bis vor ihr Haus. Dort klemmt die Gartentür; ein Problem, das *la Signora* mit einem Fusstritt löst.

Mit wachem Blick und zügigen Schritten, mit einem Lächeln gegen die salbungsvolle Predigt und einem kräftigen Tritt gegen alles, was klemmt: Jawohl, so muss man das Leben angehen! Am Montag kündigt Schwager Franki den Besuch eines Ehepaars aus

Frankreich an. Monsieur Pascal «mit dem platten Gesicht und den weit auseinander stehenden Zähnen» ist einer dieser Dummköpfe aus dem Midi, die Amiel noch selbst unterrichtet hat, seine frisch angetraute Gemahlin «eine grosse, etwa 40-jährige Frau, hässlich und gewöhnlich; sie langweilt mich nur schon beim Anschauen». Die beiden setzen sich praktisch für den ganzen Tag an der Nummer 99 fest und kehren auch am Folgetag an den Mittagstisch zurück. Für gewöhnlich hätte Amiel, wenn auch zähneknirschend, an endlosen Gesprächen teilgenommen; jetzt entschuldigt er sich, trifft sich mit Marie im Park. Sie hat bereits den Rest der Gedichte kopiert, das Manuskript für den neuen Lyrikband ist praktisch abgeschlossen; eine weitere Aufgabe abgehakt!

Ein solcher Mann zögert auch nicht, sich Gewissheit zu verschaffen über Dinge, die selbst unter Eheleuten kaum zur Sprache kommen. Beim Durchblättern der Verse plaudert man «von delikaten Dingen», der Wollust des Weibes beispielsweise. Was Amiel schon immer geahnt hat, wird flüsternd bestätigt. Wenn er mit seiner eigenen Erfahrung vergleicht, so ist tatsächlich die Verzückung der Frau tiefer und dauert länger – ganz so, wie er es nachgelesen hat in dem so oft mit feuchten Fingern durchblätterten Ovid ... Im Übrigen hat Mionette die drei Hefte, die sie durch strömenden Regen nach Hause trug, genauer inspiziert und auf einem der Einbände die aufmunternde Parole «Mut, Vertrauen, Hoffnung» entdeckt, samt dem Datum des 18. Juni dieses Jahres, «von der Hand einer Frau, wie es scheint. Ist es indiskret, dafür eine Erklärung zu heischen?», tastet sie sich vor.

Est-ce indiscret d'en demander l'explication? Dass es ihm zum ersten Mal nicht ganz gelungen ist, seine zwei engsten weiblichen Vertrauten auseinander zu halten, bereitet ihm weiter keine Sorgen; es gibt anderes zu tun. Ein weiteres Mal listet Amiel das Programm der nächsten Wochen und Monate auf, so als sei bereits mit dem Aufzählen ein Teil der Arbeit erledigt. Es gilt zwei Vorlesungsreihen für Winter- und Frühjahrssemester der Akademie vorzubereiten, dazu den zehnteiligen öffentlichen Kurs im Hôtel de Ville, einen weiteren Kurs für die *amis de l'instruction*, natürlich auch den Lyrikband, dazu «sollte ich ein bisschen ausgehen und mich ernsthafter mit dem Heiraten befassen, bevor ich 40 bin, mit grauen Haaren oder einer Glatze, oder bis alle drei Dinge aufs Mal zusammenkommen.» *Allons, à l'œuvre!*

Solche Spässchen auf eigene Kosten finden sich im Tagebuch eher selten; sie sollten Amiel in den folgenden Tagen ohnehin gründlich vergehen. Vor allem verlangte Louises Vorschlag, gemeinsam dem Gespenst ins Auge zu sehen, zusammen die Einnahmen und Ausgaben eines zukünftigen Haushalts durchzugehen, nach einer Antwort. Er lieferte sie am Freitag, dem 26.; den von Louise vorgeschlagenen Termin liess er ohne Bericht verstreichen. Sein Brief ging gar nicht erst auf konkrete Summen ein. Er kenne zur Genüge, so Amiel, die Budgets seiner Schwäger, einiger Freunde und Familien seines Standes, und allein diese Zahlen würden es verbieten, rechnerisch ins Detail zu gehen. Er wisse zwar, dass Louise ein Wunder an Sparsamkeit sei, «aber diese Wunder haben ihre Grenzen». Dass Louise mit Feder und Rechenblock das tägliche Plus und Minus abwägen wolle, sei zwar rührend, aber zwecklos: «Die kleine Fee hat sich mit der Prosa des Lebens herumgeschlagen, sie wollte die Macht ihres Zauberstabs an den materiellen Hindernissen ausprobieren. Ach! Vergebliche Mühe!» Im Übrigen bedaure er, dass sie am Vortag vergeblich auf ihn gewartet habe. Jedes weitere Treffen am Boulevard des Tranches führe aber zwangsläufig zu immer neuen Missverständnissen, sodass er, Amiel, sich diese Besuche in Zukunft versagen müsse. Ihnen beiden bleibe immer noch die Möglichkeit eines freundschaftlichen Briefwechsels; Louise selbst dürfe sich mit ruhigem Gewissen sagen, sie habe alles Menschenmögliche unternommen, um die ausweglose Situation zu retten.

Am Sonntag dann das Treffen mit Louises Schwager Paul.

Auch wenn der Guillermetsche Haushalt wieder seinen gewohnten Gang ging, liessen sich wenigstens die ärgsten Peinlichkeiten vermeiden: Der Salon war «frei», die Familie auf einem Ausflug. Wie nicht anders erwartet galt der Besuch einer einzigen Frage: Hatte er, Amiel, die Absicht, um Louises Hand anzuhalten? So wie in der Woche zuvor hatte sich Amiel auch jetzt wieder mit

Erklärungen gerüstet, wollte begründen, mildern und besänftigen. Offenbar fiel ihm aber Privat ins Wort, beharrte auf einem klaren Bescheid: «Man wollte nur dieses trockene Nein.» Die Unterredung dauerte kaum ein paar Minuten; zurück blieb ein zutiefst verunsicherter Amiel. Hätte er seine Antwort mit Bedingungen verknüpfen sollen – Bedingungen finanzieller Art? Undenkbar. «Und trotzdem ist es eine Gewissheit, dass ich, hätte ich einige tausend Francs Rente mehr, wahrscheinlich mit Ja geantwortet hätte. Wäre da nicht dieses Hindernis, hätte ich diese unvergleichliche Treue und Sanftmut krönen und belohnen wollen, ich hätte mich zur Liebe gehen lassen, wenn ich sie schon nicht abweisen konnte.»

Gewissheit ... wahrscheinlich ... die wacklige Logik des Satzes spiegelt die Verwirrung, in die Amiel dieser erstmalige, wenn auch erzwungene klare Entscheid stürzte. War das Nein ein Verrat, «ein Fehler, ein Wahnsinn, beinahe eine Sünde»? Die Einträge von Sonntag und Montag zeigen den hin- und hergerissenen Zweifler; erst ein weiterer Brief von Louise verhalf Amiel wieder zum Gleichgewicht. Mit dem Besuch des Schwagers hatte das Schreiben nichts zu tun. Louise sollte, wie gesehen, erst Wochen später davon erfahren. Vielmehr empörte sich Louise über Amiels herablassenden Ton in der Budgetfrage, benutzte die Gelegenheit zu einer bissigen, mitunter gehässigen Abrechnung. Keine Rede mehr von sanfter *petite fée;* dies war der Beginn eines erbitterten Rückzugsgefechts, das erst zusammen mit dem Jahr enden sollte.

«Sie können doch nicht wegen schnödem Gold», legte der Brief los, «das Schicksal eines Menschen zerbrechen, der Ihnen nichts als Gutes erwiesen hat, wie Sie selbst zugeben. (...) Ist es richtig, mich so leiden zu lassen, weil ich Ihnen kein Vermögen mitbringen kann? Mich letztlich mit solch hochtrabender Verachtung zu strafen? Sie sagen: Ich brauche Sie nicht mehr, ich habe meinen Kreis, meine Neffen genügen mir, ich habe bis über die Ohren zu arbeiten, ich habe Zerstreuungen vor mir, einen fröhlichen Winter, lassen Sie mich, Sie sind zu arm für mich!»

Damit er es nur wisse, auch Louise hat Pläne für die bevorstehende Zeit geschmiedet, hat sich diesen Spätherbst und Winter ausgemalt: lange Spaziergänge, tiefe Gespräche, dann im Frühling ein einfaches, aber geschmackvolles Heim einrichten. Daraus werde jetzt ja wohl nichts, aber eines solle sich ihr zögerlicher Junggeselle ruhig merken: Erst kürzlich hat sie, Louise, seinetwegen einen ernsthaften Freier abgewiesen. «Der junge Mann brachte alles mit, was es braucht, es gab nichts einzuwenden: ein hübsches Vermögen, eine Familie, die mich willkommen geheissen hätte. Maman sah keinerlei Hindernis, sie wurde sehr beharrlich. Ich sagte ihr: ‹Ich fühle mich nicht frei.› ‹Du bist also mit Monsieur Amiel verlobt, weshalb sprecht ihr nicht mit mir darüber?› ‹Er wird es tun, sein edler und aufrechter Sinn kann sich nicht mit dieser schiefen Lage zufrieden geben.›»

Ob tatsächlich ein wohlhabender junger Mann um die unscheinbare 37-jährige Hauslehrerin warb, ob das Gespräch zwischen ihr und Maman Wyder in dieser Form stattfand, lässt sich rückblickend kaum mehr belegen. Immerhin fügte die enttäuschte Louise in einem heroischen Schlusssatz an, sie werde den Freund auch weiterhin in ihre Gebete einschliessen, gebe den Kampf nun aber auf, werde sich nicht mehr melden, «denn dieses von Ihnen gebrochene Herz fände die Kraft dazu nicht mehr».

In gewisser Weise befreiten die Vorwürfe Amiel von seinen Skrupeln; Empörung trat an die Stelle der Gewissensbisse. Louise hatte ihn in die Rolle des mutlosen und berechnenden Freiers gedrängt, der wegen einer fehlenden Mitgift sein Herz verriet – ihn, der mit so viel Einfühlung und Rücksicht versucht hatte, sie vor ihren eigenen Gefühlen zu schützen! Konnte er dieses schiefe Bild so stehen lassen? Oder war gerade Stillschweigen die passende Antwort? Nahm er Louise beim Wort, so hatte die Auseinandersetzung hier ein Ende. Der Preis dafür: Louise und ihre Familie würden ein Stillschweigen als Eingeständnis seiner Schuld auslegen.

Der Himmel über Genf lässt in dieser letzten Oktoberwoche die Zeit gleichsam stillstehen. Amiel klagt über den trüben und grauen Deckel, der seit Tagen über der Stadt liegt und so gut passt zur kläglichen Auflösung einer zärtlichen Freundschaft. Eine unbewegliche Nebelbank, auf einer bestimmten Höhe fixiert – so endet hier regelmässig der Herbst, die Zeit der Reife. Und passt der Deckel nicht allzu gut zur trüben und unbeweglichen Prädestinationslehre Calvins, die unter diesem bleigrauen Himmel entstand? Wenn Genf jährlich so viele Selbstmorde zu beklagen hat – liegt es am trübseligen Klima oder daran, dass die graue Stadt die Trübsinnigen an sich zieht und nicht mehr loslässt?

Amiel stellt sich diese Fragen am Abend nach der Eröffnungsvorlesung zum neuen Semester. Einmal mehr hat er versagt: keine Geistesgegenwart, keine Leichtigkeit, ein zähes Kleben an den Notizen. Die Zuhörerschaft zwar erfreulich gross, aber teilnahmslos; kein gegenseitiges Sichbeflügeln. Hat nicht auch diese Teilnahmslosigkeit zu tun mit dem bleigrauen Himmel, mit dem Menschenschlag, den das Klima hier formt? «Es trägt die Schuld an der Säuerlichkeit des hiesigen Charakters», scheint ihm, «der zwar nicht bösartig ist, aber zu tausend Bosheiten führt, der auch nicht eigentlich verdummt, aber zahlreiche Dummheiten begehen lässt.»

Amiel und Genf. Wie unglaublich, wie vermessen, dass er sich vor zwölf Jahren, bei seiner Rückkehr aus Berlin, als Abgesandter einer aufgeklärten, beseelten Denkart gefühlt hat! «Du musst zu handeln beginnen», hat er sich damals aufgefordert, «du musst Genf als erste Wirkungsstätte behandeln, wenn auch nicht als endgültige. – Die Geister über die Literatur, die Theologie, die Philosophie aufklären; das Leben beseelen, das Leben erhöhen, verbreitern, erheben; da liegt ein Ausgangspunkt. Deine Handlungen rund um diesen Grundsatz anlegen: DAS LEBEN – das Leben in allen Dingen, das Leben aller Dinge, das geistige, historische Leben. Das Leben erwecken, dich zu den Menschen guten Willens gesellen, eine Genfer Philosophie begründen.»

Aber hat er sich nicht damals selbst gewarnt, die Enttäuschungen vorausgefühlt, «die Gewöhnlichkeit, die Beschränktheit ihrer kleinstädtischen Sitten, der Klatsch, die unerträgliche Sucht zu tadeln und zu nörgeln»? Jetzt, in diesen grauen Oktobertagen, wird ihm bewusst, wie bald schon ihm die Stadt den Schneid abgekauft, den Bleimantel umgelegt hat. «Keinen einzigen meiner

Instinkte konnte ich hier befriedigen; ich habe alle Wünsche fahren lassen. Bedürfnisse vaterländischer Art, das Streben nach Gesellschaft, Wissenschaft, Poesie und Bewunderung: nichts ist mir erfüllt worden.» Kalte, ziellose Existenz im luftleeren Raum, «unter einer Saugglocke, die alles ersticken und verdorren lässt»; was ihm einzig bleibt, ist die kalte Verachtung.

Können wir das so stehen lassen? Erinnern wir uns nicht an eine sommerliche Droschkenfahrt mit Gästen aus Deutschland, an den unsäglichen Stolz, den Amiel vor dem glitzernden See, den beflaggten Häusern empfand? An das patriotische Fest zu Beginn des August, als Genf funkelte, knisterte und strahlte, als die *mère Fénollan* den Tanz über das Strassenpflaster anführte? Genf war Amiels unerfüllte Liebe, und so wie bei Louise Wyder machte sich diese Liebe in Beschimpfungen Luft, wenn sie sich unerwidert glaubte.

Ein neidisches, verstocktes Nest, voll von Heuchlern und Wichtigtuern? Amiel selbst sollte auf den Vorwurf zurückkommen, im Herbst 1874, als die Stadt Vertreter «aller zivilisierten Nationen» zu einem Kongress empfing, der zum ersten Mal die unverbrüchlichen Menschenrechte formulierte. Stolz und das Gefühl einer historischen Mission erfüllen die entsprechende Passage; wir sollten auch sie zitieren: «Genf wird mehr und mehr zur neutralen und kosmopolitischen Stadt, wo sich die grossen ideellen Auseinandersetzungen abspielen und wo die menschenfreundlichen Institutionen ihren Anfang nehmen. Die Genfer Konvention (die den schrecklichen preussisch-französischen Krieg ein wenig mildern half), das Genfer Schiedsgericht (das einen drohenden Krieg zwischen Amerika und England verhinderte) machen die ersten zwei Seiten dieses grossartigen Buchs aus, dessen dritte Seite jetzt im Rathaus geschrieben wird – das Buch des Fortschritts und des Rechts, das Buch der weltweiten Zivilisation. Das Gefühl, eine historische Rolle zu spielen, dringt durch alle Schichten einer republikanischen Gesellschaft und gibt noch dem kleinsten Bürger das Gefühl nationaler Würde (...), denn Genf stellt nicht nur die Versammlungssäle für diese Kongresse bereit, es hat in allen diesen Fällen ein Wort mitzureden, und im ersten davon gab es sogar den entscheidenden Anstoss.»

Wenn sich Amiel als Mann ohne Schatten fühlte, der das Leben aufschob oder sich beim Leben zusah und trotz dieses Verzichts doppelt so schnell alterte als andere, so schlug diese Stimmung grundsätzlicher Vorläufigkeit am drittletzten Tag des Monats brüsk um und wandelte sich in Betroffenheit, ja Panik. Das Journal meldet «die Unruhe, in die mich ein Billet von Mf. stürzt, und in dem sie von einem Unwohlsein spricht». So verstörend wirkte die Drohung, auf einen Schlag in die unwiderlegbare Realität von Ursache und Wirkung mit hineingerissen zu werden, dass die drohende Gefahr selbst in diesen intimen Notizen nie unter ihrem eigentlichen Namen erscheint: «eine vergessen gegangene Möglichkeit stellt sich mir dar und führt mir ein Unrecht vor Augen, an das ich nicht dachte, ein aus reiner Sorglosigkeit vernachlässigtes Risiko».

War Mionette schwanger?

Dass die «Einweihung», die jetzt drei Wochen zurücklag, nicht nur weltanschauliche oder psychologische Erkenntnisse brachte, sondern auch ganz praktische Folgen zeitigen könnte – darauf hatte Amiel ganz offensichtlich nie auch nur einen Gedanken verschwendet. Umso verwirrter stand er jetzt vor der Möglichkeit, die Maries (leider nicht aufbewahrtes) Briefchen andeutete: Ausbleiben der Monatsregel, Übelkeit als Anzeichen der Schwangerschaft? Gerade jetzt, wo er endlich Louises Drängen nach einer gemeinsamen Zukunft sein Nein entgegengesetzt hatte, sollte ihn eine nie angestrebte Vaterschaft zu einer Eheschliessung zwingen, die ihm noch weniger einleuchtend schien? War es denn wirklich möglich, dass ein einziger leidenschaftlicher Augenblick nach langen Jahrzehnten der Enthaltsamkeit über seine Zukunft entschied? «Eine ganze Meute finsterer Aussichten jagten sich in meinen geheimsten Gedanken», hielt er fest. Erzwungene Heirat mit der unehelichen Tochter einer Näherin? Verheimlichte Vaterschaft mit der immer drohenden Gefahr, als Vater eines illegitimen Kindes blossgestellt zu werden? Hinzu kamen Selbstvorwürfe, Zerknirschung. Wer die Regeln der Gesellschaft missachtete, die wohlbegründeten Sitten und Bräuche in den Wind schlug, musste mit Busse und Strafe rechnen, und dies letztlich zu Recht: «Für einige Blüten findet man tausend Dornen. Die Enthaltsamkeit vergällte mir das Leben, ich versuchte es mit der Sorglosigkeit, und das Ergebnis ist noch schlimmer. Früher unterdrückte ich die Stimme der Natur, dann gab ich dem Drängen des Instinkts um ein weniges nach und machte Fehler um Fehler. Jetzt zeigt sich, dass ich einer Reihe von Herzen Kummer bereitet und mehreren Menschen Unrecht getan habe, ja dass ich, nachdem ich 39 Jahre lang als keuscher Joseph lebte, jetzt als Frauenheld gelten soll, als heuchlerischer Verführer und verdorbenes Subjekt.»

So weit kam es indes nicht. Am letzten Oktobertag sandte Mionette die drei Manuskripthefte zurück, zusammen mit den Kopien und einer Art Entwarnung: Sie habe einige Tage lang stechende Schmerzen verspürt, fühle sich jetzt aber wieder besser. Amiel war gerührt, seine Erleichterung schlug in Bewunderung für die tapfere Freundin um: «Sie ist mehr wert als ich.» So ganz gelegt hatte sich seine Unruhe freilich nicht; in einem herzlichen Brief forderte Amiel genauere Auskünfte an. Bei aller Unruhe trieb ihn die Angst vor einem möglichen Skandal allerdings zu noch weitergehenden Vorsichtsmassnahmen als bisher. Statt Dom Mariano, der allenfalls noch als scherzhafte Maskerade durchgehen konnte, meldete sich jetzt eine mütterliche Freundin namens Eleonore.

«Ihr Kärtchen und Ihre Sendung haben mich sehr gerührt. Sie sind also ausgegangen, trotz Ihres Zustands? Und Sie haben selbst einige *Kopien* angefertigt? Das ist zu viel, viel zu viel. Wenn ich es wagte, würde ich Ihnen zürnen, liebe und allzu hilfreiche, ja bis zur Unbesonnenheit hilfreiche Freundin! Die heftige und unheimliche Empfindung, von der Sie mir kaum sprechen – darf ich etwas darüber erfahren oder soll ich unwissend bleiben? – So oder so, lassen Sie mich von Herzen danken für alles, was Sie getan haben und Ihnen versichern, mit wie viel Freude ich diese Worte las: *Es geht ein wenig besser, ich stehe bereits wieder auf.* – Ich hoffe inbrünstig, dass die Kräfte, die Erholung und der Schwung so bald wie möglich zurückkehren. – Ein gutes Zeichen stellt die Eleganz Ihrer Feder dar – das, was Sie (verleumderisch) ein Gesudel nennen, und das doch bereits Ihre gewohnte Anmut und

Festigkeit zeigt. – Adieu. Erlösen Sie doch bald aus Ihren Ängsten Ihre Freundin E.»

Welche Gefühle diese kunstvoll getarnte Teilnahme bei Marie Favre weckte, ob sie über ihrer eigenen Erleichterung die falsche Eleonore mit in Kauf nahm, lässt sich leider nicht nachvollziehen. Für Amiel brachte das Stichwort Vaterschaft immerhin eine besonders intensive Erfahrung, als am Tag des ersten Alarms die kleine Louise Guillermet an die Nummer 99 zu Besuch kam, «ein winziges Kind von 31 Monaten, das babbelt, singt und tanzt wie ein zutraulicher Kanarienvogel». Dachte er an eine eigene zukünftige Familie, als er das fröhliche blondlockige Mädchen auf den Knien hielt und mit ihm zusammen Kupferstiche durchblätterte? War es Zufall, dass Louise seine Liebkosungen erwiderte, während sie die Avancen der Cousins Jules und Henri zurückwies, die mit ihren groben Knabengesten wie Barbaren wirkten? Gab es eine Möglichkeit der Vaterschaft, bei der sich Brautsuche, Schwangerschaft und Säuglingsjahre irgendwie überspringen liessen, die ganz direkt mit einer fröhlich zwitschernden, blondgelockten Zweieinhalbjährigen begann?

«Unsere Katze beobachtet und mich mit ihr unterhalten», heisst einer der allerletzten Einträge des Oktobers. Vor Wochen hatte er die kleine Zoé während eines Gewitters getröstet – war die Reihe jetzt nicht an ihr?

NOVEMBER

....

Sich freischwimmen

*D*er erste Novembertag rückt an mit allem, was die entsprechenden Klischees hergeben: trüb, grau und nass, nur dass das Nassgraue und Trübe nicht mehr unter einer Saugglocke verharrt wie in den Wochen zuvor. Wolken und Winde ziehen in die eine Richtung – dem Ende zu, wie ihm scheint, ganz wie in den fahlen Versen von *Novembre* aus dem letzten Lyrikband. Entlaubte Bäume hat er da beschrieben, graues Licht und tiefe Wolken, die kahle, traurige Natur. «Dieses Stück ist gut», darf er jetzt beim Wiederlesen loben. Jawohl, diese Sphäre liegt ihm eindeutig, in diese Tonart stimmt er mit Leichtigkeit ein. Dem Jahr bleiben noch zwei Monate … und seinem eigenen Leben? Wo steht er hier? Mittsommer jedenfalls ist längst vorüber, keine Frage, aber mit etwas Glück befindet er sich noch mitten im Herbst, jedenfalls scheint ihm jetzt, die Tag- und Nachtgleiche entspreche seinem Befinden am ehesten. Ein Schwebezustand, der ihm erlaubt, sich noch einmal neu auszurichten, die verbleibenden Jahre schöpferisch zu füllen. «Die Rückkehr kann beginnen oder noch herausgeschoben werden, je nachdem wie schlaff oder schwungvoll sich mein Wille zeigt», notiert er an diesem ersten Elften. Und übergangslos: «Die Kinder waren heute Abend unerträglich.»

Obwohl der Nieselregen eine kleine Grippe gebracht hat («bereits erkältet, und der Winter hat noch kaum begonnen»), packt er den Donnerstag mit einigem Schwung an. Die Gedichtauswahl, die Marie Favre so säuberlich kopiert hat, wird dem Dichterfreund Blanvalet vorgelegt, und mit Blanvalets Tochter geht Amiel seine *Erlkönig*-Übersetzung am Klavier durch. Zwar rät der Freund «unter den jetzigen Umständen von jeglicher Veröffentlichung ab», was immer das bedeutet, und der französische

Erlkönig lässt sich Schuberts Vertonung nur mit Mühe anpassen. Aber ein Anfang ist gemacht; am Freitag wird die Mansarde für den Winter umgeräumt, der Schreibtisch an einen weniger zugigen Standort verschoben, ein Feuer im Kamin entfacht. Natürlich bringt Allerseelen die üblichen trüben Gedanken; einmal mehr ertappt sich Amiel dabei, wie er tagebuchschreibend statt vorwärts schauend seinen eigenen Toten nachtrauert: all den ungenutzten Tagen, der Fröhlichkeit und der Hoffnung von einst. Aber die Samstagsvorlesung ist gut besucht, im Auditorium sitzen sogar einige ältere Gasthörer. Einer von ihnen, ein gewisser Colladon, wartet denn auch am Ausgang, bringt die eine und andere Kritik vor – «umso besser, das zwingt mich, mir selbst auf die Finger zu schauen, präzise zu sein, vorsichtig in meinen Thesen und der Improvisation. In diesem Winter werden wichtige Schlachten geschlagen; dieser Feldzug bringt die ernsthafteste Prüfung, die ich je zu bestehen hatte.» Später, an der Abendgesellschaft der Suès, zeigt er sich von der betriebsamen Seite, eigentlich «eher lärmig und ausschweifend als geistreich». Tut nichts – unter den Gästen gibt sich der Philosophieprofessor David Tissot so fürchterlich schwerfällig und gedankentief, dass Amiel aus lauter Ungeduld die leichtfertige Tonart anschlägt.

Auch am Sonntagsmahl bei Laure nimmt er es auf sich, die Stimmung zu brechen. Beide Schwäger sind Polterer – der Doktor auf seine kurz angebundene, meist schlecht gelaunte Weise, Pfarrer Franki eher in der Art des speichelsprühenden Eiferers. Diesmal tut sich Franki mit seinen Hassreden gegen die Methodisten hervor; Franki sieht in ihnen ein Zerrbild der protestantischen Kirche, eine gefährliche Verlockung für Leichtgläubige. So wie am Abend zuvor fährt Amiel mit Spässchen, mit launischem Geplauder dazwischen, holt die Schwestern ins Gespräch zurück.

Für sich selbst geht er die Situation am Abend nochmals durch, Feder in der Hand, diesmal ernsthafter. Wie kommt es, dass ausgerechnet ein Pfarrherr lautstark gegen vermeintliche Abweichler losdonnert? Zeichnet sich denn der wahre Christ nicht durch Sanftmut und Besonnenheit aus? Aber nein: «Es gibt nichts Intoleranteres als diese Verkünder der Toleranz.» Aus den protestantischen Geistlichen sind Bürolisten des Glaubens geworden, Beamte für Formfragen; die Predigt eines Kollegen wird nach ihrer Wirkung aufs Publikum beurteilt, nach den rhetorischen Fähigkeiten. «Die ganze tragische, mystische, feierliche Seite des Christentums verschwindet, und was vom Kultus und der Frömmigkeit bleibt, wird mechanisch und förmlich, routiniert und langweilig, so wie die Bräuche, Übereinkünfte und guten Sitten des gesellschaftlichen Lebens.»

Aber darf er denn wirklich, so Amiel weiter, von einem protestantischen Geistlichen, von einem Franki erwarten, dass er sich früh und spät als mustergültiger Vertreter seines Glaubens erweist, voller Sanftmut und Nachsicht das Für und Wider jeglicher Streitfrage abwägend? Und wenn ja, wie steht es denn mit ihm selbst, dem Professor der Philosophie? Hat seine Neigung zum leichtfertigen Geplauder, zur *badinage*, zum leichtgewichtigen Spass auf den Aussenstehenden nicht eine ähnlich leidige Wirkung? Fehlen da nicht die Ernsthaftigkeit, die Würde, die Gemessenheit? Und erhielte dieser Aussenstehende gar Zutritt zu seiner, Amiels, Mansarde – welchen Eindruck trüge er mit sich von der Ordnung einer Gelehrtenkammer und von der Methode, mit der dieser Gelehrte sein Studium, seine Pflichten, seinen Alltag regelt? Gerade in diesen Tagen ist Amiel auf der stundenlangen Suche nach einem Schuldbrief in kalten Schweiss ausgebrochen: ein Guthaben von 9000 Francs, das er eben noch in Händen hielt, spurlos verschwunden! Die Suche nach einem verlegten Buch oder Manuskript dauert länger denn je. Die Bibliothek liegt in völliger Unordnung, seine Bücher als Kassier der Société existieren schlechterdings nicht. «Das Schlimmste ist mein Gedächtnis – ein Sieb, das nichts mehr zurückhält. Unmöglich, ein verlegtes Schreiben oder einen weggelegten Gegenstand zu finden. Der Zeitpunkt einer Abmachung, Daten, Zahlen, Dinge, Vorhaben, Namen, Treffen, Erfahrungen, Versprechungen – alles dringt durch mich durch, ohne eine Spur zu hinterlassen, nur die schriftliche Notiz oder der Zufall frischen meine Erinnerung auf.»

Der Schuldbrief bleibt auch am folgenden Tag unauffindbar; insgesamt hat er mit der Sucherei einen halben Tag verloren.

Und was hätte dieser Aussenstehende, wenn er sich überhaupt noch einen irgendwie gearteten Nutzen für die Anhänger und Bekenner der Philosophie erhoffte, erst von Amiels über Jahre hinweg so unordentlich und unschlüssig geführten Beziehung zu Louise Wyder gehalten? Dass die Geschichte auch jetzt noch nicht zu Ende gebracht war, lässt sich absehen. Wie bei Amiel nicht anders zu erwarten, konnten Louises letzte Worte keinesfalls unwidersprochen bleiben. Zwar bot ihr Brief von Ende Oktober den Verzicht auf jeglichen weiteren Kontakt an, liess aber den Vorwurf im Raum stehen, Amiel habe eine gemeinsame Zukunft nach jahrelangem Zögern seinen kaltblütigen finanziellen Überlegungen geopfert.

Mitte der ersten Novemberwoche begann Amiel mit einem allerletzten, ausführlichen und systematischen Brief. Er sollte die Empfängerin allein durch seine so sanfte wie unerbittliche Schlüssigkeit zur einzig möglichen Einsicht zwingen: Jawohl, sie selbst, Louise Wyder, hatte durch eigene Verblendung, durch Wunschdenken, willkürliches Verdrängen und spitzfindiges Umdeuten den leidigen Zustand herbeigeführt, in dem man sich jetzt fand, und dies trotz aller Einsprachen und Warnungen von Amiels Seite; an ihr lag es nun, die neulich gegen den einstigen Vertrauten erhobenen Vorwürfe zu überdenken und auf Schuldzuweisungen ebenso ausdrücklich zu verzichten wie auf das Trugbild einer gemeinsamen ehelichen Zukunft – wenn sich denn der Ausdruck Verzicht überhaupt rechtfertige angesichts einer Situation, in der keinerlei entsprechendes Angebot dieses Vertrauten vorlag, der ihr seit je nur mit brüderlicher Zuneigung und geschwisterlicher Zärtlichkeit begegnet war.

Es soll hier bei dieser Zusammenfassung des Schreibens bleiben. Die zwei Herausgeber, die Amiels und Louises Geschichte im Band *Egérie* so ausführlich dokumentiert haben, räumen dem Brief wie zu erwarten mehrere Seiten ein. Im Prinzip orientiert sich Amiel an den Punkten, die er für das nicht gehaltene Referat vor Louises Schwager Privat markierte. Nur greift er weit in die Berliner Vergangenheit zurück, ja er wagt sich an eine eigentliche Biografie ihrer gescheiterten Beziehung. Das Schreiben entsteht denn auch in der Art eines literarischen Beitrags, bei dem ganze Passagen gestrichen und neu abgefasst werden: tägliche Schreibetappen von mehreren Stunden, die sich über eine Woche hinziehen. Am Abend des 10. heisst es zwar im Journal «Um Mitternacht meinen 12-seitigen Brief an Egérie abgeschlossen», aber schon wenige Stunden später setzt sich Amiel nochmals hin und fasst die ersten neun Seiten neu ab, «wieder und wieder gegen innere Stimmen kämpfend», die ihm seinen Entschluss streitig machen. Am 12., einem regnerischen Montag, «ängstliches Gefühl, als ich meinen Brief an E. versiegelte». Tatsächlich bringt er das Schreiben noch gleichentags zur Post, setzt sich nach seiner Rückkehr sogleich hin, um die in den nächsten Wochen anfallenden Pflichten aufzulisten und eine Tabelle für die Einteilung des zukünftigen Arbeitstags zu erstellen.

Das Abfassen der so sorgfältig begründeten Absage hatte eine volle Woche beherrscht. Ablenkung und Erleichterung brachte nur gerade eine Einladung bei Cousine Jenny Bonnet, die mit einer *gala à tout rompre* aufwartete – einem fast dreistündigen Festmahl mit Truffes, Rebhuhn, Ente und Leberpastete. Wenn Amiel nun hoffte, ins geregelte und arbeitsame Leben zurückzukehren, sah er sich allerdings getäuscht. Am selben 13., an dem Louise Wyder seine Rechtfertigung erhielt, lieferte die Post das Schreiben einer weiteren Louise an die Nummer 99; es traf Amiel mit der vollen Wucht einer gerichtlichen Vorladung. Louise Hornung, die seit Jahren vertraute Schwester des besten Freundes, die stolze, bissige und gescheite Partnerin in so vielen Gesprächen über Kunst, Gesellschaft oder Glauben – Louise gestand ihm ihre verzweifelte und leidenschaftliche Liebe ein, gab sich ganz in seine Hand, ja flehte um seine Neigung als einziges Genesungsmittel für ihren verstörten und ausweglosen Zustand!

Warum gerade jetzt, warum gerade er? Dass hier Freundschaft in Zuneigung umgeschlagen war, hatte schon die unbestechliche Madame Pollak nach den seltsamen Urlaubsszenen in Villars in eindeutige Worte gefasst. Das Geständnis, für sich genommen, konnte Amiel kaum überraschen; was ihn erschütterte, war vielmehr diese unerhörte Offenheit: die Liebeserklärung einer bürgerlichen Tochter, aus heiterem Himmel, ohne jeglichen Wink, jedes Zeichen der Ermutigung seinerseits! Und das von Seiten der unbezähmbaren Louise Hornung, «deren bissiger Stolz geradezu sprichwörtlich ist – wie grausam, wie furchtbar muss sie gelitten haben, bis sie sich zu diesem Schritt, dieser flehentlichen Bitte durchgerungen hat! Das nimmt mich her und lässt mich erzittern.»

Amiel war angenehm entsetzt.

Er schrieb umgehend zurück, ein paar beruhigende, aufmunternde und mehrdeutige Floskeln: «Da ich nicht weiss, ob sie ihre Korrespondenz ungestört empfängt, musste ich mich vorsichtig ausdrücken, damit der Brief in den Augen anderer Personen nichts Besonderes bedeutet und niemanden verrät.» Und so stark waren die stellvertretende Scham für die Entblösste, der Respekt vor dem verzweifelten Schritt, dass Amiel selbst im Tagebuch auf Namen und bezeichnende Details verzichtete: Höchstens eine Grossmama Pollak, vielleicht noch die Hornungs selbst hätten aus den Einträgen auf die Absenderin schliessen können.

In einem ersten Impuls hatte er versichert, er habe das für Louise so verfängliche Schreiben sogleich in Flammen aufgehen lassen. Das geschah freilich erst einige Stunden später; Amiel zögerte nicht, einige besonders bemerkenswerte Stellen herauszukopieren, war nach dem ersten teilnehmenden Schrecken durchaus bereit, sich an den so kompromisslos dargebotenen Gefühlen zu wärmen. «Armes Mädchen, das so lange wartete», notierte er, «das sich so lange Zeit tapfer gegen das Schicksal wehrte – durch Zurückhaltung, Würde, Stolz, Ironie, um schliesslich doch gnadeflehend vor ihn hinzuknien, um schliesslich doch zu tun, was man bei jeder anderen Frau verhöhnt hätte – einem sich gleichgültig zeigenden Mann zu gestehen, *dass man die Steine beneide, auf denen sein Fuss geht.* Und dabei handelt es sich um eine der aufgeklärtesten, kultiviertesten und intelligentesten Seelen unserer Genfer Gesellschaft. (...) Und wer weiss, ob diese Zuneigung nicht sehr weit zurückreicht, vielleicht sechs, acht oder gar zehn Jahre? Was sie meinem Stern unterwarf, war wohl, dass sie meinen Verstand nicht umfassen konnte und mehr Güte in mir fand als in sich selbst. Der Einfluss, den ich auf die Tiere, die Kinder und die Kranken ausübe, hat sie fasziniert, während mein Gespräch in ihrer Gesellschaft ihre Gedanken befruchtete. Ich habe sie unwissend und unwillentlich verführt, allein durch mein Leben und mein Sein.»

So überheblich die kleine Analyse klingt – anders als bei Louise Wyder war sich Amiel in diesem Fall offensichtlich keinerlei Koketterie bewusst, hatte er seiner Meinung nach keinerlei falsche Signale ausgesandt. Ausser man rechnete darunter die Tatsache, dass jemand, der Bewunderung oder Anerkennung verspürt, im Gespräch und Umgang seine besten Seiten müheloser zeigt als sonst, was die Bewunderung oder Anerkennung nur ein weiteres Mal steigert. Nun hatte die stolze Louise in den Urlaubstagen von Villars ja gerade versucht, diesen Teufelskreis zu brechen, hatte sich betont schnippisch und stachlig gezeigt. Mit dem Ergebnis, dass sich Amiel ebenso betont zurückzog, wie gesehen; wir erinnern an seine ärgerliche Frage, was zum Teufel denn in das komplizierte alte Mädchen gefahren sei ...

Es war wie verhext.

Amiel ging der Wechselwirkung von Provokation und Rückzug im Eintrag des folgenden Abends nach. Der erste Schock über Louises Preisgabe war verflogen, wurde ersetzt durch die psychologische Neugierde anhand eines Falles, der sich in mehreren Varianten durchspielen liess. Ging Louises unerhörter Schritt nicht ganz direkt auf jene künstliche Widerspenstigkeit der Urlaubswochen zurück? «Wie greifen doch alle Dinge ineinander: die Weigerung, in Châtelard über das Mäuerchen zu klettern, während sich alle anderen Damen fröhlich und anständig darein fügen, mein Eindruck von Lächerlichkeit, von affektierter und falsch verstandener Schamhaftigkeit; man rächt sich für diesen Eindruck mit schnippischen Worten, und drei Monate später wird aus der Sühne für diese Worte ein erstaunliches Eingeständnis, wird vollständige Kapitulation, wird ein Kniefall mit gefesselten Händen und Füssen, wird die Abdankung der Freiheit, der Zurückhaltung, des weiblichen Stolzes, wird die Enthüllung ihres innersten und bedrohlichsten Geheimnisses, eine Niederlage, ein

243

vollständiger Zusammenbruch. Wirkt hier nicht geradezu die Nemesis der Bagatelle, wenn denn das Wort Bagatelle erlaubt ist angesichts dieser Neigung einer Frau, dieser Frage von Leben und Tod? – Was dieser Leidenschaft besonderen Wert verleiht, ist, dass sie ein stolzes Herz besiegt hat, und dies im Alter, wo man zu vergleichen, sich zu verteidigen weiss.»

Selbst wenn auch diese Analyse nicht über die Machtgefühle hinwegtäuscht, die Louises Kniefall beim Autor auslöste – er setzte in den folgenden Tagen alles daran, die Freundin so vieler Jahre vor allzu grosser Beschämung zu bewahren. Die unverdächtig formulierte Antwort war richtig gelesen worden; sie hatte einen bitteren und verzweifelten zweiten Brief zur Folge. Wie sie denn jetzt weiterleben solle, schrieb Louise Hornung, ob denn solche Grausamkeit überhaupt denkbar sei? Und, im Rückblick auf die Verehrer, die vergeblich um sie angehalten hatten: «Wie sind sie doch alle gerächt – sie, die ich selbst einst leiden liess!»

Es war wohl dies in seiner Ehrlichkeit zutiefst anrührende Geständnis, das Amiel bewog, womöglich mit Demoiselle Hornung zusammen einen irgendwie gearteten *modus vivendi* für die Zukunft zu finden. Wie konnte er ihr helfen, das Gesicht zu wahren? Stand nicht auch die Freundschaft zu Joseph auf dem Spiel, zum Arbeitskollegen und alten Vertrauten? Wer wusste schon, wie weit eine verschmähte Frau gehen würde, die im grau getönten Alter zwischen Haustochter und alter Jungfer stand?

Am Dienstag, dem unglücklichen 13., war ihr Geständnis eingetroffen; am Samstag nahm Amiel allen Mut zusammen und machte sich, wiederum im strömenden Regen, zum Haus des alten Malers auf. Als Vorwand diente ein Dossier mit Manuskripten, die Louise einst durchzulesen versprochen hatte. Zwischen die Seiten hatte er ein Schreiben mit einer ausführlicheren, schonenden und behutsamen Absage geschoben. Die Vorsichtsmassnahme erwies sich als berechtigt. Die Haustochter war nicht zu Hause, liess sich offenbar von einer Freundin aufheitern; Amiel gab die Mappe mit den besten Wünschen und Grüssen ab.

Sein Herz schlage nicht für sie, hielt er beim Nachhausekommen fest. «Aber das verringert nicht meinen innigsten Wunsch, ihr

Leiden möge irgendwie gemildert werden, ihr Kummer lasse sich irgendwie verkraften.»

Für wen schlägt denn nun eigentlich unser Herz? Leiden wir mit der sanftmütigen Louise Wyder, möchten wir ihren unerschütterlichen Glauben an die Macht der Liebe belohnt sehen, mit ihr zusammen Pläne für den kommenden Winter schmieden, auf langen Spaziergängen das künftige bescheidene Heim in Gedanken einrichten? Beeindruckt uns Marie Favre, das einstige Vorstadtmädchen mit der wachen Intelligenz, der sinnlichen Ausstrahlung, der zupackenden Art, das Leben zu meistern? Oder bewundern wir Louise Hornungs Mut, alles auf eine Karte zu setzen, möchten wir Amiel erinnern an die zahlreichen Abende mit ihr, an die lebhaften und gescheiten Gespräche?

So oberflächlich die Gegenüberstellung klingt – wir folgen damit bloss Amiels eigenen zerfahrenen Überlegungen. Jetzt, wo die Dreizahl vollgeworden ist, neigt er zu pauschalen Formulierungen. «Meine drei Anwärterinnen haben heute nichts von sich hören lassen», heisst es an einer Stelle, «umso besser!» Am liebsten wäre ihm, er bräuchte nichts mehr von ihnen zu hören: «Statt mir Gutes zu tun, lenken sie mich nur ab und betrüben mich.» Es folgt eine ungnädige Mängelliste: Bei der sanften Louise fehlen ihm körperliche Frische und geistige Kultur, die stolze Louise müsste zehn Jahre jünger und um einiges sanftmütiger sein. Daran schliesst sich eine ärgerlich klingende Aufzählung allgemeiner Art. So als gedenke Amiel, die Suche nach einer Ehepartnerin fortan im Ausschlussverfahren anzupacken, wird eine Streichliste erstellt. Überhaupt nicht in Frage kommen die Mondänen, die Frivolen, die Affektierten, die Herrschsüchtigen, die Beschränkten, die Nervösen, die Bäuerlichen, die Grobschlächtigen, die allzu Schlauen, ganz so wie die ewig Widersprechenden, die Verschwenderinnen, die Geizigen, die Frauen ohne Ordnungssinn oder Feingefühl, die Mutlosen, die Ungeduldigen. Die allzu reiche Frau, weil er sich als finanziell Abhängiger in seinem Stolz verletzt sähe; die Frau ohne Mitgift, weil sie durch den Zwang zur finanziellen Verantwortung seine Freiheit einschränkt; überhaupt ist ihm immer weniger klar, wie er die Geldfrage mit so grundlegenden Werten wie Zärtlichkeit und Heiligkeit der Ehe versöhnen soll.

Am Abend, an dem Cousine Jenny die Familie mit Truffes und Pasteten verwöhnte, hat eine junge Mitgeladene die Gäste nach Tisch mit ihren Liedern unterhalten – eine Demoiselle Morin, die sich mit einfacher Liebenswürdigkeit präsentiert, ohne Noten, ohne Klavierbegleitung. Bescheiden, anmutig, züchtig ohne Prüderie. So stellt er sich eine zukünftige Gattin vor, auch wenn Demoiselle Morin als Katholikin natürlich ebenfalls ausscheidet. Aber seit je hat er sich «eine Frau zum Heranformen» gewünscht. Das wird ihm jetzt einmal mehr bewusst, «jetzt, wo ich unter fertig Geformten wählen könnte», *maintenant que j'en pourrais avoir de toutes formées.*

So als habe der Schock von Louise Hornungs Liebeserklärung eine Blockade gelöst, vielleicht auch im Hochgefühl der Erleichterung, die entscheidende und begründete Absage an Louise Wyder endlich formuliert zu haben, beginnt Amiel am Tag nach dem ominösen 13. wieder zu arbeiten. Und dies mit einer Konzentration, die er seit Jahren nicht mehr gekannt hat. Schon um sieben Uhr früh sitzt er im Schein der Öllampe an seinem Pult, bringt bis zum Abend sieben Stunden harte Arbeit zur französischen Sprachgeschichte unter, ebenso einige Besorgungen und die Lektüre der wichtigsten Zeitungen, für die er die Mittagsstunden reserviert hat. Zum ersten Mal hat er den neulich festgelegten Zeitplan eingehalten, und dies ohne ernstliche Folgen ausser einer leichten Ermüdung der Augen. Zwar muss er sich eingestehen, dass von Beherrschen des Stoffs noch nicht die Rede sein kann. Vielmehr lässt er sich von der Fülle des Wissens treiben, lässt er die Details und Fakten vorerst zur Seite. Und doch, und trotzdem: Ein Anfang ist gemacht, nach Jahren voll unordentlicher Anläufe, als jedes andauernde ernsthafte Studium in Kopfweh und Nasenbluten endete, als er notgedrungen von den Zinsen seines Wissens lebte, ja von den Rücklagen selbst! «Könnte ich tatsächlich diesen fatalen Zustand durchbrechen und ein Leben voller Energie und Arbeit neu beginnen? Möge Gott es mir zugestehen!»

Auch wenn wir unterdessen bei dieser Art von dramatischem Rückblick auf vergeudete Tage, Wochen und Jahre unsere Vorbehalte anbringen – deutlich wird, dass sich Amiel vor allem bei der bevorstehenden öffentlichen Vorlesung gefordert sieht. Unterdessen hat sich herausgestellt, dass zur selben Zeit, wenn auch an anderen Wochentagen, der brillante Victor Cherbuliez und der verhasste Edouard Humbert lesen. Der Bruder der schönen Sara wird über die ritterliche Dichtung des Mittelalters referieren: ein süffiges Thema, das viele Damen anziehen wird, jedenfalls eher als Amiels trockene Philologie. Er sieht es kommen: «Wahrscheinlich werde ich die rote Laterne tragen müssen. Trotzdem sollte ich mir eine Ehrensache daraus machen, gut abzuschneiden, vor allem denjenigen zu Gefallen, die grosse Stücke auf mich halten.» Und allen anderen zum Trotz; vor kurzem wurde der erste Jahrestag der grossen Schiller-Feier begangen, ohne dass man ihn eingeladen hätte – ihn, den Schöpfer von *La cloche*, der ersten brauchbaren Übersetzung von Schillers «Glocke»!

Auch ihnen wird er es zeigen.

Die Donnerstagsvorlesung an der Akademie verläuft alles andere als zufriedenstellend: stockend, ohne Schwung, fiebrig improvisiert, viel zu häufig die Notizen konsultiert. Vielleicht auch in der Nacht zuvor allzu ausgiebig in seinen Machtgefühlen gebadet: eine ganze Tagebuchseite über hochfahrende Frauen geschrieben, die so wie Louise Hornung ihren Stolz vergassen, vor ihm klein beigaben. Über die «spezielle magnetische Kraft» gerätselt, die er ausübt auf «starke und willensgesteuerte Frauen». Im Ganzen vier solcher Kettensprengerinnen aufgelistet, *brise-freins*, die ihm mehr oder weniger offen ihre Liebe gestanden haben.

Am Nachmittag die Neffen auf langen Ausflug mitgenommen, am Abend zu Hause mit den Schwestern geplaudert; offenbar gilt die neue Zeitregelung nur ausserhalb der Vorlesungstage. Am Freitag trotz Kopf- und Zahnweh acht Stunden Lektüre untergebracht, fünf Studenten bei sich empfangen, den Anzeichen einer Grippe nachgespürt, weiter über seinen magnetischen Einfluss auf starke Frauen gerätselt.

Am Samstag mit Mühe und Not die Vorlesung hinter sich gebracht, dann vollständiger Zusammenbruch: Nasenbluten, Schmerzen am ganzen Körper, vor allem die nur allzu vertraute Gehirndehnung verspürt, die *distension cérébrale*, die ihm jedes Arbeiten verbietet. Nach drei Tagen unter dem neuen Regime voller Bitterkeit kapituliert: «Mit eisernem Finger tippt mir das Schicksal auf die Schulter und spricht: Hoffnung ist dir versagt, weiter wirst du nicht kommen!» Ruhm und angesehene Stellung, ein kraftvolles Werk schienen ein paar Stunden lang wieder in Reichweite; am Samstagabend muss Amiel einsehen, dass er zu keiner energischen und anhaltenden Leistung mehr fähig ist: «Sobald ich meine Nerven anspanne, zerbricht das Instrument.»

Nur eine einzige Überlegung tröstet ihn: Im Grunde ist der Mensch das Thema, das im Zentrum aller Forschungen steht, und mit ihm beschäftigt er sich selbst seit je. Gerade die zähe und quälende Abschiedsphase in der Beziehung zu Wyder, der Schock des Geständnisses von Hornung haben ihn hellsichtig gemacht. Noch mehr als sonst drängt es ihn, die Menschen seiner Umgebung mit Worten einzukreisen, den Schlüssel zu ihrem Wesen zu finden. Gerade in den Tagen seit dem 13. entsteht eine ganze Reihe von reizvollen psychologischen Porträts.

Weshalb ist ein Mensch so, wie er ist?

Wie kommt es zum Beispiel, dass Schwester Laure bei ihren Besuchen an der Nummer 99 wie ein Wirbelwind durchs Haus fegt, mit Lachen, Plaudern und stürmischen Umarmungen, während sie im eigenen Heim, zusammen mit dem Doktor, so viel auf Ernst, Würde und Anstand gibt? Gerade am Abend von Amiels Ausflug mit den Neffen kommt es zu einer solchen Invasion: Laure bricht mit geradezu vulkanischer Liebenswürdigkeit ein, überschüttet die Familie Guillermet mit Zärtlichkeiten, Anekdoten, Gelächter. Steckt dahinter die Gier nach Erfolg und Anerkennung? fragt sich der Bruder im Eintrag des gleichen Abends – übrigens keineswegs abgestossen, vielmehr staunend vor dieser Bereitschaft zum Monolog, der ihm selbst nicht einmal vom Rednerpult aus gelingt. Was steckt hinter Laures Gier danach, «alles mit Beschlag zu belegen, die Einbildungskraft schäumen zu lassen wie Champagner, die Aufmerksamkeit der Galerie auf sich zu ziehen und gleichzeitig das Bedürfnis nach persönlichem Sichausbreiten zu befriedigen?» Das Gespannte, Fordernde und Überbordende, das durchaus auch ermüdet – ist es Laures Erholung von der gemessenen Stimmung des eigenen Heims, die sie dort immerhin selber schafft, ja fordert? Oder lebt Laure in zwei Welten, findet sie im Zusammensein mit Bruder und Schwester eine frühere und glücklichere Laure wieder, aus der Zeit vor der Verheiratung mit dem trockenen Stroehlin? «Psychologisch gesehen», mutmasst Amiel, «zeugt der Ausbruch weniger von Glücklichsein, sondern von Entspannung für den Augenblick, vom Loswerden eines früheren Malaise und vergangener Unbill. Die Lärmerei ist nicht wirkliche Fröhlichkeit, sondern Suchen nach Vergessen.» Es ist wahr, dass Laure vor einem Jahr den Verlust eines Töchterchens zu beklagen hatte, das die Geburt nicht überlebte. Aber sind es wirklich die Tränen von einst, die sich in lärmiges Lachen verwandelt haben? Steckt da nicht noch ein anderer Stachel, den Amiel nur allzu deutlich ahnt, der mit den Geheimnissen des Stroehlinschen Ehebetts zu tun hat, *le côté alcôve*, wie er es nennt? «Es finden sich bei ihr viel ungenutzter Lebenssaft und eine Art Lebenswut, die dieses unbefriedigte Herz plagen.» Vielleicht würde er sich für Laure eine andere Möglichkeit des Ausgleichs wünschen – «sich den Nächsten widmen, an ihrem Leben teilhaben, statt sie wie Satelliten in der Umlaufbahn ihrer stürmischen Persönlichkeit kreisen zu lassen». Trotzdem zieht er die überschäumenden Monologe vor, wenn er an das Ränkeschmieden, die Rachsucht und die Missgunst denkt, in die sich die ungenutzten Säfte der Genfer Damen so oft verwandeln.

Zu den Satelliten in Laures Orbit gehört an diesem Abend auch Louise Amiel, die 25-jährige Cousine von Henri-Frédéric. Ein grösserer Gegensatz zur Arztgattin lässt sich kaum denken: eine junge Frau von äusserer Kälte, abwesend und verschlossen, steif und unnatürlich. Ist jemand wirklich so? fragt sich Amiel, von Natur aus so? Er hat den Schlüssel zu ihrer Person verloren, legt ihn sich schreibend zurecht.

«Zugrunde liegt, wie ich glaube, ein geschlossenes und stolzes Naturell, das sich seine Zuneigung und seine zärtlichen Empfindungen vorbehält, voll von ängstlichen Sorgen und Vorbehalten, mit ebenso viel Schüchternheit wie Stolz. Sie gibt viel auf Schicklichkeit und schämt sich sogar für ihre guten Impulse; aus lauter Angst gibt sie sich kalt und zerstreut (...). Erst wenn ihre tausenderlei Empfindlichkeiten einmal besänftigt sind, wird sie zu einer ernsthaften und festen, vielleicht sogar leidenschaftlichen Bindung finden. Ihre Angst vor der Spottsucht, vor der Lächerlichkeit hat, so glaube ich, ein Maximum erreicht, und dies in einer Familie, in der alle diese Angst bereits in hohem Grad teilen. Sie hat vor allem mit der spöttischen und abschätzigen Haltung der Familie zu tun, deren fatalen Einfluss ich selbst zu spüren bekommen habe. Und diese Angewohnheit wiederum hat in der extremen Angst vor den Menschen ihren Ursprung und äussert sich darin, dass man ihnen nur die freundliche Maske der ernsthaften Gefühle zeigt. Die unglaubliche Furcht davor, falsch beurteilt zu werden, der ängstliche Schutz des Selbstgefühls, die ausserordentliche Verwundbarkeit des Selbstbewusstseins bringen Louise dazu, ihren Geschmack, ihre Wünsche und guten Eigenschaften zu verbergen, ebenso ihre Absichten, ihre ganze Natur – so wie ein Dieb, der seine goldene Beute versteckt. Die ganze Welt erscheint ihr als weltweite Verschwörung, man muss sich vor ihr schützen wie vor den Dünsten der Cholera oder den Stacheln eines ganzen Schwarms giftiger Moskitos. *Die ängstliche, umsichtige und unaufhörliche Defensive* – das ist ihre Formel, glaube ich.»

Amiel der Psychologe – hier sollte nicht der Eindruck entstehen, das Journal nähere sich den Menschen seiner Umwelt durchwegs mit tiefgründigen Analysen. Manche Begebenheiten und Einstellungen liessen durchaus auch einiges Schmunzeln zu, beispielsweise das Abendessen vom 20. November bei den Guillermets. Zu Besuch kamen Frankis Bruder Jules samt seiner Gattin – einer weiteren Louise! – und Schwiegermutter. Aus nicht weiter erörterten Gründen nahm diese an, Amiel habe sich seinerzeit auf ihre Louise Hoffnungen gemacht, habe dann aber vor Jules den Kürzeren gezogen. Seither begegnete sie dem Herrn Professor mit einer gleichzeitig anteilnehmenden und besorgten Miene. Auch an diesem Abend begrüsste sie ihn im schonenden Tonfall, den man gewöhnlich einem Besuch am Krankenbett vorbehält. Ein reizvolles Dilemma für Amiel, der nie auch nur die geringste Neigung für die besagte Tochter empfunden hatte: Gab er sich ihr und dem vermeintlichen siegreichen Nebenbuhler Jules gegenüber so unbefangen, wie er sich tatsächlich fühlte, so machte er in den Augen der Mutter gute Miene zum bösen Spiel, erntete er ihre Bewunderung für vermeintliche Selbstbeherrschung und meisterliche Verstellung. Dieses unverdiente Lob dankend abzulehnen, hätte wiederum bedeutet, Madame über sein mangelndes Interesse an Louise aufzuklären, was womöglich als verletzter Stolz ausgelegt worden wäre, noch schlimmer als Geringschätzung der vermeintlich so Umworbenen ... Dann noch lieber das Lachen verbeissen, gute Miene zum bösen Spiel machen, wenn auch nicht ganz im Sinne von Madame!

Der gleiche Wochenbeginn sah den weiteren Familienkreis in desolatem Zustand. Ein Besuch in Plainpalais galt der nach wie vor bettlägerigen Tante Fanchette; ihr Teint erinnerte Amiel an die Farbe eines Backsteins, «aber von der gelben Sorte». Laure wie Fanny waren stark vergrippt; Henri-Frédéric begleitete sie trotz glühend heissem Kopf und Nasenbluten zum Diner bei den Stroehlins. Hatten die Geschwister vom Doktor ein paar praktische Ratschläge oder ein Wort des Mitgefühls erwartet, so sahen sie sich getäuscht. Doktor Stroehlin unterschied streng zwischen dem Privatmann und dem Mediziner, der für eine Konsultation den Besuch an einem ordentlichen Krankenbett voraussetzte und sich auch dann mit einer sachlichen Diagnose begnügte: «Es scheint, als würde er sich mit einem teilnehmenden oder wohlwollenden Wort die Lippen verbrennen.»

So wie viele Ärzte hatte sich Schwager Stroehlin offensichtlich gewöhnt an die kniefällige Bewunderung, die dem Mann mit der Ledertasche und dem Stethoskop entgegenschlug, hatte er verlernt, mit Widerspruch oder kritischen Einwänden umzugehen, ob als Mediziner oder als Familienvater. Wer in der Ausübung seiner täglichen Arbeit über Tod und Leben entschied, so Amiel resignierend, fiel für das Familienleben aus: «Der Berufsmann scheint bei ihm das gute Herz zu versteinern, ja den Menschen überhaupt.»

Dabei hätte Amiel gerade in diesen Tagen ärztlichen Rat gebraucht, der über die Eisen- und Schwefelspritzen hinausging, die ihm der alte Doktor Seiler verabreichte. Zwar setzten die Injektionen dem Nasenbluten ein Ende, aber der Kopf glühte, der gesamte Nasen- und Rachenraum schien breiig, schleimig, entzündet. Jeden Morgen quälten ihn Würgkrämpfe und Brechreiz, so als habe sich der widerliche Geschmack, den die verfehlten Herzensangelegenheiten der letzten Tage hinterliessen, tief im Rachen festgesetzt und verpeste nicht nur seine Worte, sondern auch seinen Atem. Er befürchtete Mundgeruch, antwortete mit der Hand vor dem Gesicht, wenn er angesprochen wurde. Zu dieser Peinlichkeit gesellte sich ein weiteres Übel. Neue und schlecht sitzende Unterwäsche hatte beim Gehen und Sitzen eine wunde Stelle zwischen den Beinen aufgescheuert. Ein vorübergehendes Übel, er sah es ein. Aber so wie alles, was nur entfernt mit der Sphäre der Sexualität zu tun hatte, wuchs sich in seiner Einbildung auch diese Beschwerde aus: zur nässenden, juckenden, bestimmt auch bald eiternden Entzündung, die sich auf die Genitalien ausbreiten würde. Und so, humpelnd und schniefend, das Taschentuch vor Mund und Nase, musste er nach der zweiten Vorlesungswoche einsehen: Sein Organismus war den Erschütterungen der letzten Wochen schlicht nicht gewachsen. Zwischen Krankheit und Gesundheit lag nur die Haaresbreite des Zufalls.

Braucht sich eine Altersklage an die eigentliche Lebenszeit, an die Anzahl der Geburtstage zu halten? Die Leidensbilanz, die Amiel, 39-jähriger Genfer Hiob im Gehrock, zu Beginn der letzten Novemberwoche zog, fiel verheerend aus: «Ich bin nichts als Schwäche.» Dass er noch vor wenigen Tagen mit frischem Schwung eine neue Arbeit anzupacken gehofft hatte, erschien ihm rückblickend ebenso vermessen wie die herbstliche Brautfahrt zu einer Millionärstochter, die ihm allein durch ihr Porträt in Öl vertraut war. «Noch leide ich nicht an einer Krankheit», schrieb er, «aber ich höre sie alle an meine Tür klopfen und sehe sie oft, wie sie vor dem Fenster Grimassen schneiden.» Es folgte eine Liste der Beschwerden, so als bestehe der Körper selbst auf einem Nachweis für seine Hinfälligkeit.

«Beispiele: Neulich wollte ich im Stehen arbeiten, eine angeschwollene Vene am Knöchel rief mir meine Krampfadern in Erinnerung, ich setzte mich widerwillig. Ich wollte vor Tagesanbruch schreiben: Zweimaliges Nasenbluten zwang mich zum Abbruch. Ich wollte dem feuchten Wetter trotzen, wohlverstanden mit bestem Schuhwerk und warmer Kleidung ausgestattet: Eine verheerende Erkältung im Kopf ist die Folge. Ich möchte längere Zeit lesen ... rote Augen; mit einigem Schwung schreiben ... der Daumennerv schmerzt mich und ruft mir den *morbus scriptorum* in Erinnerung, den ich bereits kenne und mit dem nicht zu spassen ist. Ich beuge mich über mein Pult ... die Brust schmerzt. Ich lese eine Stunde lang laut vor ... die Bronchien sind gereizt. Ich gehe ins Theater ... Brille oder Lorgnon ermüden mich für die nächsten zwei Tage.»

Er, der einst keine Grenzen kennen wollte, sieht sich umklammert von einem eisernen Ring. «Eingeschlossen in mir selbst wie in einem Kerker.»

Louise Wyder ist mit einem Brief bedacht worden, der die gemeinsame Geschichte abschliessend ins richtige Licht rückt. Louise Hornung hat die sanfte Absage erhalten, die auf ihrem Stolz, so hofft er, nur feine Kratzer hinterlässt. Und Marie Favre? Die Entwarnung nach den vermeintlichen Vorboten einer Schwangerschaft hat ihn dankbar und gerührt gestimmt, gewiss. Aber sollen sie ihre Erleichterung bei einem Wiedersehen teilen und womöglich erleben, wie sich ihre Rührung in knisternde Begierde verwandelt? Kommt hinzu, dass das Novemberwetter keine ausgedehnten Treffen im Park zulässt. Selbst an den seltenen sonnigen Tagen gilt: kein Laubwerk, kein Schutz vor neugierigen Blicken, kein Inkognito für Dom Mariano.

Drei Wochen nach dem Alarm deutet Marie in einem Briefchen die Möglichkeit eines Wiedersehens an, räumt aber auch ein, die längeren Trennungen hätten bestimmt ihr Gutes: «Sie lassen unsere Zuneigung friedvoller werden, weniger stürmisch.» Amiel nimmt vor allem diesen zweiten Teil zur Kenntnis. «Sie zieht sich mit Anstand und Feingefühl auf ihre Grenzen zurück», lobt er und weist in seiner Antwort auf die vielen unerledigten Pflichten hin, die auf ihn warten. Schritt für Schritt ist aus der tapferen Marie, der er eben noch als Eleonore voller Rührung dankte, wieder Marie die Verführerin geworden: ein Unsicherheitsfaktor in seinem Leben, ein Risiko.

Und als gelte es, die drei glücklosen Anwärterinnen endgültig auf ihre Plätze zu verweisen, bringt diese Novemberwoche ein anderes Trio in Erinnerung. Die drei Töchter, denen einst der eben von Berlin zurückgekehrte junge Professor seine Aufwartung machte, wurden hier schon einmal genannt: Sara Cherbuliez und ihre Freundin Clotilde Bouvier, die Blonde und die Brünette, dann Alexandrine Zbinden aus Lancy, deren Verwandtschaft allzu viele Fuhrleute und Wirte aufwies. Sie ist es, die ihm der Zufall an diesem 29. November über den Weg führt und ihn erinnert an sein Versäumnis von damals, «meinen dritten schweren Fehler». Weshalb hat er diese liebenswerte Tochter so leichtfertig aus den Augen verloren?

Die Zufallsbegegnung spielt sich ab in der Buchhandlung Desrogis, und selbst das Wort Begegnung gilt nur im allerdürftigsten Sinn. Es bleibt bei einem Kopfnicken zwischen den beiden. Alexandrine, jetzt Madame Jacques Lachenal, sitzt mit den Damen der Buchhandlung in einer Ecke. Amiel kann von den Regalen aus das ganze Gespräch verfolgen. Wie es scheint, nimmt Alexandrine Abschied von ihrer Freundin Rose Desrogis; man zieht nach Avignon, wohin ihr Mann versetzt worden ist.

Szenen von damals, vor acht und neun Jahren, ziehen vor Amiel vorbei: «Und der geschuldete Tanz am Ball, und unsere gegenseitige Sympathie, und Begegnungen und Besuche, und eine gewisse Träne, die heimlich weggewischt wurde, und der Tod des Vaters, und der abgebrochene Satz, von dem ich den Sinn sehr wohl erriet. Noch eine Neigung, die mir zuteil wurde und die ich erst in mir selbst erstickte, bis sie auch im anderen Herzen erstarb.» So sehr setzen ihm die Erinnerungen zu, dass ihm einmal mehr die

Geistesgegenwart abhanden kommt. Die Damen in der Ecke unterbrechen ... unmöglich. Will er also noch ein Wort mit Alexandrine wechseln, muss er den Laden als Erster verlassen und die junge Frau auf dem Gehsteig ansprechen. So wie damals kommt er zu spät. «Ein Kopfnicken ist alles, was wir austauschten, und ich werde sie vielleicht nie mehr sehen.»

Encore une inclination venue à mes devants ... Eine Träne in einem arglosen Mädchengesicht, die um seinetwillen geweint wird. Eine schüchterne Mädchenhand, die auf der seinen liegenbleibt, etwas länger als der Tanz dauert. Wird ihm dergleichen je wieder passieren? Wie Amiel auf die Strasse tritt, muss er seinerseits die Tränen zurückhalten. «Ich wollte um Verzeihung bitten, ich wollte mich vergewissern, dass es zwischen uns keine quälenden Hintergedanken gibt, keine Bitternis der Erinnerung.» Alles vergeblich, Alexandrine reist ab nach Avignon.

Eine weitere Abreise prägt die letzten Tage dieses Monats. Cousine Aménaïde fährt nach Athen, zusammen mit ihrer Mutter. Ein märchenhaftes Angebot, wie es scheint, eine einmalige Gelegenheit. Der Baron, der sie als Gouvernante engagiert, hat sie erst einmal während zwei Wochen in Paris herumgereicht, hat sie regelrecht verwöhnt, bei den besten Familien eingeführt. Amiel verbringt den gesamten letzten Sonntag mit ihr bei Tante Alix, acht Stunden mit Tanten und Cousinen, von Souper bis Diner, hilft ihr in den folgenden Tagen beim Beschaffen der Reisepapiere, trotz Kopfweh und entzündetem Rachen. Ein allerletztes Zusammentreffen am Freitag danach, beim Familienkonzert der Marcillacs, dann der endgültige Abschied, *tête-à-tête*, «herzliche, ja gerührte Umarmung».

Er bedauert ihre Abreise sehr.

Die Art, wie er sie beim kleinen Hauskonzert beobachtet, lässt stutzen. «Ich verglich sie mit sämtlichen anwesenden Damen, und jeder Vergleich fiel zu ihren Gunsten aus: Geistesstärke, Esprit, Talent, Anmut, Güte und Sanftheit. Sie denkt an alles und löst alle Probleme wie im Spiel. Und welche Klarheit in der Auffassung, im Wort und in der Tat! Welche Einsatzfreude, welche Umsicht, welche Geistesgegenwart! Sie könnte alles sein, Königin oder Dienerin, Schauspielerin oder Krankenschwester, Musikerin oder Buchhalterin, Frau Botschafterin oder Pfarrersfrau ...»

Und weshalb diese Lobreden zu diesem Zeitpunkt? Aménaïde Cavagnary gehört zwar zur Familie, aber zum weit entfernten Zweig der Maumary. Sie ist gut zehn Jahre jünger als Amiel; keinerlei Blutsverwandtschaft zwischen den beiden.

«Nie müde oder entmutigt, biegsam wie eine Springfeder», fährt er fort, «frei wie der Wind in Geist und Gewissen und trotzdem ganz von ihrer Pflicht erfüllt, bei allem Frohmut doch immer ernsthaft – so steckt sie mit ihrer Lebhaftigkeit, mit Schwung, Fröhlichkeit und Gesundheit alle in ihrer Umgebung an. Vor keiner Pflicht schreckt sie zurück, keine Aufgabe kann sie bremsen. Und dieser feine Takt, dieses schnelle Anpassen!»

Er kann sich Aménaïde also vorstellen als Diplomatengattin, als Frau eines Geistlichen? Warum denn nicht als Frau Professor Amiel? Entspricht das kleine Porträt denn nicht fast wörtlich dem vertrauten Phantombild einer zukünftigen Gefährtin? Und weshalb, *au diacre*, sieht Amiel dieses Juwel erst jetzt funkeln? Öffnet ihm die bevorstehende Abreise die Augen, oder ist es gerade das *fait accompli*, das ihn dieses vollkommene Zusammenspiel von Tugenden und Anmut erst wahrnehmen lässt? Die fröhliche Cousine tritt ein neues Leben an im fernen Griechenland, und das entbindet ihn davon, zu handeln – ist es das?

So als hätte er unsere Zwischenfrage vernommen, grundiert Amiel das leuchtende Porträt mit etwas dunkleren Farben. Die fröhliche Selbstständigkeit Aménaïdes, die Tatkraft nach aussen – stecken dahinter vielleicht Verzicht und Abwehr? Abwehr wovon? Ist dieses Juwel von einer Frau unfähig zu einer tiefen Bindung? Verträgt sich so viel zupackende gute Laune, so viel Wendigkeit mit Leidenschaft, mit Extase und Träumerei? Lässt so viel allgemeines Wohlwollen noch Platz für den Einzelfall, die grosse Liebe? Er weiss es nicht. «Um besser zu urteilen, hätte ich mich mit ihr über Liebe und Religion unterhalten müssen.»

Zu spät; in Venedig wartet der Dampfer. «Ein Viertel nach Mitternacht», lautet der abschliessende Eintrag dieses Tages.

Von Amiel Jahre später festgehalten: «Die Frau ist ein verkleinerter Mann, der Bruchteil eines Mannes, und an die Gesamtsumme menschlichen Schaffens in Wissenschaft, Kunst, Erfindungen, Recht usw. usw. hat die Frau nicht einen Tausendstel, nicht einen Zehntausendstel des männlichen Beitrags geleistet. Das eine Geschlecht überragt das andere um Haupteslänge. Das schwache Geschlecht schwimmt im Schlepptau des allgemeinen Aufschwungs, der sich Fortschritt nennt. Die bedingungslose Emanzipation der Frauen erweist ihnen den gleichen schlechten Dienst wie die Gleichheit der Neger mit den Weissen; die freie Konkurrenz, die Gleichheit der Kräfte voraussetzt, führt zur Vernichtung der Kleinen. Die Frau liebt es, beschützt zu werden, der Mann liebt es, zu beschützen; das setzt Ungleichheit voraus.»

Das abschliessende *Minuit et quart* blieb nicht der letzte Eintrag der Nacht. Kaum legte Amiel Heft Nummer 44 zur Seite, begann die Feuerglocke auf Saint-Pierre zu bimmeln. Zum dritten Mal in diesem Jahr stürzten Franki und er mitten in der Nacht aus dem Haus, kehrten aber bald zurück: ein kleiner Brand im Plainpalais, nicht der Rede wert. Einige Schutzleute und zwanzig *blousiers* standen um die Flammen herum, Arbeiter in ihren blauen Überhemden. Genau zehn Monate zuvor, ebenfalls an einem Monatsletzten, hatten Franki und er vor dem brennenden Haus an der Rue du Cendrier gestanden, und vor vier Tagen hatte Amiel von Architekt Bachofen die Schlüssel zu den neu erbauten Wohnungen überreicht erhalten.

Der Abschluss eines Kapitels? Oder der Beginn eines neuen?

DEZEMBER

Die Fäden verknüpfen

Im Dezember warf das neu aufgebaute Elternhaus zum ersten Mal seit fast einem Jahr wieder einen Ertrag ab. Amiel konnte die Halbjahresmiete der neuen Bewohner einziehen. Ob der Herr Dozent persönlich bei den Zuzügern an der Rue du Cendrier vorsprach oder eher seinen Treuhänder Pétellat mit dem nüchternen Geschäft beauftragte, wird nicht ganz klar. Aber so häufig war in diesen vergangenen Wochen die Rede von Einkünften und Ausgaben, von Budgets und Lebenskosten, dass das Thema Geld auf den Tisch muss, übrigens ganz im Sinne von Louise Wyder.

Die praktische Seite zuerst: Für das Begleichen der Miete gab es weder eine Banküberweisung noch die Einzahlung per Post. So wie bei fast allen finanziellen Transaktionen der Zeit wurde bar abgerechnet. Für Amiel und seine Zeitgenossen war Geld sehr viel mehr als die Zahl auf einem Kontoauszug. Es war physisch gegenwärtig, als Rolle von Gold- oder Silbermünzen, als Kleingeld, das in einem Lederbeutel mitgeführt wurde. Zwar existierten um 1860 bereits Banknoten, dies seit etwa zehn Jahren, ausgestellt etwa von der *Banque de Genève* oder der *Banque du Commerce*. Aber wer solche Noten in einer anderen Landesgegend oder gar im Ausland einlösen wollte, handelte sich Schwierigkeiten ein: Nur bestimmte Partnerbanken zahlten den vollen Gegenwert aus. Die übrigen Geldinstitute verrechneten eine Bearbeitungsgebühr von zwei oder drei Prozent, ganz zu schweigen vom Händler an der Ecke oder vom Schalterbeamten bei der Pferdepost, die beide klingende Münze sehen wollten. So gross war das allgemeine Misstrauen im Volk, dass im ganzen Land bloss für knapp 15 Millionen Francs Notengeld kursierte – ein winziger Bruchteil des gesamten Geldumlaufs.

Amiel führte je ein Konto bei den Bankiers Lenoir und Goetz; mit Goetz unterhielt er freundschaftliche oder zumindest gesellschaftliche Beziehungen. Das Jahresgehalt von der Akademie (2000 Francs, wie gesehen) wurde *en bloc* einbezahlt. Nirgends findet sich eine Umrechnung in ein Monats- oder gar Wochengehalt, so wie auch Amiels Beitrag an die Haushaltskosten der Nummer 99 einmal jährlich beglichen wurde. Beim Buchhändler, wahrscheinlich auch beim Schneider und Papeteristen führte Amiel ein Jahreskonto; offensichtlich galt er als verlässlicher und solventer Kunde.

War er das? Das in Wechseln, Aktien und Gläubigertiteln angelegte ererbte Vermögen Amiels lässt sich mit Hilfe des Jahresertrags grob schätzen. Dieser lag bei 2500 Francs, das gesamte Vermögen demnach bei rund 75 000 Francs: Amiel liess einen Grossteil seiner Gelder ungenutzt beim Bankier liegen und begnügte sich hier mit einer Zwei-Prozent-Rendite. So wie viele Intellektuelle fand er es schade für jede Minute, die für Geldangelegenheiten draufging, reute ihn die Zeit. Sich um eine Gehaltserhöhung zu verwenden wäre ihm als Gipfel der Peinlichkeit erschienen – mit dem Resultat, dass ihm die Akademie seit seiner Anstellung vor elf Jahren den immer gleichen Lohn bezahlte. Ein besonderer Gräuel war dem Autor die Rückzahlung von Anleihen oder Obligationen. Das hiess, sich mit den Bankiers zusammen um eine Neuanlage kümmern zu müssen: verlorene Zeit! «Ich blicke bei diesen finanziellen Angelegenheiten nicht durch und weiss nicht genau, wo ich stehe.» So wie vielen heutigen Finanzlaien lagen ihm auch die Mustertabellen der Bankiers auf dem Magen, nach denen sich eine richtig gehandhabte Anlage im Verlauf von 20 Jahren eigentlich verdoppeln müsste. Wieso traf das in seinem Fall nicht zu, nicht im Entferntesten? «Mein Vermögen sollte spürbar anwachsen, aber irgendwo gibt es ein Leck, fliesst Geld ab.» Dass er sich persönlich um bessere Renditen bemühen müsste, hielt ihm vor allem Goetz eindringlich vor; Amiel schob entsprechende Massnahmen auf die lange Bank der unerfüllten guten Vorsätze, wo sie einer Vielzahl von einst hoffnungsvoll skizzierten Vorhaben Gesellschaft leisteten. Die zwei Prozent waren «ein reines Geschenk des kleinen Zinsbezügers an die Reichen», so weit sah er klar. Aber folgte er ausnahmsweise den Ratschlägen von Goetz, verwirrten ihn die Bankauszüge: «Bei diesem ewigen Wechselziehen und all den Ausschüttungen weiss ich nie, wie viel ich im Jahr verdient oder eingespart habe.» Trotz gelegentlichem Brummeln genügte ihm im Grunde das Fazit: «Ich sehe *grosso modo*, dass ich nichts verliere und die Aktiven wachsen.»

Geld war zeitraubend, Geld kostete zu viel.

Zu Hause im Schreibtischfach sammelten sich Beträge an, die eigentlich aufs Bankkonto gehörten: Zeitungshonorare, persönlich überbrachte Zinsen von Schuldnern, das Honorar für die Literaturlektionen im Mädcheninstitut der Damen Maunoir. Und hier handelte es sich, wie erwähnt, vorab um Münzen: die grösseren Beträge in Münzrollen, beispielsweise 20 Fünf-Francs-Stücke in starkes Papier gewickelt und mit Wachs versiegelt. Monetäre Einheit war der Schweizer Franc, den es seit der Münzreform von 1850 gab: eine fünf Gramm schwere Silbermünze mit einem Feinheitsgrad von 900/1000. Daneben existierten Kurantmünzen zu 5, 2 und ½ Francs, weiter Scheidemünzen zu 20, 10 und 5 sowie Kupfermünzen zu 2 und 1 Rappen. Auf eigene Goldmünzen – und damit auf eine Doppelwährung – hatte die Reform verzichtet. Da aber nicht genügend Silbergeld bereitlag, war in der ganzen Schweiz ausländisches Silbergeld im Umlauf, vor allem der französische Franc. So wie der belgische Franc und die Lire des Königreichs Sardinien hatte er den gleichen Nominalwert wie der Schweizer Franc und waren auch überall anzutreffen: Mehr als vier Fünftel aller umlaufenden Stücke stammten aus dem Ausland!

Seit Anfang 1860 galten auch die französischen Goldmünzen und gleichwertige Stücke anderer Staaten als gesetzliches Zahlungsmittel. Am Geldalltag änderte sich damit nichts. Denn schon seit Stellenantritt an der Akademie hatte Amiel sein Gehalt vorwiegend in Gold- oder Silbermünzen ausländischer Prägung ausbezahlt erhalten, beispielsweise in Form von fünf Rollen mit 20-Francs-Stücken. Eine ärgerliche Neuheit war, dass jetzt auf den jüngeren französischen Münzen das Profil des verhassten Napoleon III. prangte. Der Mann, der Amiel als Verräter an der so verheissungsvoll begonnenen Republik galt, begleitete jetzt jede grössere finanzielle Transaktion – ein Graus!

Die ersten landeseigenen Silbermünzen zeigen auf der Vorderseite eine sitzende Helvetia vor einem Berggipfel. Nach links gewendet deutet die Landesmutter mit ungelenk wirkender Geste in eine unbestimmte Ferne; die Figur wird von Zeitgenossen gelegentlich als «Jungfer mit dem langen Arm» verspottet. Hinter dem Schild schauen aber auch die Handgriffe eines Ackerpflugs und ein Ährenbündel hervor. Helvetia schützt nicht nur die Ihren, sie ernährt sie auch.

Wie kann er selbst die Seinen ernähren – vorausgesetzt, dass die Umstände ihn mit einer passenden Partnerin zusammenführen? Seit einem Treffen mit Jenny steht die Summe von 7000 Francs im Raum. Ende September ist er mit der Cousine das Budget für ihr Pensionat durchgegangen und hat das Ergebnis auf seine Verhältnisse umgerechnet. Mit weniger als 7000 Francs im Jahr, so ist ihm jetzt klar, wird er nie und nimmer einen standesgemässen Haushalt führen können. An eine Frau ohne Mitgift darf er nicht einmal denken.

Jetzt, wo er sich für sein Amt als Trauzeuge von Marc Monnier vorbereitet, scheint ihn alles in diesen Überlegungen zu bestärken. Der alte Freund stammt aus soliden bürgerlichen Verhältnissen, auch wenn seine Herkunft als Hoteliersohn aus Neapel für einen etwas buntscheckigen Anhang an der Feier sorgen wird. Dafür gehört Marcs Verlobte, eine Demoiselle Dufour, zur Schicht, die Amiel «gutes altes Genfer Felsgestein» nennt. Amiel lernt sie am ersten Dezembersonntag kennen, wie man im Haus der Monniers die Einzelheiten der Trauung durchspricht: eine lebhafte junge Frau, zupackend, anmutig und mit Stil. Unbehelligt von Gedanken darüber, was dieses und jenes kostet. Nie wird sie sich zusammen mit ihrem Gatten hinsetzen müssen, Bleistift und Papier in der Hand, um über die Anstellung einer zweiten Köchin oder Kammerjungfer zu befinden. Ist dieser solide Hintergrund nicht geradezu Voraussetzung für all das, was er, Amiel, an der jungen Hélène Dufour so anziehend und begehrenswert findet? Die

Anmut der Selbstverständlichkeit, dieses Ruhen in sich selbst, das jeglicher Art von Charme zugrunde liegt.

Etwas davon besitzt auch Marie Favre. Das zeigt ganz deutlich der Spaziergang, den der Autor und sie am Dienstag vor der Trauung machen – «auf schmutzigen Wegen, aber bei passablem Wetter». Gleichsam zur Vorbereitung auf die kommende Feier erzählt Marie von ihrer eigenen Hochzeit, von den so schnell verflogenen Illusionen, als sich die wahre Natur des Gerbers zeigte. Aber mit keinem Blick, keiner Geste deutet sie an, dass sie sich von ihrem Vertrauten einen gemeinsamen und glücklicheren Schritt dieser Art erhofft. Marie beteuert, ihm ihre Zuneigung erhalten zu wollen, was immer passiert, ohne jede Verpflichtung für ihn. Was die gemeinsame Erfahrung in der Mansarde am Petershof betrifft, so behält sie auch dieses «Verströmen und Selbstvergessen» in liebevoller Erinnerung. Kurz: Sollte Amiel die passende Partnerin, den passenden Rahmen für eine Ehe finden oder aus anderen Gründen auf weitere Treffen mit ihr verzichten, so will sie sich zurückziehen, ohne Groll. Sie hat gefunden, was sie suchte, sie erhebt keinen Anspruch auf mehr. Man plaudert noch von allerlei Dingen – von Maries Testament, von Tagträumen und nächtlichen Träumen, neuen Büchern, von Amiels bevorstehenden Vorlesungen im Stadthaus, denen sie natürlich folgen wird. Dann verabschiedet man sich, man wird sich in diesem Jahr nicht mehr begegnen.

Amiel ist gerührt. «Von der Rose der Freundschaft zwischen Frau und Mann hat X die Dornen beseitigt. Das erste Mal, dass mir das passiert. Weshalb? Weil sie logisch denkt und mutig ist und meine Freiheit anerkennt (...).» Ohnehin ist er leicht zu rühren in diesen letzten Tagen. Die bevorstehende Hochzeit des langjährigen Freundes macht ihn empfänglich für alle Eindrücke ehelicher Behaglichkeit. Selbst ein Abend bei den Stroehlins mit einer Laure in kuscheliger Schmuselaune lässt ihn den Doktor beneiden, weckt in ihm eine weiche Sehnsucht nach Zutraulichkeit, Hingabe, Sichanvertrauen. Die Zweisamkeit, die der Freund Marc Monnier und seine Hélène gefunden haben, scheint ihm wie ein gemütliches Feuer im Kamin, das Zuneigung und Vertrauen verströmt. Eheleute, die sich duzen! Vertrauliche Gespräche über alles, was einem durch den Kopf schiesst! Sich auch einmal hilfsbedürftig, ja schwach zeigen dürfen!

Und was hindert ihn selbst denn daran, von allen praktischen Erwägungen und vom leidigen Jahresbudget mit seinen 7000 Francs einmal abgesehen, sich einen solch flauschigen, kuscheligen Kreis zu schaffen? Zwei Dinge sind es, wie er glaubt. «Das Schlimme ist, dass ich mich davor schäme, etwas oder jemanden zu brauchen, dass mich meine Schwäche, meine Zärtlichkeit und meine Abhängigkeit erröten lassen, vor allem aber, dass ich weder Tatkraft noch Zuversicht besitze.»

Die Hochzeit Monnier-Dufour, am zweiten Dezemberwochenende gefeiert, versetzt Amiel in Staunen. Rührung, überströmende Gefühle oder auch nur gewöhnliche Nervosität – nichts von alledem ist zu spüren. Hat auch hier jemand die Dornen von den Rosen geschieden? Amiel, der zusammen mit einem weiteren Freund auf dem Standesamt seine Unterschrift leistet, hätte sich die Eröffnung einer Galerie oder das Jubiläum eines erfolgreichen Handelshauses ganz ähnlich vorstellen können. Fröhliche Mienen, gesellige Gesichter überall, ein lockerer und tatendurstiger Bräutigam. Am meisten bewundert er Hélène Dufour, die strahlende Selbstverständlichkeit in Person. Völlig locker, völlig unbefangen tritt sie vor den Standesbeamten. «Es ist unmöglich, auf noch natürlichere Weise von einem Zivilstand in den anderen zu wechseln; sie wirkt, als sei sie seit zehn Jahren verheiratet. Als Verlobte gab sie sich ebenso selbstverständlich.» Welch einzigartige Frau! Wenn Hélène bei einem Schritt wie diesem keine Bewegung zeigt ausser ihrem unerschütterlichen Frohmut – was um Himmelswillen wird diese Frau denn je überwältigen oder zumindest feierlich oder ernst stimmen? Eins spürt Amiel: Diese junge Frau wird ihren Mann und ihr Heim lieben, so als habe sie ihr Leben lang nichts anderes gekannt. «Das ist der Vorteil, wenn man die Dinge so nimmt, wie sie kommen, ganz einfach.»

Und doch, und trotzdem ... an eben diesem Freitag ist von Louise Wyder ein vor langer Zeit ausgeliehenes Manuskript zurückgekommen, zusammen mit ein paar einfachen Zeilen. Sie haben Amiel daran erinnert, dass er selbst Abschied genommen hat, während sich der Freund für immer bindet. Er wünscht dem Freund alles erdenkliche Glück, er weiss ihn in den besten Händen ... aber: Wurde und wird Marc so leidenschaftlich geliebt, wie ihm selbst das widerfahren ist, und aus so zartem Herzen? Amiel zweifelt daran, er kann nicht anders. «Diese Erinnerung richtet mich in meinen eigenen Augen ein wenig auf. Denn man hält nicht viel auf sich, wenn niemand etwas von einem hält.»

Ein verräterischer, ein verdächtiger Passus; er soll hier noch zur Sprache kommen. Es folgt die kirchliche Trauung vom Samstag, auch sie natürlich im Beisein der Trauzeugen. Hier brechen nun doch die Gefühle durch, die am Vortag im Standesamt keinen Platz gefunden haben. Die Braut ist sichtlich aufgewühlt, ebenso die nächsten Verwandten, und wie zu erwarten schlägt das Gefolge aus Genua eine eher ländliche Tonart an. Daran schliesst sich die Kutschenfahrt zum Haus einer befreundeten Familie, die den Festtrunk offeriert, dann der Abschied der Frischvermählten, die zu ihren Flitterwochen nach Genua aufbrechen. Auch hier wieder Tränen, schluchzende Umarmungen, die gefühlvollen Szenen, die Amiel am Vortag vermisst hat. Als scheinbar hartnäckiger Junggeselle muss er sich die erwarteten Spässe, Ermahnungen und Prophezeiungen anhören. Sein Freund Marc gibt ihm höchstens anderthalb Jahre, um seinem Beispiel zu folgen; Madame Monnier versteigt sich zur Behauptung, spätestens in zwei Monaten sei es auch bei Amiel so weit.

Anders als am Vortag bleibt die Hochzeit des Freundes aber eher Episode: ein reich befrachteter Samstag! Am Morgen hat Amiel seine Vorlesung zu halten, eine Lektion über Pythagoras; sie gerät ihm nur mittelmässig. Abends eröffnet das Konservatorium die Saison mit einem fast zweistündigen Konzert. Viel zu lang für ihn, dazu ebenfalls mittelmässig ausgeführt, und dabei hat er sich verpflichtet, die Besprechung für das *Journal de Genève* abzufassen. Der Musikdirektor ist sein Freund und Schachpartner, viele der Ausführenden sind gute Bekannte – wie soll er sich nun wieder aus diesem Dilemma herauswinden?

Und als wolle der Tag hartnäckig auf dem Thema Eheschliessung beharren, kommt er im Konzert neben Louise Hornung zu sitzen. Gewiss – er hat eine übrig gebliebene Karte an die Hornungs geschickt, aber er hat eigentlich eher mit Freund Joseph oder dem alten Maler gerechnet. Dass die zurückgewiesene Louise die Konfrontation wagt und neben ihm und Fanny Platz nimmt – was bedeutet es? Fügt sich Louise ins Unabänderliche und bemüht sie sich, so schnell wie möglich eine gelassenere Tonart für ihre Beziehung zu finden? Sie sieht gut aus, «ihre Musenfrisur stand ihr ausgezeichnet». Oder hat sie das Kartengeschenk als geheimen Wink aufgefasst? Glaubt sie, der Umworbene habe sich umbesonnen, klammert sie sich an den redensartlichen Strohhalm?

Amiel glaubt eher an die Selbstbescheidung, an den neutralen Neubeginn. «Tröstet sie sich mit ihrem Opfermut oder mit ihrem Stolz? Jedenfalls war ihr Ausdruck teilnehmend und ohne Bitterkeit.» Mit Blicken und Gesten scheint die Sitznachbarin zu zeigen, sie habe sich mit seinen tröstenden Zeilen abgefunden. Kein «Retten Sie mich vor der Verzweiflung!» mehr, und dass sie die Steine beneidet, auf die sein Fuss tritt ... niemand ausser ihnen soll je von diesen Worten erfahren. «Aber ich werde ihr nichts dergleichen sagen, denn eine Frau, die sich verstanden sieht, glaubt sich allein durch dieses Verstandensein schon geliebt und gibt sich diesem Gefühl vollständig hin. Aus Barmherzigkeit, Zuneigung und Menschlichkeit ist es besser, sich begriffsstutzig oder gleichgültig zu geben.»

Wie sich schon bald zeigen wird, kommt Amiels Erleichterung zu früh. Anders als er wird Louise Hornung die schwarzen Falter der Schwermut nie ganz los. Zwei Monate später wird sie einen dramatisch aufgezogenen Selbstmordversuch inszenieren. Er missglückt; später wird die verschmähte Frau den einstigen Freund über Jahre hinweg verfolgen, mit hartnäckiger Feindseligkeit: Ausstreuen böswilliger Gerüchte, Brüskieren in Gesellschaft.

Wenige Tage nach dem Konzert begann es zu schneien, und der Schneefall hielt während fast einer Woche an. In der ersten

Schneenacht wachte Amiel über einem Peitschenknall in den dunklen Strassen auf und sah erstaunt durchs Fenster die Dächer der Nachbarhäuser weiss schimmern. Danach blieb er dösend liegen, hörte die Turmglocken schlagen, die ganzen, die halben, die Viertelstunden.

«Unsere Buben sind ausser sich vor Freude.»

Meldet das Journal je Genaueres über all diese Dinge? Über Fuhrwerke auf dem eisigen Pflaster, über Schneepflüge oder schaufelnde Hausmeister, über verschneite Gassen der Altstadt, über Schneekappen auf Brunnen und Marktbuden? Nein. Suchten die Buben ihre Schlitten hervor, rutschten sie über die steilen Altstadtgassen? Gab es schon Kinderschlitten? Keine Auskünfte.

Weshalb bleibt die Stadt – abgesehen vom poetischen Knospen der Bäume in der Treille oder den Bastions – so ganz ohne Gesicht, ohne Kontur, ohne Details? Ohne malerische Ecken, Drehorgelmänner oder kühn geschwungene Brücken? Einmal mehr ärgern wir uns über diesen Mann, für den alle Dinge des praktischen Lebens auf eine zweite oder dritte, jedenfalls untergeordnete Ebene gehören.

Zum Beispiel: Der Neubau an der Rue du Cendrier war vor ein paar Tagen abgeschlossen worden – wie sah das Haus aus? Wie fügte es sich ein in die Strasse, in das Quartier zwischen Bergues und Pâquis? Hier war der Architekt Bachofen seit Jahren am Werk; undenkbar, dass er seinen Kunden Amiel und Guillermet nicht immer wieder vorschwärmte von den städtebaulichen Möglichkeiten, von den Visionen eines zukünftigen Genf, die sich hier auftaten. Das alte Schanzenwerk zwischen rechtsufriger Stadt, See und Rhoneufer niedergerissen, die Gräben aufgefüllt! Der Schanzenstern am Ende der Cendrier-Strasse: geschleift! Ebenso die Bastion du Chantepoulet: niedergerissen, eingeebnet! Mit dem Abbruchmaterial neue Quais und Plätze aufgefüllt, den neuen Hafen vor dem Pâquis angelegt! Vier grosse Kräne installiert, die mit Dampfkraft Steine und Baumstämme entluden! Die Buden und Kneipen entlang der Rhone niedergerisssen und Geschäftsblocks errichtet, Hotels und Kaufhäuser!

Ganz zu schweigen vom Bahnhof im Cornavin, im Vorjahr eröffnet. Den Bahntrassees, den Gleisanlagen, dem Güterbahnhof. Zu schweigen vom zweiten Hafen vor Eaux-Vives, vom Leuchtturm, der mitten in der Rhone stand. Amiels Freund Elie Wartmann, der Physikprofessor, hatte dafür ein neues Leuchtsystem entwickelt, einen Voltaischen Bogen (er wurde 1859 in Betrieb gesetzt und musste mit Gasbrennern ergänzt werden). Zu schweigen von der Flotte von Schaufelraddampfern, die sich jedes Jahr vergrösserte und die Fremden brachte, zu schweigen vom Quai du Mont-Blanc und der Promenade des Alpes, die die Stadt weit über die alten Schanzenbauten herausführten.

Auch wenn das Journal nichts darüber meldet: Seit der Jahrhundertmitte, seit Beginn der Ära Fazy hatte Genf sein Gesicht verändert wie zuvor nicht in Jahrhunderten. Mitten in der Rhone stand jetzt ein Wasserwerk, die *machine hydraulique*. Sie pumpte, schöpfte und verteilte das Flusswasser auf dutzende von Brunnen am linken und rechten Ufer. So würde das Genf der Zukunft aussehen, das jetzt im Entstehen war: eine Stadt, die über ihren Fluss hinweg zusammenwuchs. Bereits jetzt, im Dezember 1860, zeichnete ein Ingenieur namens Daniel Chantre an den Plänen für eine fast 300 Meter lange Brücke. Sie würde zwei Ufer der Stadt verbinden, die es noch gar nicht gab. Sie würde die Stadt vorrücken lassen, auf Kosten des Léman, und sie würde den Blick freigeben auf den Berg, das Gebirge, das so viele Fremde herlockte: den Mont-Blanc!

Die Mont-Blanc-Brücke sollte zwei Jahre später eingeweiht werden. Damit war den Dampfern der Weg zum Pont-des-Bergues versperrt, wo sie bis anhin angelegt hatten, mitten in der Stadt, ganz nahe bei den Sehenswürdigkeiten. Ein weiterer Punkt, bei dem uns das Journal im Stich lässt: Was war an Genf, in Genf sehenswürdig? Seit wann gab es Fremde, die hierherfanden, um zu *schauen*? Hatten sie die *Cloches de Genève* im Ohr, aus den *Années de pèlerinage* von Liszt? Seit wann war die Stadt der Bankiers und Uhrmacher *romantisch*?

Wir wollen uns hier nicht zu lange aufhalten. Aber gerade in den Jahren, als die Stadt sich gleichsam von aussen her neu definierte und ihre breiten, zugigen, nüchternen Quais errichtete, dazu die mächtigen Häuserblocks von sechs und acht Stockwerken – gerade jetzt entdeckte ein Maler das verwinkelte, das schummrige Genf. Antonio Fontanesi war um 1850 von Reggio Emilia nach Genf gezogen; einige Jahre später gab er eine Serie von Lithografien heraus: *Intérieur de Genève*. Keine Dampfer, keine Quais und Promenaden wie auf den gängigen Veduten, die man wie Postkarten kaufte, sondern hier wurde die Stadt von innen her besichtigt: die kleinen Brücken, die winkligen Plätze, die steilen Gassen. Fontanesi zeichnete Marktstände und Schuhputzer, Herren in Zylindern, ein Paar auf einer Bank im Treille-Park, einen verlassenen Handkarren und eine Droschke, die sich durch eine enge Gasse zwängt. Den Platz vor Saint-Pierre, Kirchgänger nach der Predigt; mit Staunen stellen wir fest, dass der ganze Platz mit Bäumen bestellt ist. So wie das verwinkelte Mietshaus im Hintergrund dürfen wir uns die Nummer 99 vorstellen, überhaupt kommt uns der verquere Gedanke, Fontanesi habe im Hinblick auf eine zukünftige Ausgabe des *Journal intime* schon einmal die wichtigsten Schauplätze festgehalten.

Ein besonders eindrückliches Blatt Fontanesis zeigt das Innere der Kathedrale während eines Gottesdienstes. Mehrere Kirchgänger stehen, trotz Predigt; auch Amiel blieb gelegentlich hinter den Bänken stehen, so als gehöre er als einer der nächsten Anwohner gleichsam «dazu» und lasse den Auswärtigen den Vortritt. Einige Male im Jahr stand auch Franki auf dieser Kanzel, oder dann einer seiner Amtskollegen, die sich gerne zum Souper an der Nummer 99 einfanden.

Am zweiten Dezembersonntag hält ein einstiger Schüler Amiels die Predigt – ein Fiasko! Noch unbarmherziger als nach anderen Gottesdiensten analysiert Amiel die Kanzelbotschaft nach Aufbau, Stil, Wortwahl und Schlüssigkeit. Glaubenseifer und christliche Herzenswärme sind spürbar – «wenigstens das! Denn es ist unmöglich, in Sachen Geschmack noch eindeutiger zu entgleisen: sprachlich unsauber, unzusammenhängend, zweideutig, nachlässig formuliert, voller Schnitzer und schiefer Bilder.»

Amiel ist entsetzt. Bei Schlampigkeit im Sprachlichen und Gedanklichen zieht sich nicht nur alles in ihm vor Peinlichkeit zusammen. Er fühlt sich regelrecht bedroht, und dies nicht nur während einer unbeholfenen Sonntagspredigt. «Da ich schwach und leicht beeindruckbar bin, ist dieses Gebrabbel für mich gefährlich und ansteckend. So fügt mir meine Schwester Fanny unwillentlich Schaden zu, was mir immer stärker bewusst wird: die Schnitzer, Versprecher, Ausrutscher und Rundumschläge, die ihr dauernd unterlaufen, unterhöhlen bei mir jede Sicherheit und Genauigkeit im Sprechen. Am Schluss werde ich stottern mit den Stotterern, denn ich stammle schon jetzt mit den Zögerlichen. Ich lasse mich unterwerfen und betäuben, ja hypnotisieren von den Nächsten, weil ich selbst keine Ausstrahlung habe, keinen Willen, keinen Charakter.»

Die Aussicht, als Stotterer und Stammler dazustehen, wirkt umso bedrohlicher, als er jetzt endlich – endlich! – die Vorbereitungen für die zehn Lektionen im Stadthaus vorantreiben muss. Er ist unrettbar im Rückstand, er stellt am 14. fest, dass ihm pro Lektion nur gerade noch zwei Tage des Sammelns und Formulierens bleiben. Und Vorbereiten heisst hier: den Stoff von innen her durchdringen, bis er ihn im Plauderton aufbereiten kann, in scheinbarer schwungvoller Improvisation! Notizen als Gedächtnisstütze lässt man bei dieser Art Vorlesung gerade noch durchgehen, und auch nur, wenn sie der Redner unauffällig konsultiert. Aber ablesen gilt nicht, das zeigt sich am warnenden Beispiel des Kirchenhistorikers Etienne Chastel. Chastel liest schon seit November, über Märtyrer und Märtyrerglauben, zweifellos interessant, aber die Leute laufen ihm davon: «Das Auditorium hat sich merklich verkleinert, zweifelsohne weil er *liest*.» Wer abliest, redet nicht, und das Genfer Publikum will schwungvolle, mitreissende, begeisternde Redner.

Und wie behilft sich ein Redner, der feststellt, dass sein Gedächtnis ausfranst, ja völlig durchlässig geworden ist? Zwar hat Amiel seit Monatsbeginn das eine und andere einschlägige Werk zu *langage et langue maternelle* durchgelesen, hat Notizen gemacht und Auszüge kopiert. Aber was hilft ihm das, wenn er die Notizen nicht mehr findet, wenn überhaupt in seiner ungeordneten Bibliothek Bücher, Hefte und ganze Dossiers vorübergehend verschwinden und erst nach mehrmaligem Umschichten verschiedener Stapel wieder zum Vorschein kommen? Wenn es doch mit dem Gedächtnis hapert, so wirft er sich vor, weshalb bringt er es dann nicht fertig, wenigstens seine Notizen, Manuskripte und kleinen Drucksachen in Schachteln abzulegen und das Ganze mit einem Inhaltsverzeichnis zu erschliessen? So wie er das anderswo gesehen hat, so wie das seine Freunde Hornung und Heim handhaben? Kein Gedächtnis, keine Ordnung, dazu all die Stunden, die beim Suchen verloren gehen, ganz zu schweigen von der Zeit, die er darauf verschwendet, sich im Journal wortreich über eben diese Unordnung zu beklagen – wo soll das enden?

Am 17. ist er so weit, dass er alte Hefte aus seiner Gymnasialzeit hervorkramt, in der Hoffnung auf einfache und einschlägige Formulierungen. Den ganzen Tag schleicht er in Gedanken um die Eröffnungslektion herum, schiebt Ideen und Fakten so lange hin und her, bis sie völlig unkenntlich geworden sind. Am Abend steht noch nicht einmal das Gerüst für diese ersten sechzig Minuten. Panik überfällt ihn: Er weiss nicht genug für eine, geschweige denn für zehn Lektionen.

«Meine blauen Teufel verfolgen mich», hält er abends fest. «Alle meine Hoffnungslosigkeiten multiplizieren sich gegenseitig.» Er wird sich blamieren, vor einem Auditorium, in dem *tout Genève* vertreten ist. Vorübergehend der Gedanke an Selbstmord: «Gestern hat er mich an der Gurgel gepackt und mein Herz zusammengepresst.» Er kann nicht mehr schlafen, und das Lampenfieber befällt ihn jetzt auch bei den Vorlesungen an der Akademie. Hinter dem Rednerpult fröstelt er vor Nervosität, seine Zähne klappern, die Worte kommen nur noch dickflüssig.

Auch eine Krankheit käme ihm jetzt wie eine Erlösung vor.

Das letzte Mal hatte er Louise Wyder am 1. Dezember gesehen; zusammen mit Madame Wyder hatte sie ihn mit niedergeschlagenem Blick und verhärmter Miene auf der Strasse gekreuzt. Trotzdem hatte er einen Anflug von Erleichterung verspürt, denn irgendjemand hatte ihm zugetragen, Louise sei erkrankt, schwer erkrankt.

Mit jedem Tag, der seit seinem Abschiedsbrief verstrich, seinem dutzendseitigen Abschieds*dossier,* wuchs die Chance, dass Louise die Unmöglichkeit einer Beziehung akzeptiert und seine Sicht der Dinge begriffen hatte, dass er sich zwar nicht erleichtert zurücklehnen, aber immerhin hoffen durfte, sie beide hätten die Trennung nun mit einigem Anstand hinter sich gebracht. Amiels ausführliche Rechtfertigung war am 13. November – dem Unglücksdienstag! – am Boulevard des Tranches eingetroffen. Jetzt, in der dritten Dezemberwoche, durfte er wohl annehmen, dass keine weitere Reaktion von Louises Seite mehr zu erwarten war. Ihr Stillschweigen bedeutete nicht Einverständnis, das war zu viel erhofft, viel eher Entsagung, Verzicht, Resignation. Sie würde damit leben lernen, so wie er sich selbst mit dem ständig weiter eiternden Zweifel über die Richtigkeit seines Handelns abfinden musste. Und wer konnte schon wissen … vielleicht endete dieser Prozess in gütigem gegenseitigem Verzeihen.

Fritz täuschte sich in Louise, einmal mehr.

Der Brief, der am 20. Dezember an der Cour de Saint-Pierre eintraf, war ein einzigartiges Dokument. Nicht nur seiner Länge von 18 dichtbeschriebenen Seiten wegen, die auch in Druckschrift noch über acht Buchseiten füllen. Vor allem war er eine meisterhaft aufgebaute und brillant formulierte Anklageschrift. Punkt für Punkt griff Louise die vermeintlich abschliessenden und endgültigen Argumente Amiels auf, wies ihre inneren Widersprüche nach, konfrontierte sie mit gegenteil lautenden Zitaten aus Briefen oder Gesprächen und warf sie dem Absender gleichsam wieder vor die Füsse. Sätze oder ganze Abschnitte aus einstigen Briefen und Kopien aus ausgeliehenen Tagebuchheften trugen das entsprechende Datum. Selbst aus eigenen Briefen wusste Louise wortgenau zu zitieren, konsultierte dabei wohl ihre Entwürfe.

«Es stimmt, dass ich Ihnen am 6. August 1859 riet, sich zu verheiraten. Aber wie haben Sie diesen Ratschlag aufgefasst, wie haben Sie sich damals und seither verhalten? Ich lasse Sie selbst darüber urteilen. Da Sie um die Unverbrüchlichkeit meiner Liebe wussten, wäre es jedenfalls besser gewesen, die Beziehung nicht wieder aufzunehmen, mir nicht mehr zu schreiben, anders als Sie das taten. Dann wäre es auch nicht zu Besuchen gekommen, es hätte keine Gespräche gegeben, keine Briefe, kein ausgeliehenes Tagebuch und keinen Abgrund von Schmerzen. Ein weiteres Mal habe ich Ihnen vorgeschlagen, unsere Beziehung zu beenden. Damals fand ich noch den Mut dazu – meine Stellung war unhaltbar geworden. Sie weigern sich am 7. November und versichern mich Ihrer ‹zärtlichen Zuneigung›; am 30. November verlangen Sie dringlich eine Antwort auf den Brief vom 7. und bieten mir neue Hefte des Tagebuchs zur Lektüre an (Hefte, die nur von derjenigen gelesen werden sollten, die Sie dereinst als Ihre Gefährtin wählen würden).»

Natürlich war sich Louise bewusst, dass die so sorgfältig geführte Buchhaltung über die einstige Verstrickung ihre Beziehung nicht wieder zum Leben erwecken würde. Im Gegenteil brauchte sie die Einsicht, sie habe nichts mehr zu verlieren, um erstmals mit Klarheit und Mut zu argumentieren. Was Amiels angebliche Zurückhaltung betrifft, so kann sie mühelos Briefstellen zitieren, samt Datum und Briefseite, die vom Gegenteil zeugen. «Ich denke an nichts anderes als an Sie!», hat er schriftlich gefleht; "Um Himmelswillen, schreiben Sie mir, ich bin todtraurig!» Sie ruft ihm Zärtlichkeiten in Erinnerung, die nun gar nichts Geschwisterliches mehr an sich haben, sie sieht in der Zuflucht zum Ratschlag der Tante einen allerletzten Versuch, die unausweichlich gewordene Trennung nochmals hinauszuschieben. Denn ihre so gewissenhaft dokumentierte, über 18 Seiten ausgebreitete Chronik eines Abschieds beweist vor allem dieses Eine: Amiel hat über Jahre hinweg aus Unschlüssigkeit und Eigensucht mit ihren aufrichtigen Gefühlen gespielt. «Sie hatten weder den Mut noch die Kraft, eine zärtliche und angenehme Beziehung abzubrechen, die Ihnen so wohl tat. Sie konnten auf eine Zuneigung wie die meine nicht verzichten, weil Sie wussten, dass Sie nie wieder dergleichen finden würden. (…) Und dies nur, um sich ausgiebig und so lange wie möglich an der ganzen Süsse einer reinen, tiefen und ergebenen Liebe zu erfreuen.»

«Man hält nicht viel auf sich, wenn niemand etwas von einem hält», hatte Amiel erklärt, im gleichen Zusammenhang.

Und da nun schon einmal alle Hemmungen abgelegt waren und es kein Zurück mehr gab, schloss Louise mit einigen Argumenten der Kategorie «Das muss jetzt aber auch gesagt sein!» Was sollte zum Beispiel Amiels verletzender Hinweis, seine Zukünftige müsse auch von seinem Familienkreis fraglos akzeptiert werden? Waren sie, die Wyders, denn Hergelaufene? «Wenn Sie die gesellschaftliche Position anführen, so weiss ich nicht, ob Ihr Vater oder der meine die höhere Stellung innehatte und sich mehr Verdienste um das Vaterland errang – an Ihnen zu urteilen!» Überhaupt, Amiel sollte ruhig einmal wissen, was seine nähere und nächste Umgebung von ihm hielt. «Wie viele Male habe ich gelitten, wenn ich hörte (...), was man über Sie dachte»; jetzt durfte sie es endlich aussprechen. Nicht nur für Aussenstehende, nein auch für so genannte Freunde ist er, Amiel, «ein kalter, harter, herzloser Mann, falsch und stolz, anmassend und pedantisch». Einst habe sie darunter gelitten, wenn in ihrer Gegenwart solche Urteile fielen und sie, Louise, aus Diskretionsgründen nicht berichtigend eingreifen durfte. Jetzt aber sei sie sich nicht mehr so sicher: «Ihr Verhalten mir gegenüber scheint diese Meinungen nur allzu deutlich zu bestätigen und Ihren Feinden Recht zu geben – und unter diesen Begriff schliesse ich diejenigen ein, die sich Ihre Freunde, ja Ihre Nächsten nennen.»

Hatte Amiel in seinem Schlusssatz den Himmel beschworen, der über die langjährige Vertraute wachen möge, so bemühte auch Louise am Briefende eine feierlich klingende «Möge»-Formel, die allerdings nur wenig Bereitschaft zur Versöhnlichkeit zeigte: «Möge Gott Ihnen das Unrecht verzeihen, das Sie mir zugefügt haben, möge er uns beistehen und uns beschützen.» Was ihr weiteres Schicksal betreffe, so werde sie wohl im März eine Stelle in Beirut antreten, wohin man sie berufe. Ob sie dort, «in Asien», ihre Herzensruhe und die Freude am Leben wieder erlange oder den Rest ihrer Tage im Elend beschliesse, werde sich ja zeigen ...

Amiel blieb den ganzen Donnerstagabend über dem Schreiben sitzen, sieben Stunden, von fünf Uhr bis Mitternacht. Bezeichnenderweise hakte er beim Abschnitt über die unfreundlichen, ja feindseligen Urteile ein, die über ihn kursierten. Wie ernst sollte er das nehmen? Gab es denn überhaupt so viele gemeinsame Bekannte, dass sich eine solche Verallgemeinerung rechtfertigen liess? Und woher wollte Louise, die weder mit den Guillermets noch mit den Stroehlins auch nur je ein Wort gewechselt hatte, geschweige denn mit den Hornungs oder den Marcillacs – was wollte sie von falschen Freunden in seiner nächsten Umgebung wissen? Er beschloss, das Ganze auf das Konto von Louises Rachegelüsten zu setzen. Dies um so eher, als die Liste seine wahren Mängel und Laster vermissen liess: seine Zögerlichkeit und Trägheit, das unausrottbare Misstrauen gegenüber dem Schicksal und sich selbst.

Dass er Louises Schreiben als Ganzes so nicht stillschweigend hinnehmen würde, stand fest. Noch am gleichen Abend wurde eine Antwort aufgesetzt, fast durchwegs im fürsorglich-beratenden Tonfall eines nachsichtigen Oberpflegers gehalten: «Wenn Ihnen diese feindselige Rechtfertigung notwendig erschien, wenn Sie irgendeine Erleichterung in dem finden, was Sie als Akt der Gerechtigkeit empfinden – umso besser!» Nur zu, Louise sollte ihre Bitterkeit loswerden, ihrem gequälten Herzen Luft verschaffen; eines Tages würde sie einsehen, wie bitteres Unrecht sie ihm zugefügt habe. Und so grossmütig fühlte er sich angesichts ihres Leids, dass ihm die Worte leicht fielen: «Aus Hoffnung und aus Respekt für Sie gehe ich nicht auf Ihren Brief ein.» Es folgten einige praktische Hinweise: Selbstverständlich fordere er das noch ausgeliehene Heft des Journals zurück, auch bitte er um Rückgabe einiger seiner Bücher, die noch auf ihrem Tisch lägen.

Ein Gutes hatte das Schreiben: Seit Stunden hatte er nicht mehr an die stockenden Vorbereitungen für *Le langage et la langue maternelle* denken müssen. «Wenigstens habe ich das Damoklesschwert der drohenden Herausforderung im Januar vergessen können.»

Vor einiger Zeit, bei den Proben zur grossen Schiller-Feier, hat Amiel es erstmals mit Berufsschauspielern zu tun bekommen. Die

Leichtigkeit, die lässige Selbstverständlichkeit, mit der sie Routine und echte Empfindung auseinander hielten, hat ihn fasziniert, sie lässt ihn bewundernd schmunzeln. «Hier lassen Sie bitte das Dörfchen und die Dorfkirche herunter», tönte es auf der improvisierten Bühne; «hier bitte eine leidende Miene» … Wie schafften es diese Leute, gleichzeitig im Sein und im Scheinen zu leben und trotzdem zu funktionieren? Mit Tränen in den Augen vor ein Kirchlein aus Holzlatten und Leinwand zu treten? Desinvoltura, so nennt er ihre Gabe: das Nicht-verwickelt-Sein. Weshalb gelingt ihm selbst das nicht, wenn er vor Publikum steht? Beispielsweise könnte er Anekdoten gleichsam zur Seite legen, bemerkenswerte Fakten, schillernde Ideen. Und im richtigen Augenblick würde er sie aufheben, sie staunend betrachten, als sähe er sie zum ersten Mal, und dieses Staunen würde sich der Hörerschaft mitteilen …

Nur dass sein Talent in die umgekehrte Richtung geht. Das spürt er am Freitag nach Weihnachten, als die Arbeit plötzlich ein grosses Stück vorwärtsrückt. Auf einen Schlag füllen sich ihm die ersten drei Vorlesungen mit Inhalten, schafft er sich Luft, dringt er «von der Höllenangst des Chaos zur Freude des Gelingens vor». Was ihm dabei glückt, ist die grosse und generelle Übersicht, das Malen mit breitem Pinsel. Das farbige Detail, die kleine Pointe muss er fallenlassen, für sie reicht der Schwung nicht.

Dazwischen liegen Weihnachten und eine Fülle von Eindrücken. Am 22., nachdem der Brief an Louise abgeschickt wurde, mit den Altherren der Zofingia gefeiert, eine kleine Ansprache gehalten, sich über die eigene Steifheit und Schwunglosigkeit geärgert: «Meine Studenten reden viel besser als ich.» Am nächsten Tag in Saint-Pierre das Abendmahl genommen, zum ersten Mal seit über einem Jahr. Sich dem brüderlichen Fest der Busse und der Dankbarkeit hingegeben, den Himmel um einen Hauch von Hoffnung und Zuversicht angefleht, um Verzeihung gebeten für Kummer und Leid, die er den Nächsten zugefügt hat. Anschliessend Tante und Schwester Besuche abgestattet, sich zwischen den klingelnden Schlitten auf Strassen und Gassen durchgewunden. Abends ein eben erschienenes Werk über die Pfahlbauer durchgearbeitet, kleine Tabelle über die Reihenfolge der Kulturen erstellt, von Steinzeit zu Bronzezeit. Am ersten Weihnachtstag bei Musikdirektor Girard den Baum geschmückt, es werden insgesamt 26 Kinder erwartet. Mit Kindern und Eltern bei den Girards gefeiert, ein reizendes Geschenk von Marie Favre ausgepackt, eine Schreibmappe aus besticktem Samt. Vergeblich gehofft, nach dem Fest noch etwas arbeiten zu können. Am 25. allein vor dem Kaminfeuer eine Weihnachtsgeschichte gelesen und festgestellt, dass er bereits zwei Lektionen im Rückstand liegt, dann den Brüstleins in Basel einen Neujahrsbrief geschrieben. Vor dem Einschlafen dem Regen zugehört, der gegen die Fenster trommelt, über das Fuhrmannswetter gestöhnt, die 30 Zoll Schnee aus den letzten Tagen bedauert, die jetzt in Matsch zerfliessen. Was war heuer bloss los mit der fröhlichen, seligen Weihnachtszeit?

Noël, où est ton bon regard?

Vor einem Jahr hatte Amiel seine Päckchen aus weissem Papier mit rosa Schleifen bestückt und verschickt. Diesmal bereitete er 54 Briefchen mit guten Wünschen vor. In jedes Couvert kam noch eine Visitenkarte; die Sendung wurde am Silvesterabend aufgegeben. Bei der Visitenkarte handelte es sich offensichtlich um eine *carte-photo*, denn am Stephanstag sollte sich Marie ganz erfreut für den Gruss und das kleine Porträt bedanken. Die kleinen Kartons mit dem sepiafarbenen Porträt des Trägers auf der einen und der aufgedruckten Anschrift auf der anderen Seite waren in eben diesen Jahren gross in Mode gekommen. Die Damen des Hauses sammelten sie in einer flachen Schale, die im Vestibül stand, und nicht selten gingen sie die Fotos zusammen mit den Gästen durch. Amiels Visitenkartenporträt dieser Zeit hat sich in zwei Versionen erhalten. Der Fotograf, ein Sébastien Straub mit Atelier im fünften Stock eines Altstadthauses, hatte sich richtiggehend begeistert für den neuen Kunden, diesen Herrn Professor; laut Amiel war er «völlig hingerissen davon, wie gut sich mein Kopf für die Fotografie eigne».

Wie sah die Kamera, wie sah seine Umgebung den bald 40-Jährigen? Tatsächlich ein fotogenes Gesicht; was den Fotografen so an ihm einnahm, waren wohl die klar definierten Linien von Nase, Stirn und Brauen. Der Blick wirkte kühn, trotz tiefliegender Augen. Amiels Kurzsichtigkeit «verschluckte» den Blick keineswegs, sie gab ihm vielmehr einen bohrenden, nachdenklichen Charakter. Auf dem Porträt, das ihn in sitzender Stellung zeigt, wirkt Amiel gelassen und herrisch zugleich. Die Cousinen, Tanten und Bekannten, denen er eine Viererserie zur Beurteilung vorlegte, sahen ihn hier als «Staatsmann», *homme d'état*. Tatsächlich holte Amiel dutzende von Kommentaren zu den Sujets ein, bevor er die Vervielfältigung in Auftrag gab; ja er legte eine Liste an, wer welche Variante bevorzugte. Aufrecht sitzend, die Zipfel des Gehrocks artig an der Sessellehne vorbei drapiert, scheint sich der Staatsmann milde über die lange Belichtungszeit zu amüsieren. Einer Sache ins Auge blicken und dabei stillhalten, unbewegt bleiben – das hat er während Jahrzehnten geübt.

Für *L'homme d'état* sprachen sich aber nur gerade der Maler Hornung und zwei der kleinen Marcillac-Töchter aus. Ein zweites Sujet, ein Brustbild in der Amorce, hatten die Cousinen etwas spöttisch zum «Verschwörerbild» erklärt. Den Ausschlag gab hier wohl der undurchdringliche Blick, vielleicht auch die Tatsache, dass der Verschwörer einen Finger vielsagend an die Schläfe legte. Wer wollte, konnte darin aber auch einen Hinweis auf das sich lichtende Haupthaar erblicken: Der Finger tippte auf eine der Geheimratsecken, die sich im Vergleich zu früheren Porträts tatsächlich stark ausgedehnt hatten. Für den *conspirateur* sprachen sich Hornung junior und der Buchhändler Suès aus. Zwei weitere Varianten zeigten den sinnenden Poeten, mit gesenktem Kopf, *L'élégiaque*, weiter den eleganten Spaziergänger, *L'homme du monde;* auch sie fanden ihre Befürworter, vor allem in der Damenwelt.

Welches war der eigentliche Amiel? Der Staatsmann, der Träumer, der Verschwörer? Die Frage stellte sich Amiel selbst, als er in den letzten Adventstagen ein weiteres Mal über Nutzen oder Schaden des Tagebuchführens sinnierte. Zwar stimmte es, dass die täglichen Aufzeichnungen seine Leiden linderten, aber sie saugten auch seine guten Vorsätze auf, liessen sie in Worten zerfliessen, verschlangen Zeit und Energie. Er resümierte: «Der Aufwand an

Stunden, Leben, Gedanken und Kraft, der in diesen viertausend Seiten steckt – wurde er zum Dienst an Gott und an der Menschheit geleistet? Ist es ein Werk des Aufbaus, des Gebets, der Beschränkung, das dazu dient, gestärkt in den Kampf des Lebens zurückzukehren? Nur selten.» Aber davon einmal abgesehen: Wer zeichnete denn überhaupt als Protokollführer? Wenn Henri-Frédéric am Abend eines vertrödelten Tages über den Zeitverlust klagte und gute Vorsätze fasste, so hatte man es offensichtlich nicht mehr mit dem Trödler selbst zu tun, sondern mit einer wohlmeinenden Aufsichtsperson, einem Mann, der es besser wusste, der tadelte und mahnte. Was nun aber, wenn dieses bessere Ich seinerseits zur Räson gerufen wurde von einem weiteren Oberlehrer, der sich gegen die ewige Schreiberei wandte und dazu aufrief, endlich zu handeln, statt zu klagen und gute Vorsätze zu fassen? Der dabei aber nicht darum herumkam, sich ebenfalls der Tagebuchform zu bedienen?

Wenn sich alles im Kreis drehte, so fragte sich Amiel an diesem Adventstag, wenn die Schraube nicht fasste, wenn der Sprung von der Erkenntnis der eigenen Willensschwäche zu ihrer Überwindung nicht gelang – lag es daran, dass eine zentrale, unzerstörbare Bewegkraft fehlte? Gab es diesen Kern der Persönlichkeit gar nicht, diesen Mann am Steuerruder, den er auf den Seiten des Journals so gern zitierte? Beim Abfassen der täglichen Rechtfertigungen sahen sich zwei, drei Instanzen über die Schulter – aber welche davon war denn nun das erkennende und regulierende Selbst, der Kern der Persönlichkeit, *impérissable mobile* ... war all dies ebenfalls nur gedacht, nur eine Art Arbeitshypothese? «Unter dem Vorwand, dich selbst zu erforschen», hatte er einmal geschrieben, «fliehst du das Leben.» Aber gehörte nicht auch diese Einsicht wiederum zur Selbsterforschung? Und von wem stammte sie? Von einem weiteren Forscher?

Und welcher war der eigentliche Amiel?

Das Fuhrmannswetter hielt an. Am zweitletzten Tag des Jahres musste Amiel zum Schlafen mitsamt Matratze ins Studierzimmer ziehen, weil das Mansardenfenster offen geblieben war und der

Regen den Fussboden durchnässt hatte. In der Silvesternacht versammelte sich der ganze Familienkreis bei Cousine Andrienne, und dies in aufgeräumter, dankbarer Stimmung. Tante Fanchette, obwohl immer noch mit biskuitfarbenem Teint, war eindeutig auf dem Weg der Besserung. Nach der Rückkehr, und bevor er sich auf seiner Matratze niederliess, hielt Amiel die letzten Eindrücke fest: «Ich beschliesse dieses Jahr 1860 mit schwerem Herzen und beinahe mit Traurigkeit. Der Gedanke an jene, die meinetwegen leiden, ist einer der Gründe für diese Melancholie.»

Am nächsten Morgen hatte der Regen aufgehört. Wie schon im Vorjahr machte Amiel die Familienrunde. Er überbrachte Cousine Jenny und Schwester Laure seine Glückwünsche und wurde bei Tante Fanchette zum Mittagessen gebeten. Auf dem Rückweg an die Nummer 99 kam ihm die Stadt überaus lärmig und verwirrend vor, die Strassen voll von Marktständen und Possenreissern mit gelehrten Tieren: «überall Drehorgeln, Karussells, Quacksalber und dergleichen».

EPILOG

Promenade des Bastions

𝓔inige Schritte entfernt vom Pavillon, wo ich mir gerade noch den letzten freien Stuhl sichere, hat Amiel jeweils den Omnibus nach Cartigny bestiegen. Einmal stiess er unter den dicht gedrängten Passagieren unverhofft auf Marie Favre. Sie wartete verstaubt und schwitzend auf die Abfahrt und fächelte sich das Gesicht in der Mittagshitze. So ähnlich stellte sich Amiel den Morgen «danach» vor, die Ernüchterung beim Aufwachen, die glänzenden Nasen, die zerzausten Haare.

Meinen Blechpavillon mit dem lärmigen kleinen Ausschank und den paar Gartenstühlen im Kies gab es damals nicht, aber damals wie heute war die Place Neuve ein etwas unübersichtlicher Verkehrsverteiler zu Füssen der alten Stadt, mit Strassen in allen Richtungen. Park und Promenade scheinen sich ganz entschieden vom Strassenverkehr der Place Neuve abzugrenzen, mit einem meterhohen eisernen Zaun und einem mächtigen Portal. Auf unserer Seite herrschen Ruhe und Gelassenheit, heisst die Botschaft, hier bei uns wird gewandelt, geplaudert, wird promeniert. Amiel erholte sich in den Bastions, wann immer das Wetter es zuliess, beispielsweise an den knirschendkalten Nachmittagen im Januar 1861, als es die Rückschläge bei der Vorlesung im Hôtel de Ville zu verdauen galt.

Heute herrscht eine strahlende Sonne über Park und Promenade – einer dieser Frühlingsnachmittage voller Knospen, frischem Grün und Gezwitscher, wie sie das Journal immer wieder beschreibt. Ich bestelle am Ausschank einen Pastis, immer mit einem Auge auf meinem Gartenstuhl. Den Pastis bestelle ich zur Feier dieses letzten Rundgangs vor Ort, aber auch ein wenig wegen des hübschen Gleichklangs. Ein Pastis in den Bastions, vor mir ein

Freiluftschach mit fröhlich plaudernden Spielern ... Zeit, um die Fäden zu verknüpfen.

Wie ging es weiter? Den öffentlichen Vorlesungen im Januar hatte Amiel mit Grauen entgegengesehen. Sie endeten nicht gerade mit dem befürchteten Fiasko, aber schon in der zweiten Woche ging die Besucherzahl eindeutig zurück. Marie Favre, die er um eine Rückmeldung gebeten hatte, sprach zwar davon, wie das Publikum mit dem Redner zusammen an Sicherheit und Leichtigkeit gewinne und seine feine und verletzliche Geistesart zu schätzen wisse. Sie liess aber doch durchblicken, dass Amiel eindeutig zu schnell und zu leise spreche und die Stimme gegen das Satzende hin häufig absinken lasse. So wie befürchtet machte hingegen Victor Cherbuliez, der jeweils am darauffolgenden Wochentag las, einen wahren Triumphzug aus seinen Lektionen zur höfischen Literatur – ein mitreissender, schwungvoller Vortrag, der scheinbar aus dem Stegreif sein Thema entwickelte und in müheloser Perfektion eine einprägsame Formulierung auf die nächste türmte. Trotzdem ermutigte Marie, die beide Vortragsreihen besuchte, ihren Freund: «Um ebenso wie V. C. als Redner zu wirken, fehlt Ihnen nur ein Weniges an Ruhe, Gelassenheit, Sicherheit und Nachdruck im Vortrag.»

Zu den Literaturbeflissenen, die beide Redner vergleichen konnten, gehörte Sophie Moser. Tatsächlich verbrachte die reizende Millionärstochter vom Rheinfall einen Teil ihres Winterurlaubs bei den Damen Maunoir, in ihrem einstigen Genfer Töchterinstitut. Hatte Amiel nach dem kuriosen Besuch in Neuhausen die «so unglücklich verpasste Gelegenheit» beklagt, so wurde ihm jetzt eine zweite, ja eine dritte Chance auf dem Tablett serviert. Nicht nur, dass Fräulein Moser die abschliessenden fünf Vorträge ohne einen einzigen Aussetzer besuchte. Mesdames Maunoir luden den feinsinnigen Herrn Professor mehrere Male zum Tee im engsten Kreis in den Salon an der Place Jargonnant, wo Amiel das entzückende Porträt mit dem Vorbild vergleichen konnte. Ganz offensichtlich hatte die hübsche Erbin einen entsprechenden Wink erteilt, denn auch Physikprofessor Elie Wartmann, der alte Freund, gab eine Soiree mit Sophie und Henri-Frédéric als einzigen unverheirateten Gästen. Sophie zeigte sich reizend, liebenswürdig und teilnehmend, Henri-Frédéric war wortkarg bis zur Unhöflichkeit und fand sich nicht bereit, die junge Frau nach Hause zu begleiten. «Sobald es in meinem eigenen Interesse ist, auf eine bestimmte Art zu handeln, verspüre ich den heftigen Drang, genau das Gegenteil zu tun.»

Zwei Tage nach dem Fiasko traf ein Briefchen an der Nummer 99 ein: «Wenn Sie diese Zeilen lesen, werde ich Gift genommen haben. Adieu. Ich habe Sie mehr geliebt als das Leben.» Die drei Zeilen stammten von Louise Hornung, die sich allerdings mit dem Absenden des Billets begnügte und vor der angekündigten Tat zurückschreckte. Dass sich Amiel nach Empfang des Billets nicht unverzüglich zum Heim der Hornungs aufmachte, sondern über eine Mittelsfrau Erkundigungen einzog, verzieh ihm Louise nicht – wie gesehen sollte sie Amiel während Jahrzehnten mit ihrem Hass verfolgen.

Mit Marie Favre zusammen fand Amiel auch weiterhin eine begehbare Spur auf dem rutschigen Terrain ihrer Beziehung, in der sich Zärtlichkeit, Respekt, Nachsicht und Begierde so eigenartig mischten. Bis zur Abreise von Demoiselle Moser kam es zu zwei Szenen, bei denen Mionette eifersüchtige Gefühle zeigte, die sie sich allerdings gleich selbst wieder verbot. Im Juli 1861 fanden sich die beiden unverhofft allein in der Nummer 99. «X liess mich die Erfahrung vom letzten Oktober wiederholen», hält das Journal fest, «aber mit mehr Erfolg und Selbstverständlichkeit.» Anschliessend durchstöberten Mionette und Dom Mariano ein Dossier mit «Kuriositäten»; zum ersten Mal erfahren wir, dass die Dichtermansarde auch eine kleine Sammlung von Erotika beherbergte.

Diese zweite leidenschaftliche Begegnung blieb die letzte ihrer Art, auch wenn die Beziehung weiterhin freundschaftlich, ja innig blieb. Amiel zog im Herbst 1864 ein weiteres Mal mit der Familie Guillermet um; erst 1869 mietete er, zum ersten Mal seit seiner Rückkunft aus Berlin, eine eigene Wohnung, dies an der Rue des Belles Filles. Ins Jahr zuvor fällt sein erster und letzter ernsthafter Versuch, eine Familie zu gründen: Er verlobte sich mit der

Pfarrerstochter Anna Droin. Aber schon in den ersten Tagen der Verlobungszeit führten die unterschiedlichen Erwartungen zu den peinlichsten Szenen. Amiel hatte in der zurückhaltenden Art der Braut Tiefgründigkeit und Besinnlichkeit erahnt; Anna sah sich vom Anspruch auf gehaltvolle Gespräche und Briefe völlig überfordert. Nach drei Wochen tauschte man, im gegenseitigen Einvernehmen, Briefe und Geschenke wieder aus.

Etwa zur gleichen Zeit meldete sich Louise Wyder in Amiels Leben zurück. Die seinerzeit angekündigte Übersiedlung nach Beirut hatte sich zerschlagen, Louise war bei ihrer Mutter in Genf geblieben, hatte weiterhin Stunden erteilt. Im Januar 1868 machte sie bei einem der zahlreichen öffentlichen Kurse im Hôtel de Ville die Bekanntschaft von Marie Favre; die beiden schlossen schnell Freundschaft. Im Oktober traf sich das Trio zu einem langen Wochenende in einem Savoyer Kurort; für Amiel wie für Marie wurde indes bald klar, dass die einstige Vertraute ihr Verhältnis mit Missgunst und Misstrauen vergiftete. Den 50. Geburtstag Amiels im September 1871 begingen Marie und er mit einem Ausflug auf den Rigi. Wenige Tage danach trat Marie, die sich mit dem runden Datum offensichtlich eine Art Ultimatum gestellt hatte, eine Stelle in Berlin an; es blieb fortan beim gelegentlichen Austausch von Briefen.

Im Kreis anteilnehmender und bewundernder Freundinnen, der sich seit den 1860er Jahren um Amiel sammelte, wurde damit der Platz der ältesten Vertrauten frei. An Anwärterinnen fehlte es nicht. Der kleine Zirkel traf sich vor allem im Sommer und Herbst in den Pensionen von Villars und Chernex. So wie Marie («Philine») und Louise («Egeria») bedachte Amiel auch weitere Anhängerinnen mit klassisch klingenden Namen. Lina Grosschopf, eine blonde Livländerin mit strahlend blauen Augen, hiess Vinca; sie hatte in den Schilderungen einer Freundin ihren zukünftigen Ehemann erkannt und war zu allem entschlossen an den Léman gereist, wo sie sich allerdings in die Runde gleichberechtigter Freundinnen einreihen musste. Zum Zirkel gehörten durchaus auch verheiratete Frauen, beispielsweise Benigna, die tanzlustige Madame Pictet vom *bal militaire*.

Zwar schmeichelte sich Amiel, die Freundinnen liessen untereinander keinerlei Eifersucht und Missgunst aufkommen. Das traf vielleicht bis zur Abreise Marie Favres zu, änderte sich aber, als Berthe Vadier («Liliane») zur Runde stiess. Die vielseitig begabte Autorin von Romanen, Gedichten und Dramen vertrug sich nur schlecht mit der tiefsinnigen Fanny Mercier («Seriosa», «Calvinia») – einer Lehrerin, die wie keine andere Anhängerin Amiels literarisches Werk förderte und von der überragenden Bedeutung des Tagebuchs überzeugt war. Es waren diese zwei Frauen, beide 15 Jahre jünger als der Autor, die Amiel durch das letzte Lebensjahrzehnt begleiteten, ihn bei den häufigen Domizilwechseln unterstützten und ihn bei den zunehmend bedrohlicheren Anfällen von Schwäche und Atemnot pflegten. 1879 zog Amiel zu Berthe Vadier und ihrer Mutter in Pension. Berthe, das informelle «Patenkind», leistete Bewundernswertes, als ihr Pate im Februar 1881 bettlägerig wurde, pflegte den fiebernden und hustenden Patienten zusammen mit ihrer Mutter rund um die Uhr, empfing Besucher und liess sich letzte Briefe diktieren. Amiel starb am 11. Mai, knapp 60-jährig; die Einträge im Tagebuch begleiteten sein Sterben bis zehn Tage vor dem Ende. Im allerletzten Eintrag beklagte er seine Schwäche, die ihm selbst eine Feder schwer erscheinen lasse.

ZEITTAFEL

Aktivitäten Henri-Frédéric Amiels im Jahr 1860

6.1. Amiels Übersetzung von Schillers «Glocke» im Druck erschienen
8.1. Erstes Wiedersehen mit Louise Wyder seit sieben Monaten
10.1. Besuch in der Irrenanstalt Les Vernets
29.1. Brand des Elternhauses an der Rue du Cendrier

7.2. Vortrag über Hellsehen, Tb-Eintrag über Technologie der Zukunft

10.3. Ball im Hotel *Metropol,* Amiel völlig isoliert
23.3. Tb-Eintrag mit Fazit über die vergangenen neun Jahre
24.3. Savoyer Krise, Amiel spricht vor den Studenten der Zofingia
30.3. Ausnahmezustand in Genf nach der verunglückten Fahrt Perriers

15.4.–25.4. Schwere Migräneanfälle infolge Pollenallergie
18.4. Marie Favre liefert detaillierte Hinweise zum Wiederaufbau Rue du Cendrier
21.4. Besuch von Graf Seckendorff führt Amiel seine schäbige Wohnsituation vor Augen

9.5. Vorbereitungen für Schelling-Vorlesung abgebrochen, stattdessen Theaterbesuch
10.5. Demonstration erotischer Stereofotos bei Buchhändler Suès
25.5. Venus in Genf am hellen Tag sichtbar
26.5. Weigerung, sich bei der Mutter von Louise Wyder vorzustellen; Tb-Eintrag über mögliche Evakuierung des *Journal*

1.6. Bankett der Zofingia, Amiel steuert Festgedicht *Les noces d'or* bei
6.6. Treffen mit Louise Wyder im «Kleid der glücklichen Tage», «Epiphanie»
11.6. Rundfahrt in Genf mit deutscher Reisegruppe, Bekanntschaft mit Emma Dreyer
28.6. Elektrischer Sturm über Genf

Äussere Ereignisse (Politik, Kultur) im Jahr 1860

25.1. Richard Wagner dirigiert in Paris die Uraufführung der «Tristan»-Ouvertüre

24.3. Vertrag von Turin; Nizza und Savoyen werden französisch
30.3. Genfer Freiwillige kapern Dampfer und suchen in Nordsavoyen Aufstand gegen Frankreich anzuzetteln. Verlegung eidgenössischer Truppen nach Genf

15.4.–23.4. Bevölkerung von Nizza und Savoyen stimmt dem Anschluss an Frankreich mit grossem Mehr zu

15.5. Garibaldi landet in Sizilien mit einer Freiwilligenarmee, dem «Zug der Tausend»

12.6. Nordsavoyen wird zur Freihandelszone erklärt
20.6. Russland gründet die Hafenstadt Wladiwostok am Pazifik

ZEITTAFEL

1.7. Tb-Rückblick auf erstes Halbjahr
7.7. Treffen mit Marie Favre im Park, leidenschaftliche Zärtlichkeiten
12.7. Brief an Tante Fanchette zum Problem einer Heirat mit Louise Wyder
15.7.–25.7 Reise ins Wallis, anschliessend Kuraufenthalt in Villars
26.7. Treffen mit Louise Wyder in Rolle
29.7. Aufenthalt in Cartigny, Bekanntschaft mit Amélie Wessel

4.8. *Bal militaire* mit Louise Wyder
13.8. Tante Fanchette rät von Verbindung mit Louise Wyder ab
23.8.–30.8. Urlaub in Villars, Amiel brilliert als Vorleser; Madame Pollack

5.9.–20.9. Reise nach Basel, Neuhausen, Zürich und Glarus

6.10. Besuch Marie Favres, «Einweihung»
12.10. Briefliche Absage an Louise Wyder
28.10. Bekräftigung der Absage gegenüber Wyders Schwager Paul Privat
29.10. Panik wegen vermeintlicher Schwangerschaft Marie Favres

12.11. Definitive briefliche Absage an Louise Wyder mit 18-seitigem Brief
13.11. Liebeserklärung von Louise Hornung
17.11. Zusammenbruch nach dreitägiger intensiver Arbeit
2.12. Abreise von Cousine Aménaïde

7.12., 8.12. Heirat Marc Monniers
17.12. Panik wegen bevorstehender öffentlicher Vorlesung, Selbstmordgedanken
20.12. Schwere briefliche Anschuldigungen von Seiten Louise Wyders
29.12. Aufbau des Elternhauses an der Rue du Cendrier abgeschlossen

2.7. Die Rütliwiese wird Nationaleigentum

23.8. Britisch-französische Truppen erobern das chinesische Tien-Tsin

7.9. Garibaldis Truppen marschieren in Neapel ein; Ende des Königreichs Neapel-Sizilien

18.10. Eroberung des Sommerpalasts in Peking durch britisch-französische Truppen
26.10. Viktor Emmanuel II. als König von Italien ausgerufen

6.11. Abraham Lincoln zum Präsidenten der Vereinigten Staaten gewählt

10.12. Erste gesamtschweizerische Volkszählung ergibt eine Bevölkerung von 2,5 Millionen Menschen
20.12. South Carolina tritt aus Protest gegen die Anti-Sklaverei-Politik Lincolns aus dem Staatenbund aus; erste Anzeichen eines Bürgerkriegs

BIBLIOGRAPHIE, NACHWEISE

Die mit ebenso viel Liebe wie Sorgfalt betreute integrale Ausgabe von Amiels *Journal intime* in zwölf Bänden, im Lausanner Verlag L'Age d'homme erschienen, liegt diesem Buch zugrunde. Zahlreiche Auskünfte zu Personen, Orten und Zeitgeschehen verdanke ich ihrem editorischen Apparat – die Vor- und Nachworte, die erläuternden Angaben zu Örtlichkeiten und Zeitgenossen im Anhang. Als unentbehrlich für das Vorhaben, das Jahr 1860 detailliert nachzuzeichnen, erwies sich auch der vom gleichen Verlag veröffentlichte Band *Egérie*, der den Briefwechsel Amiel – Louise Wyder wiedergibt und kommentiert. Alle entsprechenden Briefzitate und die Passagen aus Amiels Tagebuch sind, in meiner Übersetzung, diesen beiden Quellenwerken entnommen. Für den Briefwechsel Amiel – Marie Favre und die beiden Urlaubsreisen des Sommers 1860 konsultierte ich die entsprechenden Handschriftenbände in der Bibliothèque publique et universitaire de Genève (BPU). Die zwei- und die dreibändige Auswahl aus Amiels Journal, 1883 resp. 1922 erschienen, dienten vorab dem Nachweis einzelner Aphorismen Amiels und – in Bezug auf ihre Einleitungen – meinen Überlegungen zur Rezeptionsgeschichte. Als wenig hilfreich erwies sich die 1927 erschienene Monographie *Philine*, die willkürlich ausgewählte Brief- und Tagebuchausschnitte zur Beziehung Amiel – Favre versammelt. Von der Faszination, die vom *Journal intime* ausging, zeugen weitere Einzelbände, die sich auf einen bestimmten zeitlichen Ausschnitt aus Amiels täglichen Notizen konzentrieren.

Die folgende Bibliographie beschränkt sich auf die erwähnten Quellen. Auf eine vollständige Bibliographie der Primär- und Sekundärliteratur wurde hier aus Platzgründen verzichtet, ebenso auf den detaillierten Nachweis der Zitate aus dem *Journal intime*, den publizierten und unveröffentlichten Briefen sowie den gedruckten zeitgenössischen Quellen. Beides ist zugänglich auf der Webseite des Autors unter dem Sigel www.treichler-data.ch. Eine umfassende Amiel-Bibliographie, zusammen mit einem Angebot von Porträts, Karten und ausführlichen biographischen wie zeitgeschichtlichen Informationen, findet sich zudem auf der «offiziellen» Amiel-Webseite mit der Adresse www.amiel.org. Hier erscheinen auch Hinweise auf die zahlreichen, vor allem im Zeitraum 1890–1920 erschienenen Übersetzungen der erfolgreichen ersten Ausgabe der *Fragments*. Ich habe mir einige von ihnen besorgt, vor allem aus Neugierde darüber, wie sich Amiels pointierte Aussprüche im Schwedischen, Spanischen oder Englischen ausnehmen würden. Mein Eindruck: Sie verlieren nichts von ihrer Unmittelbarkeit – in welcher Sprache auch immer.

Ungedruckte Quellen, Handschriftensammlung der BPU

- Ms. fr. 3003 ff: Briefwechsel Amiel – Marie Favre, 1859 ff.
- Ms. fr. 3026: Carnet de voyage, Reisenotizen Sommer 1860

Ausgaben

- Henri-Frédéric Amiel: Journal intime. Hrsg. Bernard Gagnebin und Philippe M. Monnier, 12 Bände, Lausanne 1976–1994
- Egérie. Henri-Frédéric Amiel – Louise Wyder: Correspondance 1853–1868. Hrsg. Louis Vannieuwenborgh und André Leroy, Lausanne 2004

Weitere Ausgaben

- Fragments d'un Journal intime. Hrsg. Edmond Scherer, 2 Bände, Genf 1885 (4. Auflage)
- Fragments d'un Journal intime. Hrsg. Bernard Bouvier, 3 Bände, Genf/Paris o. J. (1922)
- Philine, pages du journal intime. Vorwort von Edmond Jaloux, Paris 1927. Neuauflage «Poche Suisse» 39, Lausanne 1985
- Journal intime, années 1839 à 1848. Hrsg. Léon Bopp, Genf 1948
- Journal intime, l'année 1849, Hrsg. Léon Bopp, Genf 1953
- Journal intime de l'année 1866, Hrsg. Léon Bopp, Genf 1959
- Journal intime, L'année 1857, Hrsg. Georges Poulet, Genf 1965
- Tag für Tag. Textauswahl und Vorwort von Leo Tolstoi. Hrsg. Felix Philipp Ingold; aus dem Französischen von Eleonore Frey, Zürich 2003

BILDNACHWEIS

I: Porträt Henri-Frédéric Amiel, 1852, Bleistiftzeichnung von Joseph-Marc Hornung (1822–1884). Bibliothèque publique et universitaire, Genf (BPU)
II: Porträt Henri-Frédéric Amiel, 1862, Miniatur auf Elfenbein von Camilla Charbonnier-Weizsecker (1815?–1863). BPU
Zwei Fotoporträts Henri-Frédéric Amiel, 1861, Atelier Sébastien Straub, Genf. BPU
III: Fotoporträt Marie Favre, um 1860, Fotograf unbekannt. BPU
IV: Porträt Caroline Amiel-Brandt, Pastellzeichnung von Berthe Vadier (1836–1921). BPU
Fotoporträt Fanny Guillermet-Amiel, um 1860, Fotograf unbekannt. BPU
Fotoporträt Berthe Vadier (eigentlich Céleste-Vitaline Benoît), um 1870, Fotograf unbekannt. BPU
V: Antonio Fontanesi (1818–1882): *Cour de Saint-Pierre*, um 1855, Lithographie aus der Serie *Intérieur de Genève*. Grafische Sammlung Zentralbibliothek Zürich (ZbZ)
VI: Antonio Fontanesi (siehe oben): *Pont de l'île, Promenade des Bastions.* ZbZ
VII: Antonio Fontanesi (siehe oben): *Le bout de la Treille*, Ausschnitt. ZbZ
VIII: *Plan de la ville de Genève,* 1871/72, Ausschnitt. Kartensammlung ZbZ

5,-€
Ⓜ

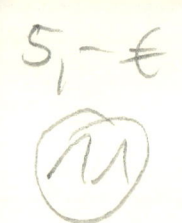